U0942380

戰略領域的中美關係（增訂版）

China — the United States

主編

王棟　[美] 譚俊輝（Travis Tanner）

中華書局

項目團隊

項目負責人

王　棟	北京大學
譚俊輝（Travis Tanner）	美中強基金會

高級顧問

賈慶國	北京大學國際關係學院教授、全國政協常委
朱英璜	《中國日報》原總編輯
布魯斯·麥克唐納德（Bruce MacDonald）	霍普金斯高級國際問題研究院教授、美國前國安全負責科技事務資深主任
姚雲竹	中國人民解放軍軍事科學院中美防務關係研究中心原主任、退役少將
芮效儉（J. Stapleton Roy）	伍德羅·威爾遜國際學者中心基辛格中美研究中心創始主任、美國前駐華大使
張沱生	中國國際戰略研究基金會學術委員會主任
羅伯特·薩特（Robert Sutter）	喬治·華盛頓大學艾略特國際事物學院教授

研究團隊成員

埃爾布里奇·科爾比（Elbridge A. Colby）	新美國安全研究中心羅伯特·蓋茨學者
吳日強	清華大學國際關係學系教授

甘浩森（Roy D.Kamphausen）	全美亞洲研究所主席
肖　河	中國社會科學院世界經濟與政治研究所外交政策研究室主任、研究員
史國力（Adam Segal）	美國外交關係委員會數字與網絡空間政策項目主任
唐　嵐	中國現代國際關係研究院網絡空間安全治理研究中心主任、研究員
楊宇淳（Christopher Yung）	美國海軍陸戰隊大學多納爾德・布萊恩講席教授
布萊恩・威登（Brian Weeden）	安全世界基金會技術顧問
趙明昊	復旦大學美國研究中心副主任、教授

項目協調人

馬翊庭（Tiffany Ma）	全美亞洲研究所
陳　銘	北京大學中外人文交流研究基地

作者簡介

王　棟　北京大學國際關係學院長聘正教授，北京大學全球健康與發展研究院雙聘教授，北京大學人工智能研究院雙聘教授，博士生導師，現任北京大學社會科學部副部長兼智庫中心管理辦公室主任、教育部北京大學中外人文交流研究基地執行主任。兼任中華美國學會副會長兼中美人文交流研究分會會長、歐美同學會「東亞安全論壇」指導委員會委員、上海全球治理與區域國別研究院國際顧問委員會委員、《環球時報》社—卡特中心「中美青年學者論壇」顧問委員會委員、中共中央對外聯絡部當代世界研究中心特聘研究員、華南理工大學公共政策研究院兼職教授等。獲北京大學法學學士、美國加州大學洛杉磯分校（UCLA）政治學博士。曾任美國知名文理學院賓夕法尼亞約克學院歷史與政治學系終身制助理教授。著有或主編《再全球化：理解中國與世界互動的新視角》,《跨越「修昔底德陷阱」：戰略領域的中美關係》,《重振多邊貿易合作：中國與歐洲的觀點》,*Reglobalisation: When China Meets the World Again* (Routledge, 2020), *Avoiding the "Thucydides Trap": US-China Relations in Strategic Domains* (Routledge, 2020); *U.S.-China Foreign Relations: Power Transitionsitions and Its Implications for Europe and Asia* (Routledge,2020); *Rebooting Multilateral Trade Cooperation: Perspectives from China and Europe* (CEPR Press, 2021) 等 7 本中英文著作。曾在 *Journal of Conflict Resolution*, *Diplomatic History*, *The Pacific Review*, *Foreign Affairs*, *The New York Times* 等國際頂尖權威學術期刊和媒體發表論文及評論文章。是首位在外交史和國際關係史世界頂尖學術期刊、美國外交史學家學會會刊 *Diplomatic History*(《外交史》)上單獨發文的中國學者。是國內政治學和國際關係領域首位在國際和平學會會刊、國際權威頂尖期刊 *Journal of Conflict Resolution* 發表論文的學者。是國內首位在 *Foreign Affairs* 上發表文章的青年學者，也是國內首位在 *The New York Times* 發表中美關係評論文章的青年學者。任中外知名學術期刊編委，及多家國際頂尖學術期刊匿名審稿人。曾多次作為中方學者代表參加達沃斯世界經濟論壇、慕尼黑安全會議、「香格里拉」對話等重要論壇並發表演講。2022 年、2023 年、2024 年連續三年榮獲中國智庫索引（CTTI）年度智庫研究優秀成果特等獎及年度智庫建設最佳案例「標杆案例」。入選中國知網 2024 年高被引學者榜單 Top 1%（政治學）。獲外交部年度外交課題獎。獲提名入選「慕尼黑青年領袖」(Munich Young Leaders)。入選北京首屆「卓越青年科學家」計劃（人文社科排名第一）。2023 年入選教育部青年長江學者。國家社會科學基金重大專項、重大項目首席專家。外交部重大外交政策研究課題首席專家。教育部首屆哲學社會科學創新團隊首席專家。

［美］**譚俊輝**（**Travis Tanner**）美中強基金會主席兼首席運營官。該基金會源自奧巴馬政府旨在推動培養未來領袖與中國交流互動能力的公私合作項目「十萬強倡議」。譚先生在中國開創並負責該基金會的中國業務。他積極宣導與包括中美政府官員、工商領袖、學術機構、新聞媒體和學生在內的關鍵利益相關方及合作夥伴的交流與互動。

譚先生在智庫行業工作了十多年。期間完成了好幾十個研究項目。這些研究內容廣泛，涵蓋美中兩國關係中的許多政策議題，包括中國的知識產權、技術標準與創新政策、中國的軍力發展和美中人文交流。他曾擔任美國國家亞洲研究局（NBR）高級項目主任，以及美國國家亞洲研究局下屬肯尼斯和安妮．派爾東北亞研究中心主任。他也曾擔任位於美國華盛頓市哥倫比亞特區的國家利益中心（其前身為尼克森中心）的中國研究項目助理主任和副主任。另外，他還曾在美國彼得森國際經濟研究所擔任研究助理。

譚先生是眾多美中戰略、經濟和政治關係領域出版物的作者、合作者或聯合編輯。他曾參加過美國國家亞洲研究局的五卷戰略亞洲系列和《戰略領域中的美中關係》(2020 年由 Routledge 出版社出版)的聯合編輯工作。譚先生還曾在美中兩國的主要媒體接受專訪。

譚先生分別獲得美國鮑大可和哈森菲爾德獎學金，在約翰霍普金斯大學高級國際關係學院和南京大學約翰霍普金斯中美文化研究中心獲得國際關係碩士學位；在猶他大學獲得中國語言文學學士學位。譚先生是美國國家亞洲研究局高級顧問，美國商會教育委員會副主席，中國清華大學蘇世民書院行業導師，以及美中關係全國委員會成員。

推薦語

王棟和譚俊輝主編的這一著作集合了中美有關智庫和研究機構的學者，以聯合研究方式呈現迄今為止在海洋、核、太空、網絡、兩軍、人文交流六大戰略領域最前沿的學術成果。本書對中美是否必然陷入「修昔底德陷阱」的世紀之問做出了富有理論深度的權威回答，相信將成為中美關係研究的又一經典之作，值得所有關心中美關係發展的朋友品讀！

——中國外交部原副部長、中國前駐美大使、博鰲亞洲論壇原秘書長　周文重

《戰略領域的中美關係》一書從專家的視角向我們講述了中美兩國在海洋、核、網絡和太空等不同領域應當如何維護各自利益，如何處理分歧、避免衝突和管控危機。正如本書所正確地指出的，「提升中美戰略穩定的核心挑戰是找到增進合作和化解競爭局勢的途徑」，對此，這部書確實作出了有益的探索。如果我們能夠認識到中美關係對整個21世紀將會產生多麼重要的影響，那麼，閱讀這部書一定會頗有助益。將人文交流和軍事交流視為管理大國關係的戰略性手段，這也是本書向讀者展示的另一個有創意的內容。

——中央外辦原副主任、空軍原副司令員　陳小工

2018年《美國國家安全戰略》認為與中國重新出現的長期戰略競爭是對美國繁榮與安全的核心挑戰。本書是解讀這一挑戰和美國戰略性質的

必不可少的材料。為此，使中美軍事關係邁上透明、互不侵犯的軌道至關重要。

——美國前負責東亞事務助理國務卿、駐華大使　芮效儉（J. Stapelton Roy）

此書是具有里程碑意義的研究。書中凝聚了來自中美兩國的頂尖專家的心血之作，旨在解決中美關係面臨的一些最敏感、最困難和最棘手的戰略問題。對於任何關心中美兩國關係前景的人來說，本書都是必讀之作。

——美國前太平洋司令部總司令、海軍上將　托馬斯·法戈（Thomas Fargo）

序

李肇星

自 1979 年 1 月 1 日正式建交以來，中美兩國在政治互信、經貿合作及人文交流等領域取得了矚目成就，為地區乃至全球和平與發展做出了重要貢獻。當前，中美關係進入新的發展階段，遇到不少複雜挑戰，這使對中美關係的研究討論比以往更有針對性、更具現實意義。

值兩國關係已屆四十不惑之際，我欣悉母校北京大學中外人文交流研究基地會同全美亞洲研究所邀集中美數十家知名智庫和高校的專家學者，經數年潛心研究和坦誠交流，由王棟和譚俊輝共同主編，即將結集出版《戰略領域的中美關係》論文集。作為在祖國慢慢長大變老、在美國工作過六年並到過美所有 50 個州的退休外交人，我想簡單談談自己對中美關係和本書的看法。

一、中美關係的發展與挑戰

中美建交後進入特殊的「蜜月」期。在經濟領域，中國改革開放政策使包括美企在內的外資企業進入中國市場，中國對美出口也在這段時期開始增加。中美經貿關係成為後來人們所津津樂道的兩國關係「壓艙石」。隨着中國對外開放的深入，兩國人民在旅行、教育、文化交流層面也取得長足進步。冷戰結束之後，中美關係一度出現台灣問題、人權問題等干擾因素，但中方堅定維護兩國三個聯合公報的原則和《聯合國憲章》的宗旨和原則，從而使中美關係不斷保持健康穩定發展的趨勢。「9.11」事件後，中美在反恐和國際事務領域的合作不斷發展，中美關係進入新階段。2013 年習近平主席訪美，與時任美國總統奧巴馬在中美關係的大方向上達成戰略共識—兩國將共同努力避免修昔底德陷阱，致力於構建不衝突、不對抗，相互尊重、互利共贏的新型大國關係，中美關係進一步取得重要進展。

隨着 2017 年美國新任總統特朗普的上台，美對華政策出現較大調整。美國對華戰略疑慮上升，開始將中國視為美國最重要的競爭對手，導致中美關係開始出現較大波動。貿易保護主義和民粹主義的主張在美大行其道，主張中美「脱鈎」的觀點在美也頗有市場。中美經貿分歧在美政府的貿易霸凌政策下被無端放大並快速升級。同時，在台灣問題、南海問題上美國極少數極端保守派也頻頻違背美以前的承諾，不斷強硬挑釁。美國政治風向的右轉和冷戰式「零和」思維的浮現使近期中美關係摩擦升級的風險有所上升。在這種情況下，兩國必須合理管控雙方的分歧與衝突，雙方特別是美國應正確認識中國的戰略意圖和永不稱霸的立場，超越冷戰「零和」思維，避免重蹈「修昔底德陷阱」。

二、發展中美關係的未來思路

中美經貿關係既關乎中美兩國人民的生活福祉，也影響世界經濟的大勢走向；中美戰略和安全關係既事關兩國人民的和平安全，也影響全球的和平穩定。《戰略領域的中美關係》書中提到的「六大戰略領域」（核、太空、網絡、海洋、軍事和人文交流）的合作關係不僅攸關地區和全球的安全與戰略穩定，更與兩國人民的友好交往息息相關。

2018 年 12 月 1 日，習近平主席在阿根廷出席 G20 首腦會晤期間，同美國總統特朗普就中美關係和共同關心的國際問題交換意見，達成重要共識。習主席指出：「中美在促進世界和平和繁榮方面共同肩負着重要責任。一個良好的中美關係符合兩國人民根本利益，也是國際社會的普遍期待。合作是中美雙方最好的選擇。雙方要把握好中美關係發展的大方向，推動兩國關係長期健康穩定發展，更多更好地造福兩國人民和世界各國人民。」

2019 年 6 月 29 日，習近平主席同特朗普總統在日本大阪會晤，為下階段兩國關係發展定向把舵，再次確認共同推進以協調、合作、穩定為基調的中美關係。習主席關於中美關係一系列高瞻遠矚的指示應成為指導今後一個時期發展中美關係的總綱。對於中美關係存在的矛盾和摩擦，雙方需相向而行、共同解決。我們必須「不畏浮雲遮望眼」，不因分歧摩擦增加而對中美關係發展持悲觀態度，同時繼續秉持互利共贏的精神，在相互尊重的基礎上管控分歧，爭取擴大合作領域，避免中美關係因矛盾議題的影響滑向負面，共同推進以協調、合作、穩定為基調的中美關係。

三、本書的意義

這本沉甸甸的著作具有較高學術價值。本書集中了中美一流智庫和高校專家的智慧，其作者皆是中美關係研究領域知名青年學者和資深學者，由他們參與論文的撰寫可保證著作的權威性和專業性。就我所知，該書可能是國際學術界第一部既系統研究核、太空、網絡、海洋、兩軍及人文交流等戰略領域問題，又從上述領域對中美關係深度剖析的著作，為如何跨越「修昔底德陷阱」提供了路線圖和智力支持，不愧為兩國學術界合作研究的一項積極成果。

其次，當前關於中美關係的研究成果大多由中方或外方專家單獨撰寫，罕見中美作者共同完成，而本書每章都由一位中方作者和一位美方作者共同執筆，針對相關敏感、複雜的戰略性問題提出兼具理論高度和實踐意義的建設性方案。這種學術研究方式具創新意義，值得高度肯定。

普天之下，民為貴。我希望並相信，通過中美兩國有識之士的共同努力，我們必能「逢山開路，遇水搭橋」，推動中美關係不斷健康穩定發展，以造福偉大的中國人民和美國人民，並惠及世界各國人民。

北京大學中外人文交流研究基地自 2012 年成立以來，經常舉辦由中美高校、智庫參與的重要學術交流，對推動中美關係發展做出了貢獻。作為基地顧問，我對基地取得的出色成績感到高興。謹再次衷心祝願基地越辦越好！

2020 年 3 月 16 日於北京 中國人民外交學會

（李肇星為中華人民共和國外交部原部長、第十一屆全國人大外事委員會主任委員、中國人民外交學會名譽會長、北京大學中外人文交流研究基地高級顧問）

前　言

王　棟　譚俊輝（Travis Tanner）

進入 21 世紀以來，中美關係變得日益複雜和相互依賴，兩國政府正努力建立、擴展及深化雙邊關係的共同基礎。雖然雙方都同意要加強合作、管控競爭，但是如何使關係向前發展的細節仍不清晰，特別是在那些具有複雜挑戰的領域。兩國如何展開合作具有巨大的國際影響。鑒於當今世界所面臨的全球挑戰離開中國和美國都無法解決，兩國在網絡安全問題、海洋問題、核問題、太空問題上的審慎思考越來越重要，並會對其他國家帶來影響。中美軍事交流和人文交流，也可能會對這些和其他的關鍵政策領域產生影響。

北京大學中外人文交流研究基地和全美亞洲研究所（National Bureau of Asian Research）合作開展項目，研究在戰略領域和雙邊交往中，中美關係如何建立更多的信任與合作。「戰略領域的中美關係」（China-U. S. Relations in Strategic Domains）項目匯聚了中美幾十家頂尖研究機構和智庫的學者，歷經數年研究，將為中美關係研究提供新的概念基礎。項目應用創新手段展現中美兩國觀點，研究團隊的成員通過共同合作的機會，確定了四個戰略領域和兩種雙邊交流模式中分歧和共識的方面。項目還聘請兩組由頂尖學者、現任及前任高級官員組成的高級顧問，為項目提供指導建議，並向研究團隊成員提供反饋意見。

研究團隊通過在北京和檀香山的研討會和電視電話會議進行互動和討論。現在我們以專題研究形式呈現相關研究成果，這一研究評估了海洋領域、核領域、網絡領域和太空領域，以及人文和軍事交流視角下的中美關係。研究團隊尋求務實合作，並肩探尋每個戰略領域和雙邊交流模式中的中國和美國的利益。本書共分八章，每章確定了趨同的領域並建議合作創立各種機制來管理緊張局勢。提升中美戰略穩定的核心挑戰是找到增進合作和化解緊張局勢的途徑。本項目旨在幫助戰略家和決策者，確定雙方能更好地相互了解、避免衝突、促進合作的條件。

今天中美關係相互依賴的程度遠超以往，但仍面臨不斷增加且數量眾多的會引發緊張和分歧的因素。台灣問題、朝核問題、中國與部分美國盟國在中國東海、南海的領土爭端都成為潛在的地區熱點。此外，普遍的戰略不信任困擾着雙邊關係，伴隨一些其他問題可能會迅速加劇緊張局勢，導致雙邊關係惡化甚至陷入衝突。

即使是傳統上作為中美關係關鍵「壓艙石」的經濟領域，也不再像過去那樣堅如磐石。中美經濟聯繫密不可分，一榮俱榮，一損俱損。中國經濟成熟和增長放緩的前景對美國經濟和全球經濟產生直接影響。同樣，美國抑制中國在亞洲和全球發揮引領作用的措施對雙邊關係也並非是好兆頭。值得注意的是，2014 年是近十年來兩國大多數民眾第一次消極評價雙邊關係。

因此，為了確保未來的中美關係穩定和富有成效，應該採取什麼行動和措施？兩國如何在有共同利益的領域提升合作，在有衝突的領域減少緊張，以培育一個更有成效的雙邊關係？可以採取哪些措施加強對話，鼓勵相互理解，確認共同基礎？最後，在安全相關領域兩國通過何種形式推進務實合作，加強雙邊關係？這是本研究要解決的重要問題。更好地理解雙邊關係的動力和做出合適的行動是兩個世界大國之間保持長期穩定的雙邊關係的關鍵所在。

戰略領域

在第一章關於海洋領域的討論中，王棟和楊宇淳（Christopher Yung）

勾勒出一個關於該戰略領域的清晰、全面的圖景，涉及在新世紀中美互動最重要的問題之一──海洋領域。海洋領域是中美雙邊關係中非常重要的一個維度。這一領域潛在的合作或衝突的風險非常高，很大程度上有可能塑造未來中美關係發展的方向。因此華盛頓和北京必須澄清各自的戰略意圖，避免戰略誤判和錯誤知覺的影響。雙方擁有共同的利益和責任保障航行自由和維護區域和平穩定。

海洋的開放和安全通行對中美兩國來說都是具有優先級的關鍵事項，兩國從中國東海和南海的貿易和商業活動中獲得了巨大的經濟繁榮。因此，確保公海交通線安全是兩國至關重要的共同利益。此外，兩國都將海洋領域界定為各自戰略利益的關鍵組成部分。自二戰結束以來，美國自視為太平洋的平衡者（balancer），通過對其亞洲盟友的支持與合作，尋求佔據輪輻體系（hub-and-spoke system）的中心。因此，海洋是一個至關重要的任務區。而中國則認為海洋領域對維護其領土完整和保護其海洋權益至關重要。因此，在海洋領域確認一條兩國共同合作並追求各自利益的道路，對保持未來中美關係的穩定非常重要。

作者認為中美兩國必須建立完善危機預防和管理體系，並認真維護和協調日益增長和複雜的信任建立措施。簽署《中美關於海空相遇安全行為準則諒解備忘錄》及其空中相遇附件是邁向這一方向的重要一步。在海事部門執法合作和海軍人道主義救援和救災合作上，中美還有巨大的潛力。

第二章涉及核問題。在這一章中，科爾比（Elbridge Colby）和吳日強精心而全面地解釋中美核關係上的複雜動力機制，並討論管理雙邊關係中這一極為重要的方面的挑戰。中美均為核大國，基於核武器可以部署在假設的衝突局勢中的事實，該戰略領域至關重要。鑒於雙邊關係中一系列熱點問題可能引發衝突──諸如台灣問題、朝核問題、在中國南海和東海的領土聲索──北京和華盛頓必須找到合作的途徑，並且避免在該領域的誤判。

核武器不單是雙邊問題，必須被視為兩國更廣泛的全球戰略性政策的一部分。今天，全球大約有16000枚核彈頭，中美兩國的核威懾力量保持在各自希望的規模和範圍之內。因此兩國核態勢相對穩定。然而，正在變化的常規軍事力量的平衡，可能加劇本地區的緊張局勢，同時，由於中美關係中存在的若干熱點問題，使得確保雙邊關係的這一重要組成部分保持穩定和有效管理成為關鍵的優先事項。

作者認為，北京和華盛頓應該開始就戰略核穩定問題進行對話，以解決雙方關心的敏感問題，包括對中國第二次核打擊能力的相互理解。兩國最高領導人還應重申他們對朝鮮半島無核化的承諾、共同推動半島無核化進程。

在第三章網絡空間問題上，史國力（Adam Segal）和唐嵐巧妙地描述了中美兩國關係在網絡空間的複雜圖景。雖然華盛頓和北京在如何看待和管理網絡攻擊、互聯網治理以及信息和通信設備的安全之間存在顯著差異，但雙方的決策者已經承諾保證避免因網絡衝突而永久地損害雙邊關係。

黑客攻擊、網絡間諜和網絡戰的威脅所蘊含的破壞力，不僅可能嚴重破壞中美關係，而且有可能打亂全球架構並擾亂地緣政治動態。中美兩國的政府和民間機構投入大量資源對因特網進行搜索，尋求確定另一方的優勢和弱點。中美兩國在諸如政府對網絡的控制和干預的程度等關鍵問題上存在根本的分歧。

為了減少該戰略領域的緊張局勢，關鍵是雙方聯合規劃和聚焦於對話以建立共識、設計標準、增進互信。兩國所關心的領域從網絡威脅到基礎設施，非國家行為體發動網絡攻擊的能力，及全球供應鏈的安全。中美兩國在對抗網絡犯罪和網絡恐怖主義上具有共同的利益，在這些議題上的合作可成為建立和加強互信、擴大在網絡領域合作的基礎。為管理分歧、避免網絡空間的長期衝突，作者建議北京和華盛頓依據2015年9月達成的協議，通過具體和強有力的合作打擊網絡犯罪和商業網絡間諜活動。

兩國需持續討論網絡行為規範並避免在中美關係緊張的情況下停止對

話。兩國需要通過擴大大學和智庫的研究來建設智識和技術能力。最後，確定和實施聯合措施的關鍵，是防止網絡能力落入可能具有邪惡意圖的非國家行為者手中，並故意挑起兩國之間和全球的不和。

在第四章太空領域，布萊恩．威登（Brian Weeden）和肖河專門討論了正在顯現且日益重要的、有關中美兩國將在外層空間如何管理雙邊關係的問題。作為關乎兩國國家安全及經濟安全的重要戰略領域，北京和華盛頓高度重視太空領域，確保持續進入太空及利用太空謀求國家利益的機會。太空環境的特點是高競爭風險，其利益不會自然重疊。因此，為擴大合作機會，避免如軍事衝突這種最壞情況的發生，兩國需要採取積極主動的措施。

在太空保持顯著存在的十個國家中包括中美兩國。中國相較美國的太空技術仍有很大的差距，但趨勢正在改變。美國在許多技術領域保持數十年的領先地位，但中國在其空間能力的發展方面正取得迅速的進展。太空是十分重要的戰略領域，兩國的利益將會日益發展，因此今天在這一領域中應該有步驟地開展有效的接觸與合作。

為控制太空領域的戰略風險，作者提出中美兩國應實施一系列基於互信的措施來引導軍民兩用技術的開發和利用。此外，兩國在民用和科學空間項目上應進行雙邊和國際合作。此類合作需要雙方尋找政治意願來考慮超越危機管理的真正的空間合作。最後，兩國需考慮推進基於空間領域共同利益的合作—比如太空垃圾處理，建立定期對話機制和信息交換傳遞平台等。

雙邊互動模式

除了研究以上四項戰略領域外，報告還包括另外兩項特殊戰略領域，即對不同模式的雙邊互動—在人文交流領域和軍事交流領域—如何能增加合作機會、降低緊張局勢和戰略不信任的研究。

人文交流領域。人文交流已經成為中美關係的主要支柱之一。雖然人文交流的好處，特別是在戰略領域的影響，仍未被充分理解，但加強和提升中美人文交流使其成為戰略機制，有助於扭轉負面趨勢，解決雙邊關係中的信任赤字問題。

中美間的人文交流迄今已超過 40 年。這些交流涵蓋留學生、科學家、藝術家、旅行者、政府官員、商業領袖和運動員之間的互動。事實上，現在兩國每天有超過 1 萬人橫跨太平洋。應用這些交流所創造的善意和積極影響，去面對雙邊關係中最具挑戰的戰略問題，提供了一個促進和加強中美關係的潛在的有價值的工具。

在第五章中，譚俊輝（Travis Tanner）和趙明昊主張中美兩國政府應制定一個新的高級政策框架，精心安排人文交流活動以聚焦於解決關鍵戰略問題。一軌半和二軌對話應關注具體的全球戰略挑戰，中美兩國可合作找到互利共贏的解決辦法。囊括來自商業、學術、政治、媒體等不同領域的大範圍對話者，可幫助增進和擴大彼此間的理解。此外，兩國應為學生間的交流提供更多的機會，以確保兩國未來的領導者具備彼此合作和管理未來數十年雙邊關係的技能。

兩軍關係領域。中美關係中的軍事交流長期被認為是雙邊關係中最薄弱的一環，暫停軍事交流常被用來傳遞對雙邊關係其他方面的不滿。然而如今的兩軍關係已逐漸成熟並變得更加穩定，但維持和進一步加強軍事關係仍將是緩解緊張局勢、減少雙方誤判和衝突風險的關鍵組成部分。

北京和華盛頓的領導人駕馭日益複雜的雙邊關係時將處理越來越多的議題，每個議題的結果都將對地區和世界產生重要影響。冷戰結束以來，中美軍事交流的範圍已顯著擴大。然而，無論如何，中美兩國可以通過仔細考慮如何平衡共同目標與利益衝突獲得更多成果。

在第六章中，王棟和于瀛認為中美雙方要認識到發展兩軍關係有利於構建新型關係，有利於建立互信、促進合作，有利於維護地區和平穩定。採取有效措施，建立互信是發展兩軍關係的重中之重。同時，應擴大交流、深化合作，並強化危機管控機制，預防危機發生。

在第七章中，甘浩森（Roy Kamphausen）和傑西卡．德潤（Jessica Drun）提出在提升兩軍關係時應設定適當的預期，因為認識兩軍關係的局限會使交流更有建設性和富有成效。他們的建議包括：確定開展適度的兩軍交流，在亞太區域之外培育更深層次的合作，增加美國國會參與，相應地強調美國國會的作用，並進行三邊安全對話。這些政策建議旨在在兩軍關係積極趨勢的基礎上進一步發展紐帶，同時應對並努力降低負面因素的影響。

在第八章中，王棟和馬濤聚焦於特朗普第二任期對華競爭戰略，分析了特朗普新政府對華戰略競爭的背景、可能的內容和最終的影響。他們認為，擁有商人交易思維的特朗普將始終高舉「美國優先」旗幟，在其最為關注的貿易平衡問題上捍衛「美國利益」，而以往在戰略優先級上靠前的非傳統安全領域的競爭、台海和南海博弈、「印太」戰略和競逐「全球南方」等議題，則成為特朗普對華施壓和談判交易的籌碼，並服務於美中貿易平衡、美國製造業回流和緩解國內通脹等現實迫切的問題。因此，特朗普第二任期對華競爭戰略較少意識形態色彩，更多務實理性的利益博弈。但是，美中貿易平衡不可能通過特朗普單方面的關稅脅迫和戰略威懾來達成，這需要兩國領導人前瞻性的戰略對話與溝通，才能推動中美關係朝着健康、穩定、可持續的方向發展。

主要發現

本書討論的關鍵結論涵蓋了所有領域和交流模式，這些重要結論對於推進建立更具穩定性和合作性的中美關係重要。首先，中美雙方在每個領域都應確定共同定義和主要變量。對戰略領域的核心組成部分和雙邊交流模式的相互理解對有關合作和信任建設的富有成效的討論是必要的。接下來，兩國應更好地了解戰略領域內危機穩定和不穩定（crisis stability andinstability）的更廣泛動力機制。在雙邊背景下進一步討論紅線，對在危機情況下管理危機升級，避免誤判和錯誤計算是十分必要的。

本書的一個重要問題涉及加強中美合作的最佳結構性方式。哪種方式能使戰略領域及雙邊交往模式最有成效，是自上而下還是自下而上的方式，抑或兩者結合使用？從自上而下的方式看，政府領導層必須願意花費大量的政治資本，並在一段相當長的時間內就關鍵問題保持對話。此外，因為戰略領域內的敏感問題通常需要通過雙邊討論加以解決，所以關鍵在於不但要繼續對話，而且要擴展有關這些問題的一軌半和二軌對話，以幫助傳遞信息和引導一軌層面的官方進程。

最後，雖然本書分別研究每個戰略領域和雙邊交流模式，但決策者們絕不會在做出有關任何一個領域和交流模式的決定時，將其孤立於其他領域。本書充分研究的核心問題將有助於緩和已經漸顯苗頭的中美安全困境和戰略競爭態勢，繪製兩國新型關係的路線圖，在更堅實和持久的基礎上錨定未來數十年的中美關係。

鳴謝

在唐納德·特朗普宣誓就任美國第 45 任總統之後，美國戰略家和政策制定者們對中國的看法已經發生了根本性的轉變。美國的兩黨正在達成新的共識，即自中美關係正常化以來，美國歷屆政府一直對中國採取的「接觸」(Engagement)政策已經宣告失敗，中美關係處在「轉折點」。他們認為，中國的戰略意圖是挑戰美國的霸權，建立一個由中國主導的「平行秩序」。特朗普政府 2017 年 12 月發佈的《國家安全戰略報告》等一系列官方文件，已經明確將中國界定為「主要戰略競爭對手」，認為中國已經對以美國主導的所謂「自由國際秩序」(Liberal International Order)構成最大的威脅。一些美國的極端保守派和超級鷹派甚至公開主張中美經濟「脱鈎」，並敦促美國政府做好與中國開展「新冷戰」的準備。在拜登政府時期，美國延續了特朗普的對華競爭戰略，並在其《國家安全戰略報告》中將中國視為「唯一一個既有意圖、也越來越有能力重塑國際秩序的競爭對手」。隨着特朗普第二任期的開始，美國對華戰略雖淡化了意識形態色彩，但在其寬泛定義的「國家安全」和美國利益的領域强化了對華競爭態勢。

據報道，即使是備受推崇的美國戰略家亨利・基辛格（Henry A. Kissinger）博士也承認，中美關係已經「回不到過去了」。這一切是否意味着中美兩已經陷入所謂的「修昔底德陷阱」？

這裡為讀者所呈現的這項研究是中美兩國數十位知名專家共同努力的結果。今天，兩國都在努力尋找雙邊關係的新範式，我們的研究將會為有關中美關係的辯論提供重要的聲音，並為兩國的戰略家和決策者提供重要參考。正如我們的研究表明，即使在高度敏感和複雜的戰略領域，例如核問題、海洋安全、太空安全、網絡安全以及兩軍交流領域，中美兩國的利益也並非完全衝突或零和。相反，中美在這些戰略領域仍有重要的共同利益和合作潛力。需要指出的是，特朗普當選以後，中美在這些戰略領域的客觀利益並沒有發生變化，發生變化的實際上是兩國對彼此意圖和利益的認知，特別是美國對中國戰略意圖的認知（perception）。我們的研究還提醒戰略分析家和政策制定者，避免零和思維、錯誤知覺、自我正義以及意識形態偏見至關重要。中美並不會注定發生「新冷戰」。相反，北京和華盛頓有可能避免「修昔底德陷阱」，並建立以協調、合作與穩定為特徵的雙邊關係。為此，兩國的戰略家和政策制定者必須避免情緒化、相互恐懼以及意識形態上的偏見。我們應該以理性和務實的態度對待中美關係，並採用開放和包容而不是封閉和僵化的思維方式，準確地評估中美之間在戰略利益上的差異和共同點。毫無疑問，中美關係的發展越來越具有全球意義。中美關係如何發展，將在很大程度上決定未來幾十年全球秩序發展變化的軌跡和方式。展望未來，我們需要回答下面世紀性的問題：即中美是否可以避免陷入「修昔底德陷阱」，而不是陷入衝突、對抗和仇恨？中美雙方是否可以共同塑造一個和平、合作與穩定的未來？我們希望這一研究可以為關於中美關係的辯論提供更好的知識基礎，從而為回答這一重大問題做出有意義的貢獻。

本項目為國家重點研發計劃資助，2018YFC0806900 成果。同時，我們由衷感謝中美交流基金會和卡耐基基金會的慷慨資助，使這個項目的研究成為可能。此外，我們由衷感謝北京大學國際戰略研究院、北京大學國際關係學院和東西方研究中心（East-West Center）在項目期間給予的支持。

這個項目受益於與諸多資深專家的對話，包括金德芳（June Teufel Dreyer，美國邁阿密大學）、托馬斯·法戈（Thomas Fargo，全美亞洲研究所前約翰·沙利卡什維利講席研究員）、高祖貴（中共中央黨校）、耿坤（中國航天科技集團公司）、胡波（北京大學）、丹尼爾·利夫（Daniel「Fig」Leaf，美國亞太安全研究中心）、李晨（中國人民大學）、傑米·梅茨爾（Jamie Metzl，大西洋理事會）、丹尼·羅伊（Denny Roy，東西方研究中心）、阮宗澤（中國國際問題研究院）、王緝思（北京大學）、袁鵬（中國現代國際關係研究院）、朱鋒（南京大學）和美國太平洋司令部的專家。我們感謝丹馬克（Abraham Denmark）在擔任全美亞洲研究所政治與安全事務高級副總裁期間所扮演的領導角色。

我們還要感謝北京大學和全美亞洲研究所相關人員的辛苦努力，包括吳湘寧、唐靜、陳銘、牟艤、馬翊庭（Tiffany Ma）、艾莉森·沙烏溫斯基（Alison Szalwinski）、約書亞·澤莫考斯基（Joshua Ziemkowski）、傑西卡·基奧（Jessica Keough）、克雷格·斯坎蘭（Craig Scanlan）、梁曉東（Xiaodon Liang）、布萊恩·弗朗奇奧（Brian Franchell）、凱爾·丘奇曼（Kyle Churchman）和艾利克斯·傑夫斯（Alex Jeffers）。

最後，需要說明的是，這一研究最初是以英文撰寫的專題報告，由各位作者譯成中文，因此語言表達上不免有不盡流暢之處，尚祈讀者諒解。本書訛誤之處，也期待能得到各位讀者不吝指正。

（王棟為北京大學國際關係學院長聘正教授、北京大學中外人文交流研究基地執行主任；譚俊輝（Travis Tanner）為美中強基金會主席兼首席運營官）

目　錄

第一章　海洋安全領域的中美關係

王　棟　楊宇淳（Christopher Yung）*

摘　要

本章研究中美在海洋領域國家利益的重要性，着重討論兩國利益分歧及合作領域，並提出管理海洋領域緊張局勢的可能機制。

主要觀點

海洋領域是中美互動中最成熟的領域，在這一領域，中美兩個大國反覆討論競爭與合作的關鍵問題。雖然相較其他的戰略領域，海洋領域的一致和分歧更容易概念化，但因涉及巨大的利益和潛在的衝突，也形成對兩國在海洋領域進行合作的制約。中美兩國都重視保護航行自由，並都承認與海洋相關的經濟活動帶來切實利益。兩國在維護海洋秩序並保持海洋穩定上都具有重要利益，並都把海洋作為促進和保護國家安全利益的一種手段。與此同時，中美兩國在如何定義各自在海洋領域的國家利益上有不同觀點，比如在什麼是恰當的展示意圖的手段、如何看待來自海洋的威脅或機遇，以及如何解釋國際法和保護海上主權等問題上中美存在分歧。儘管如此，中美兩國在海洋領域有着許多的共同利益，這也使得雙方必須認真思考如何加強業已存在的合作。

＊　王棟為北京大學國際關係學院長聘正教授、北京大學中外人文交流研究基地執行主任；楊宇淳（Christopher Yung）為美國海軍陸戰隊大學多納爾德．布萊恩講席教授。

政策建議

・中美兩國應該就現有的海上執法開展合作，在有效地維持這種合作的同時，應擴展兩國在污染防治、海洋觀測、海洋科研以及災害預防等領域的合作。

・目前中美兩國在亞丁灣和印度洋仍未就打擊海盜行動進行充分協調。一個具有遠景的建議是，雙方可以考慮建立一個五邊聯合搜索和營救的機構（由中、美、印、澳和東盟組成），以監控印度洋地區，發現和應對危機，並對經過這些海域的船隻和飛機提供救援。

・中美應加強海洋領域緊張局勢管理機制，包括危機預防和管控機制。

在 21 世紀，中美在所有戰略領域都將互相影響，而海洋領域則會成為中美關係中帶來最大合作機會和雙邊利益的領域之一，同時這一領域也存在產生衝突的重大風險。這是因為，中美兩國的經濟繁榮很大程度上依賴於海洋；同時，兩國在海洋領域可能產生摩擦，甚至相互衝突。

本章將指出海洋領域對中美兩國國家利益的重要性，介紹中美兩國對對方利益上的認知，並描述中美兩國關係在海洋領域所面臨的挑戰。此外，本章將通過討論兩國在海洋安全領域的利益分歧，得出結論認為雙方應考慮可以加強合作的領域，並建立識別機制以管控緊張局勢。

一、中美海洋領域關係中美國的觀點

（一）海洋領域對美國國家利益的重要性

自從美國建國以來，海洋一直是其國家經濟和貿易的核心因素。事實上，在英國殖民時期，美國的漁民和商人就奔波於大西洋上謀取生計。[1] 獨立之後，美國商船的足跡更是踏遍全球，在全球範圍內進行貿易。捕鯨者在新英格蘭地區是司空見慣的。當時美國國內生產總值中有相當穩定的份額源於海上貿易。新生的美國的第一場戰爭就是為了保衛其海上航行自由。當巴巴里海盜們（Barbary pirates）襲擊美國商船後，美國即派遣新創建的海軍陸戰隊到北非打擊海盜。[2] 當英國強徵美國商船，奴役美國水手時，美國是如此憎惡這一行為，以至於為此與英國開戰。[3]

時至今日，美國的經貿利益很大程度上仍然依賴海洋領域。據美國國家海洋和大氣治理署 2014 年發佈的統計數據，在美國有近 300 萬個就業崗位是由海洋經濟所提供的。[4] 從某種意義上說，美國超越了狹隘的經濟利益，將海洋領域的航線安全和自由通行視為現代國際經濟秩序的基礎。可以說，美國所創造的商業秩序的基礎是航行自由和迅速、低成本地將貨物安全運到世界任何地方的能力。

美國國家利益得益於海洋，除了經濟和貿易利益外，海洋也同樣塑造美國的戰略利益。早在其立國之初，美國因橫亙在它和歐洲之間的大洋屏障，獲得足夠的時間去鞏固其國內權力，提高政府治理績效。

隨着購買路易斯安那，兼併佛羅里達、加利福尼亞、新墨西哥、亞利桑那以及得克薩斯，美國建立了相對安全的陸上邊界。北方的鄰居（加拿大）和南方的鄰居（墨西哥）對美國均不構成重大的戰略威脅。兩個大洋將羽翼未豐的美洲大陸同歐亞那些潛在的掠奪性大國區隔開來，這對美國

1 Edward Mead Earle, "Adam Smith, Alexander Hamilton, Friedrich List: The Economic Foundationsof Military Power," in *Makers of Modern Strategy: From Machiavelli to the Nuclear Age*, ed. Peter Paret（Princeton: Princeton University Press, 1986）, 240.

2 Allan R. Millet, Semper Fidelis: *The History of the United States Marine Corps*（New York: Free Press, 1991）, 27-28, 43-44.

3 Millet, Semper Fidelis, 27.

4 National Oceanic and Atmospheric Administration, "NOAA Report on the U. S. Ocean and Great LakesEconomy," 2015, 4, https://coast.noaa.gov/data/docs/digitalcoast/econ-report.pdf.

這一新生的國家來説是巨大的祝福。[1] 美國國家安全利益在海洋領域的第一個好處是海洋成為並將一直成為保護美國不受外來威脅的天然屏障。

隨着美國軍事力量的增長和在國際體系中承擔的義務的增加，海洋領域具有了額外的戰略意義。在隨後的歷史中，美國發現自己在充當平衡者或國際警察的角色，這種角色使美國不得不使用軍事力量應對出現的威脅，或對未來的威脅採取威懾戰略。一戰中，隨着德國開展無限制潛艇戰，美國開始站在協約國（英、法、俄）一邊，對抗德國、奧斯曼帝國和奧匈帝國。雖然美國是在「結束所有戰爭的戰爭」的旗幟下參戰的，但美國介入戰爭的導火索是作為另一個大國的德國不但企圖限制美國在大西洋上的航行自由，更企圖在戰略上實現對西歐的支配。[2] 二戰中，美國發現自己處在這樣一個地位，即進入大洋並有能力通過海洋將力量投送到遙遠的大陸，這對美國的勝利和盟國的生存都是至關重要的。[3] 為保證美國在戰時可進入相關海域，美軍研發並完善其艦載航空兵、兩栖作戰、潛艇及反潛、防空作戰，以及海上後勤保障技術。[4]

對美國而言，冷戰再次證明了確保海洋領域安全的重要性。美國海軍相對於蘇聯的優勢，使得美國潛艇可以跟蹤監控蘇聯戰略核潛艇，部署在大洋中戰略位置的水下聲波監聽系統（SOSUS），可以追蹤監控對美國本土的潛在威脅。美國海軍的優勢也確保一旦發生蘇聯進攻美國北約盟國的情況，美國有能力輸送物資及軍隊到歐洲戰場。[5] 同樣重要的是，美國的海軍優勢能確保美國有能力向全球「熱點」區域投送遠征軍。冷戰期間，美國向

---

1 Colin S.Gray, "Seapower and Western Defense," in *Seapower and Strategy*, ed. Colin S. Gray and RogerW.Barnett（Annapolis: Naval Institute Press, 1989）, 277.

2 Williamson Murray, "Naval Power in World War I," in *Seapower and Strategy*, ed. Gray and Barnett, 201-03.

3 Jeffrey G. Barlow, "World War II: U. S. and Japanese Naval Strategies," in *Seapower and Strategy*, ed.Gray and Barnett, 267-70.

4 Barlow, "World War II," 267-70.

5 Gray, "Seapower and Western Defense," 286.

朝鮮半島、越南、格林納達、黎巴嫩派遣軍隊；冷戰後，美國向伊拉克（兩次）和阿富汗及其他一些主要危機區域派遣軍隊。[1]

因此，海洋領域是美國國家安全戰略的關鍵組成部分。首先，海洋成為隔絕對美國本土威脅的最初屏障。其次，海洋被看作美國應對海外威脅和危機的「高速公路」。最後，因為美國將防止霸權性大國控制其所在的大陸或地區視為國家安全利益的關鍵所在，所以海洋領域被視為重要的領域，在這個領域中，美國有能力制衡新出現的威脅，或者，如有必要的話，擊敗之。

因此美國利用海洋領域向海外投送軍隊以影響重要區域的勢力均衡，並且，當有必要時介入世界大戰或區域衝突。保證海上航線的安全對美國極為重要，因為美國將對新興威脅的威懾視為其國家安全戰略的重要組成部分。而對威脅進行威懾部分依賴於美國在全球各地快速部署戰力的能力。

（二）美國對中國在海洋領域利益的認知

研究中美關係的美國戰略家和觀察家相信，中國對維護安全的海洋領域有其固有利益。這成為美國的中國問題專家的箴言，即中國從安全的海洋所獲得的利益，即使不多於，也和在全球化的世界經濟中的其他國家所獲得的利益相一致。[2] 全球經濟的高效運轉，依賴於航行自由和保障海上航線安全（SLOC）。對中國來說，保證航線安全，就是保障中國生產的產品能安全抵達目的地，以及來自中東和非洲等地區的原材料和石油可以安全抵達中國。中國領導人也強調這一點：例如，時任國家主席胡錦濤注意到中

1 Roger W. Barnett and Jeffrey G. Barlow, "The Maritime Strategy of the U. S. Navy: Reading Excerpts," in *Seapower and Strategy*, ed. Gray and Barnett, 344-47.

2 Dale C. Rielage, "Multipolarity and the Future of Sea Lane Security," in *Beyond the Wall: Chinese FarSeas Operations*, ed. Peter Dutton and Ryan Martinson (Newport: Naval War College, 2015), 8; andJonathan G. Odom, "Freedom of the 'Far Seas'? A Maritime Dilemma for China," in *Beyond the Wall*, ed. Dutton and Martinson, 80-85.

國在戰略通道堵塞時的脆弱性，並提到了「馬六甲困境」。[1]

然而，美國觀察家仍舊認為，中國享受了航行自由和保證航線安全的成果，卻在保證自由航行和航線安全上發揮最低程度的作用。中國分析家則指出，中國海軍參與亞丁灣護航行動證明中國一直以來都對維護航行自由和海上航線安全做出重要貢獻。[2]的確如此，但美國觀察家認為，鑒於中國日益增長的軍事能力和其經濟規模，中國可以做出更多貢獻。[3]另外，他們指出，儘管中國對維護海洋領域的安全做出貢獻，但似乎僅在其經濟利益受到影響時才有所行動。[4]因此，那些美國觀察家認為儘管中國願意將護航艦隊部署在亞丁灣，卻不願同美國和印度合作，為經過印度洋的船隊提供保護。

美國觀察家也評論道，建立並遵守海上行為規範和規則符合中國利益。隨着中國的行動越來越遠離其「近海」，同其他國家在海軍、海警、海事、漁業、航運上的互動越來越多，更符合中國利益的選擇是在一套共同原則下行動，這些共同原則將規範中國與其他海洋利益相關方的互動。但是美國認為中國對海上行為規範和規則的遵守是有選擇性的。[5]

美國對中國利益的認知是，中國認為國際法的價值在於提供維持和平與穩定國際環境的手段；然而，美國也認為中國選擇性地遵守國際法，並在某些情況下過度解讀國際法。因此，中國較迅速地簽署《聯合國海洋法公約》(UNCLOS)，但是嚴格解釋國際海洋法的特定條款，以保留對進入其專屬經濟區(EEZ)進行更多限制性定義的權力。[6]因此，在美國戰略分析

---

1 石洪濤：《能源安全遭遇「馬六甲困局」中日韓能否攜手？》《中國青年報》2014 年 6 月 13 日。

2 Zhang Junshe, "Chinese/U. S. Naval Cooperation in Counterpiracy and Escort Missions," *in Beyond the Wall*, ed. Dutton and Martinson, 80-85.

3 Odom, "Freedom of the 'Far Seas'?" 82-84.

4 Robert G. Sutter, "Dialogues and Their Implications in Sino-American Relations," in *Conflict and Cooperation in Sino-U. S. Relations: Change and Continuity, Causes and Cures*, ed. Jean-Marc F. Blanchard and Simon Shen (New York: Routledge Press, 2015), 190.

5 Odom, "Freedom of the 'Far Seas'?" 77-8.

6 Odom, "Freedom of the 'Far Seas'?" 77-8.

家看來，同大多數國家對在領海和毗鄰區以外但在 200 海里專屬經濟區之內的國家行為的角色、責任、權利的詮釋相矛盾，中國宣稱：未經沿岸國（中國）許可，其他國家在其專屬經濟區內，無權進行軍事行動（包括演習、科學實驗、情報收集、監視以及軍事通行）。這不同於其他多數國家和國際法庭對《聯合國海洋法公約》的解釋。美國戰略分析家相信，多數國家認為沿岸國領水以外的專屬經濟區是國際水域，在國際水域中無論軍事或民用船隻都可選擇進行任何種類的操作。[1]

此外，當中國拒絕遵循其他一系列國家所確立的通過國際法庭解決海上領土爭端的司法先例時，美國認為中國有選擇性地忽視國際法。美國觀察家認為，如果今後中國改變之前的做法，而向國際法院提交與其他聲索國在南海、東海的領土爭端的話，那麼這些領土爭端將不再成為引起地區摩擦的熱點。尼加拉瓜和哥倫比亞以此方式解決海洋爭端，又如最近印度與孟加拉國之間的孟加拉灣仲裁。[2]

最後，一些美國觀察家宣稱，上述一系列問題，在最好的情況下，會被認為是中美兩國在國際法和行為規範上的解釋不同，在最壞的情況下，則會被認為是中國對其作為負責的相關利益者的義務的善意忽視。一些美國的保守派戰略家和分析家對北京的動機持有非常悲觀的看法。對他們來說，中國的終極利益包括以下方面：將美國逐出東亞，使中國成為該區域內具有支配性的海洋國家和霸權國，並且通過造成「既成事實」迫使其他聲索國承認中國的主權聲索。[3]

---

1 Odom, "Freedom of the 'Far Seas'?" 77-8.

2 D. H. Anderson, "Bay of Bengal Maritime Boundary（Bangladesh v. India）," *American Journal of International Law* 19, no.1（2015）: 146-54; and Nienke Grossman, "Territorial and Maritime Disputes（Nicaragua v. Colombia）," *American Journal of International Law* 107, no.2（2013）: 396-403.

3 For more on such viewpoints, see Aaron L.Friedberg, "A New China Strategy," John Hay Initiative,http: //www.choosingtolead.net/a-new-china-strategy; and Dan Blumenthal, "The Power Projection Balancein Asia," *in Competitive Strategies for the 21st Century: Theory, History, and Practice*, ed.Thomas G. Mahnken（Stanford: Stanford University Press, 2012）.

二、中方對海洋領域中美關係的看法

（一）中國在海洋領域的利益

中國在海洋領域的利益包括如下方面：（1）維護國家主權及領土完整，保衛海洋權益；（2）保證海上航線的開放，支持貨物和服務的自由流動；（3）戰時有對其他大國在重點海洋戰略區以及由第一島鏈和第二島鏈構成的防禦區內部署軍力進行拒止或威懾的能力；（4）保護中國快速增長的海外利益。

雖然傳統上中國被視為大陸強國，但當代中國卻高度依賴海洋。東部沿海的五個省，山東、江蘇、浙江、福建和廣東，擁有28.04%的中國人口和38.98%的國內生產總值。[1]僅在沿海地區，就有超過5500萬人依賴於對外貿易而產生的工作。這些省份的對外貿易依存度達到97.5%。[2]2018年，中國能源對外依存度約21%，能源進口量約為9.7億噸標準煤，其中原油佔66%，天然氣佔16%，煤炭佔18%。[3]此外，中國85%的進口原油和55%的進口天然氣途經南海和馬六甲海峽。[4]因此，確保海上航行暢通對中國經濟增長至關重要。換言之，確保全球自由航行（包括西太平洋、印度洋和波斯灣地區）是中國重大利益所在。

中國軍方學者強調「海上戰略通道」的重要性，[5]如中國國防大學教授梁芳將海上戰略通道視為「大國利益競爭的聚焦點」，是「影響中國安全和發

---

1 數據來源：中國國家統計局2018年人口數據，http://data.stats.gov.cn/easyquery.htm?cn=C01;2018年國內生產總值數據，http://data.stats.gov.cn/search.htm?s=GDPhttp://data.stats.gov.cn/search.htm?s=GDP.

2 廣東省統計局：《廣東省2014年經濟運行情況》，2015年5月，http://www.gdstats.gov.cn/ydzt/jjxsxwfbh/201505/t20150506_296435.html。

3 電力規劃設計總院：《中國能源發展報告2018》，2019年4月。

4 U. S. Department of Defense, Military and Security Developments Involving the People's Republic of China 2015（Washington, D. C., 2015）, 24, 86, http: //www.defense.gov/Portals/1/Documents/pubs/2015_China_Military_Power_Report.pdf.

5 王文榮主編《戰略學》，國防大學出版社，2011，第276頁。

展」的重要因素，並認為中國海軍應提高「核心戰略能力建設」，包括發展「遠海防衛」行動能力和海上後勤保障能力。[1]

然而，海上安全的理念，在中國經歷了漫長的軌跡。自 1840 年第一次鴉片戰爭起的近現代歷史中，中國反覆遭到西方帝國主義列強的入侵，這給中國的海洋安全觀念留下了不可磨滅的印跡。長期以來，中國高度重視國家主權和傳統軍事領域的安全。直到冷戰結束之後，中國的安全觀念才擴展到非傳統安全領域。此後中國對海上安全的論述才逐漸包括能源、人口販賣、毒品走私、環境保護及漁業糾紛等非傳統安全議題。[2]

與此同時，隨着中國海外利益（定義為海外投資、海外資產以及海外人員保護）在過去十年的快速增長，保護這些利益成為中國海洋戰略的重要組成部分。2002～2018 年，中國海外投資增長 53 倍，從 27 億美元增至 1430.4 億美元。[3] 在 2018 年，據統計有超過 1.49 億人次中國公民出國旅行。[4] 若干重要突發事件及轉折點引起中國領導人對中國海外投資所面臨的非傳統威脅的關注。針對亞丁灣海域不斷上升的海盜威脅，中國在 2008 年加入了在亞丁灣和索馬里沿岸的國際護航行動。截至 2019 年 7 月，中國共派出 31 批 100 餘艘次艦艇、2.6 萬餘名官兵，為包括聯合國世界糧食計劃署租用船隻在內的 6600 餘艘中外船舶提供安全保護，解救、接護、救助遇險船舶 70 餘艘。[5] 利比亞內戰期間的中國大規模撤僑行動也極大地提高了中國領導人和公眾對保護中國海外利益重要性的認知。

因此，中國在 2015 年發佈的國防白皮書《中國的軍事戰略》中就明

1　梁芳：《海上戰略通道論》，時事出版社，2011，第 251、310，314～315 頁。

2　查道炯主編《中國學者看世界：非傳統安全卷》，新世界出版社，2007。

3　中華人民共和國商務部：《2018 年度中國對外直接投資統計公報》，2019 年 9 月 12 日，http://www.mofcom.gov.cn/article/i/jyjl/e/201909/20190902899692.shtml.

4　中國旅遊研究院：《中國出境旅遊發展年度報告 2019》，2019 年 8 月 1 日，http//www.ctawcb.org/html/2019-8/2019-8-7-17-1-36988.html。

5　中華人民共和國國防部：《新時代的中國國防》，2019 年 7 月 24 日，http://www.mod.gov.cn/regulatory/2019-07/24/content_4846424.htm。

確提出：

> 隨着國家利益不斷拓展，國際和地區局勢動盪、恐怖主義、海盜活動、重大自然災害和疾病疫情等都可能對國家安全構成威脅，海外能源資源、戰略通道安全以及海外機構、人員和資產安全等海外利益安全問題凸顯。[1]

然而，1949 年新中國成立後的大部分時間內，軍事發展戰略以陸軍為主。從 20 世紀 50 年代到 80 年代早期，中國的海軍戰略可被定義為「近岸防禦」。1985 年時任中國海軍司令員劉華清正式提出「近海防禦」作為中國海軍戰略。劉華清上將所定義的近海是指從第一島鏈以西到中國的海域。第一島鏈北起千島群島經日本列島、琉球群島、台灣島、菲律賓群島，南到加里曼丹島、納土納群島。超出近海的海域被稱為「中遠海」。根據劉華清上將所提出的「海軍戰略」，中國海軍的活動區域應主要圍繞第一島鏈，包括黃海、東海和南海。隨着中國經濟持續增長以及海軍力量的不斷增強，中國海軍逐漸拓展海上行動的範圍至北太平洋地區或第二島鏈。第二島鏈北起千島群島，經日本列島、小笠原群島、馬里亞納群島，南至加羅林群島。[2] 島鏈概念最初是由劉華清上將在中國戰略文獻上加以詳盡闡述的，這一概念至今仍是中國海軍戰略的重要指導思想。其中台灣是第一島鏈上的重要節點。2005 年前後，中國軍事分析家開始在各種文章中使用「反干預」（counter-intervention）概念，這一概念被美國政策規劃者和分析家貼上「反介入和區域拒止」（A2/AD）戰略的標籤。[3] 可以說，反介入戰略旨在阻止

---

1 中華人民共和國國務院新聞辦公室：《中國的軍事戰略》，2015 年 5 月，http://china.org.cn/china/2015-05/26/ content_35661433.html。

2 劉華清：《劉華清回憶錄》，解放軍出版社，2011，第 432～437 頁。

3 Roger Cliff, Mark Burles, Michael S. Chase, Derek Eaton, and Kevin L. Pollpeter, *Entering the Dragon's Lair: China's Antiaccess Strategies and Their Implications for the United States*（Santa Monica: RAND Corporation, 2007）.

對手在西太平洋部署軍力，並限制或破壞其進入台灣或南海的軍事行動。[1]

2008 年 12 月開始中國參加亞丁灣國際反海盜行動，被證明是中國海軍戰略思想的轉折點。反海盜行動，不但極大地提升了中國海軍的遠洋作戰能力，而且也標誌着中國逐漸從近海防禦戰略轉向遠海護衛戰略。2009 年 3 月，《解放軍報》載文稱，「隨着國家利益的拓展，我們的海上力量正由『近海防禦』走向『遠海防衛』，擔當起進行多樣化任務的歷史重任。」[2]2010 年 3 月，東海艦隊副司令員張華臣少將在接受新華社採訪時指出：「過去我們都是近岸的海軍—也就是近海防禦型海軍。現在海軍戰略發生變化，由近海防禦向遠海防衛方向轉變。」[3] 維護國家統一及領土完整一直是中國海洋戰略的核心。譬如，2015 年 5 月發佈的《中國的軍事戰略》白皮書在其積極防禦戰略中就列出以下目標：「保持維權維穩平衡，統籌維權和維穩兩個大局，維護國家領土主權和海洋權益，維護周邊安全穩定。」[4]

（二）中國如何看待美國的海洋利益[5]

隨着奧巴馬上任之後開始實施「重返亞洲」戰略，中國戰略界對這一戰略的性質和意義進行了激烈的討論。總的來看，中國的政策制定者在很大程度上保持了清醒的頭腦，強調與美國合作，保持非對抗性關係的重要性。但美國「再平衡」(Rebalancing) 戰略，卻增加了中國精英和公眾中的不安全及受到威脅的認知。可以說，美國的再平衡戰略是導致中美之間形

---

1 For a critique of the use of the term counter-intervention to characterize China's strategy, see Taylor Fravel and Christopher P. Twomey, "Projecting Strategy: The Myth of Chinese Counter-Intervention," *Washington Quarterly* 37, No.4 (2015): 171-87.

2 董國政：《走向深藍聽海嘯》，《解放軍報》2009 年 3 月 26 日，第 4 版。

3 陶宏祥、陳欣、穆亮龍：《張華臣代表：海軍要向大型化信息化綜合化發展》，新華網，2010 年 3 月 8 日，http://news.xinhuanet.com/mil/2010-03/08/content_13124149.htm。

4 中華人民共和國國務院新聞辦公室：《中國的軍事戰略》，2015 年 5 月。

5 This section partly draws on Wang Dong and Chengzhi Yin's work in "Mainland China Debates U. S.Pivot/Rebalancing to Asia," *Issues and Studies* 50, No.3 (2014): 57-101.

成安全困境的重要因素。

中國戰略分析家對美國實施再平衡戰略意圖的解釋通常屬現實主義範式，視之為試圖構築對中國的戰略包圍。[1] 這些中國戰略分析家傾向於從硬核現實主義（hardcore realism）和傳統地緣政治角度觀察中美關係。對他們來說，美國如此高調推行亞太「再平衡」戰略正是經典權力政治邏輯的體現；換言之，美國意在維持其在東亞的霸主地位。

這些戰略分析家傾向於透過零和博弈的視角來解釋奧巴馬政府的「重返亞太」政策，他們對於美國政策的經典現實主義式解讀還反映在其政策評估中。實際上，激進的進攻性現實主義者們諸如約翰・米爾斯海默認為美國應該在中國變得過於強大之前進行遏制的説法，被中國戰略分析家們作為美國亞太再平衡戰略是試圖遏制中國的有力證據。[2]

中國軍事院校的學者認為，自「9・11」事件後美國「已經逐漸將戰略重點轉向亞太」，在第一和第二島鏈部署大規模部隊，並且將關島變為西太平洋上的核心基地和軍力輻射中心。另外，美國通過控制海上樞紐馬六甲海峽和霍爾木茲海峽，加強了對中國的「遏制戰略」並威脅中國海上戰略通道的安全。[3]

在擔任美國國務卿期間，希拉里・克林頓在 2009 年 7 月的東盟峰會上宣佈：「美國回來了。」[4]《環球時報》發表評論文章認為希拉里的宣言表明：

---

1 Yong Deng, "Conception of National Interests: Realpolitik, Liberal Dilemma, and the Possibility of Change," in *In the Eyes of the Dragon: China Views the World*, ed. Yong Deng and Fei-ling Wang（Lanham: Rowman & Littlefield, 1999）, 47-72.

2 For Mearsheimer's views, see John J. Mearsheimer, *The Tragedy of Great Power Politics*（NewYork: W. W. Norton, 2001）; Zbigniew Brzezinski and John J. Mearsheimer, "Debate: Clash ofthe Titans," *Foreign Policy*, January-February 2005, 46-49; and John Mearsheimer, " 'PeacefulRise' Will Meet U. S. Containment," *Global Times*, November 6, 2013, http: //www.globaltimes.cn/content/823045.shtml.

3 梁芳：《海上戰略通道論》，第 277～278 頁。

4 "U. S., Is Back, in Asia, U. S. Secretary of State Hillary Clinton Declares," Associated Press, July 21,2009.

美國準備同中國在東亞爭奪影響力。文章認為美國正通過加強與日韓的同盟關係來對中國進行「包圍和封鎖」。同時，美國試圖通過操控部分東南亞國家與中國的領土爭端來消耗中國的力量。[1]

奧巴馬政府的一系列舉措被中國戰略分析家視為針對中國的敵對行動，包括在澳大利亞的達爾文部署美國海軍陸戰隊；主張美國在南海的航行自由利益；在東海和南海的領土爭端中站在中國對手一方；鞏固與菲律賓、日本和澳大利亞的軍事同盟；加強與越南和印度的軍事合作；改善與緬甸的雙邊關係；加強美國在東亞的彈道導彈防禦系統，等等。美國在亞洲更加咄咄逼人的姿態讓中國的民眾和精英們堅信美國正致力於遏制中國。

在 2013 年 2 月的一個關於海上安全的多部門會議上，解放軍副總參謀長戚建國中將認為，中國的安全威脅和發展重點都來自海上。他同時強調海上鬥爭不僅關係到國家主權和安全，還關係到國家建設和發展。戚建國指出：中國絕不主動挑起海上糾紛和爭端，絕不影響國際法所允許的海上航行自由；與此同時，中國將「堅定不移捍衛國家主權、領土完整和海洋權益」。[2]

同樣，國防白皮書《中國的軍事戰略》指出：

> 個別海上鄰國在涉及中國領土主權和海洋權益問題上採取挑釁性舉動，在非法「佔據」的中方島礁上加強軍事存在。一些域外國家也極力插手南海事務，個別國家對華保持高頻度海空抵近偵察，海上方向維權鬥爭將長期存在。[3]

與不斷變化的戰略環境相一致，中國國防白皮書規定中國海軍的任務

1　戴慶成：《應高度警覺美國「重返」亞洲》，《環球時報》2009 年 7 月 24 日，第 14 版。

2　《解放軍副總參謀長：中國安全威脅主要來自海上》，人民網，2013 年 2 月 5 日，http://politics.people.com.cn/n/2013/0205/c1026-20431056.html。

3　中華人民共和國國務院新聞辦公室：《中國的軍事戰略》。

是：「海軍按照近海防禦、遠海護衛的戰略要求，逐步實現近海防禦型向海洋安全領域的中美關係近海防禦與遠海護衛型結合轉變，構建合成、多能、高效的海上作戰力量體系，提高戰略威懾與反擊、海上機動作戰、海上聯合作戰、綜合防禦作戰和綜合保障能力。」[1]

三、中美在海洋領域利益的交匯與挑戰

（一）利益的交匯

中美在海洋領域有着明顯的利益交匯。兩國均重視自由開放的貿易並將維護這一領域的安全視為重要目標。因此，中美均認為海上安全通道是維護國家安全絕對必要的部分。兩國都確信維護海上安全和秩序的重要性，並同各利益相關方採取行動制定規則，以維持海上安全與秩序。

儘管兩國在如何使用軍事力量及何種透明度可確保互信上存在分歧，但中美兩國都認為軍事力量可用於保護國家海上安全。如何在海洋領域使用軍事力量這一問題上，由於中美兩國都擁有不斷增長的海外利益網絡，兩國都認同保護海外利益的必要性，並且相信使用武力來保護海外利益是有效的方式。此外，兩國都認為，軍事力量可以從事諸如人道主義救援這樣的非戰爭軍事行動，以幫助那些遭受自然災害的國家。

中美兩國在海洋領域擁有廣泛的經濟利益，而在制定如何保護這些經濟利益的政策上雙方都具有顯著的利益。其中一些政策已經在上文討論過，例如，中國派遣護航艦隊，在亞丁灣參加國際反海盜行動。中美對海洋領域經濟利益的保護也延伸到針對流網捕撈、海洋污染、對主要港口的恐怖主義威脅、以及在搜救過程中提供有效的海上和空中援助等的共同政策。

1 中華人民共和國國務院新聞辦公室：《中國的軍事戰略》。

（二）中美關係在海洋領域面臨的挑戰

儘管中美之間在海洋領域的合作上具有有廣闊的空間，兩國仍然在這方面有爆發衝突的潛在可能。首先，中美兩個大國之間的潛在熱點和危機點幾乎都是在海洋領域。儘管朝鮮半島仍然存在着大國對抗的可能，但當前中美最需要關切的仍然是台灣問題以及東海和南海問題。大多數關注安全問題和中美關係的中美兩國分析家都相信，在朝鮮半島事務上雙方可以彼此協調立場，避免安全現狀的惡化，其中很多問題是北京和華盛頓可以通過共同努力，討論並達成一致的，儘管這需要中美各自處理好對朝和對韓關係上的敏感性。[1] 然而，台灣、南海和東海問題涉及的主權問題對於中美兩個大國來説都是十分敏感的問題，能否通過對話協商來加以解決還是一個未知數。

比較而言，中國認為，台灣問題以及南海、東海的島嶼主權問題是不容談判的。儘管在涉及東海的釣魚島，以及南海的南沙群島的主權爭議時，中國在堅持主權毫無疑問屬中國的同時，也提出了「擱置爭議、共同開發」的倡議。[2] 中國強調這些問題，尤其是台灣問題，無關美國的任何利益，美國無權插手，並且把美國的行為視為對中國國內事務的干預以及主權的侵犯。[3] 而美國在涉及台灣、東海和南海問題時，則傾向於將其與所謂的民主價值、同盟的可信度、航行自由以及和平解決爭端等問題結合起來。這些問題中的任何一個能否通過雙方的對話來加以解決，無論是中國還是美國的分析家都還沒有共識。事實上，中美兩國有可能捲入由台灣、南海以及東海任何一種情景下的危機所引發的衝突。上述情景將涉及主要是在海洋

1 Bonnie Glaser and Yun Sun, "Chinese Attitudes toward Korean Unification," *International Journal of Korean Unification Studies* 24, No. 2（2015）: 83-95.

2 "Chinese FM: Confrontation Not Conducive to Solving South China Sea Issues," Xinhua, June 27,2013, http://news.xinhuanet.com/english/ china/2013-06/27/c_132492885.htm.

3 Chen Qimao, "The Taiwan Issue and Sino-U. S. Relations: A PRC View," *Asian Survey* 27, No. 11（1987）: 1161-75.

領域進行作戰的軍事能力；而任何一方獲勝的可能性將取決於其軍事能力（這種軍事能力部分是空軍實力，但主要涉及海軍實力）。

其次，海洋被視為媒介，一個國家通過海洋有能力最大程度地挫敗他國的政治目標。有美國專家分析認為，中美預計將不斷發展軍事力量，以圖在可能發生的台海衝突中威懾、挫敗、甚至摧毀對方的軍事力量。此外涉及台海衝突或其他相關的衝突，美國可以使用其海軍對中國進行封鎖，阻止中國獲得原油與原材料，從而扼殺中國經濟，這便是所謂的「馬六甲困境」。中國可以使用多種正在發展的軍事技術，通過「反介入／區域拒止」或「反干預」的作戰原則，以阻止美國在亞太海域內隨意使用武力。在釣魚島衝突的場景中，美國有可能向日本軍隊提供兩栖作戰協助，而中國則可能通過水面和水下力量以及反艦彈道導彈來威脅美國海軍力量，從而遲滯美國在台海衝突場景中的軍事反應。

再次，海上的支配權是大國地位的象徵。每一個曾被認可的大國，都曾經擁有一支強大的，足以保障並擴展其海外商業利益的海軍。[1] 然而，在獲得強國地位的過程中，出於必要，很多國家會發展出與守成大國相對應的強大海軍力量。因此，如果主要大國不夠謹慎，海上力量的競爭就會成為零和博弈，並可能導致一場嚴重的體系性大戰。

中國獲得航空母艦的過程就是上述因果機制的完美範例。應該説，中國至少需要數支航空母艦戰鬥群才能夠保護其海上利益。然而，一些戰略分析家也注意到，導致中國做出建造航母決策的一個重要因素是希望通過一個切實可感的方式展現中國的崛起，展示其強國姿態，以及變化的國際地位。[2] 更確切地説，一艘航母並不能削弱美國在西太平洋的海上支配地位。

---

1 Peter M. Swartz, "Rising Powers and Naval Power," in *The Chinese Navy: Expanding Capabilities, Evolving Roles*, ed. Phillip C. Saunders, Christopher D. Yung, Michael Swaine, and Andrew Nien-DzuYang（Washington, D. C.: National Defense University Press, 2011）, 12-16.

2 Robert S. Ross, "China's Naval Nationalism: Sources, Prospects, and U. S. Response," *International Security* 34, No. 2（2009）: 61-72.

與此同時，美國在面對中國加強其海軍戰鬥序列時也並非無動於衷。事實上，美國計劃將把另一艘航空母艦（福特號）及幾艘阿利・伯克級驅逐艦、弗吉尼亞級潛艇和大型甲板兩栖艦艇加入其海軍序列。[1] 此外，在中國加強其海軍戰鬥序列並通過其航母力量遏制泰國和印度以前，美國是西太平洋上唯一能夠通過其航母作業展現出強大力量的國家。中國「遼寧號」航母的出現改變了這種平衡，哪怕這種改變是極其輕微的。接下來幾十年可能到來的第二艘、第三艘、甚至第四艘中國航母，意味着美國的海軍力量相比其能夠在西太平洋壟斷航母作業的時代，已經相對減弱了。

同樣的過程也體現在中國擁有遠征行動能力的例子上。中國建造了登陸艦，而且每一艘都可以進行部隊、艦艇和直升機的遠距離運輸（對中國來説，是運輸到亞丁灣地區），這意味着美國已經失去了對遠征行動能力的壟斷。在中國獲得這種能力之前，只有美國能夠使用兩栖艦艇運輸大量的海軍力量，並將它們送到遠距離之外的目的地進行兩栖登陸和其他遠征行動。其他的亞洲國家同樣擁有海軍和地面遠征軍，但是沒有一個國家包括澳大利亞，能夠實現如此大量的軍事設備的裝載，並將它們運送到遠方執行任務。中國成功獲取現代化的大型登陸艦，以及據報道可能獲得更大型的登陸艦即登陸直升機母艦（Landing Helicopter Dock），也打破了美國對此種軍事力量的壟斷。[2]

可以想像，隨着中國海軍力量逐漸地步入上升軌道，會在海洋領域對美國的國家利益構成長期直接的挑戰。對美國而言，最壞的情形是從長遠來看中國所具備的軍事投送能力，不僅超越區域而且將覆蓋全球，最終對

1 Ronald O' Rourke, "Navy Force Structure and Shipbuilding Plans: Background and Issues forCongress," Congressional Research Service, CRS Report for Congress, RL32665, January 8, 2016, 7.

2 Ronald O' Rourke, "China' s Naval Modernization: Implications for U. S. Navy Capabilities," Congressional Research Service, CRS Report for Congress, RL33153, September 21, 2015.

美國的全球領導地位形成挑戰。當然，最好的情況是中美兩國未來對海上交通線進行「聯合巡航」，這個想法已經被如美國前國家安全顧問斯蒂芬·哈德利這樣的美國前政要所支持。2014 年 6 月在北京一個論壇發表的演講中，哈德利指出，美國已經「準備接受一個成長中的具備保衛海上通道能力的中國遠洋海軍」，並稱讓中國分享保護海上航線的責任對美國是具有「顯著益處的」。[1]

如上所述，海洋領域是一國能夠展示其大國地位的絕佳舞台。然而，這種地位的展示可能是以現存大國為代價的。如果中美未能小心應對，海洋不但會變成證明中國能走多遠的舞台，而且會變成兩國公開顯示它們之間戰略競爭的領域。

最後，中美在海洋領域存在挑戰，因為中美兩國對海洋的性質和意義的理解完全不同。在近代中國的歷史中，海洋是敵國侵略中國，威脅和羞辱中國的首要途徑，英國等帝國主義通過海洋支配中國並使其經歷了「百年屈辱」。因此，海洋被中國看作是防止敵對勢力利用其侵入國土而需重點防禦的區域或地帶。雖然美國也將海洋視為威脅其本土的潛在途徑，但海洋更經常地被美國視為推動和促進其利益的手段。因此，一個大國很大程度上將海洋視為潛在威脅，而另一個大國多數情況下視海洋為機遇；一個大國將海洋戰略視為主要是防禦性的，而另一個大國更多地展現出進攻性的思維方式。可以說，哲學上的這種根本分歧塑造了中美在一系列海洋問題上的不同看法。如果中美在其戰略思維中缺乏創造性的話，那麼兩國的海洋戰略將是不兼容的。

這種動力機制在中美由於美國海軍監視和偵察行動（SRO）而導致的緊張關係上是最容易被觀察到的。美國認為其有權在中國領海之外的專屬

---

1 Both Wang Jisi and Susan Shirk have mentioned such a possibility in author conversations. See also Stephen Hadley, "Asia-Pacific Major Power Relations and Regional Security"（remarks at WorldPeace Forum, June 21, 2014, Beijing）.

經濟區內進行空中偵察和航行偵察。在美國看來，這是國際法所賦予的權利，同中國大陸在台灣、東海、南海存在潛在軍事衝突的情況下，這代表了軍事和戰略規劃上的審慎；而這也反映出美國的一種心態，即維護國家安全最有利的辦法是通過前沿行動、監視威脅並在威脅超過美國能力之前進行應對。美國「拉森號」驅逐艦 2015 年 10 月和「威爾伯」號驅逐艦 2016 年 1 月執行的所謂「自由航行」任務，通過中國所控制的南沙群島 12 海里領海內或附近水域，正是美國這種心態的體現。

與此形成鮮明對比的是，中國認為美國的抵近偵察行動侵犯中國主權，極具侵略性，並對中國的安全構成潛在威脅。因此，北京強烈批評華盛頓的「自由航行」行為，並且嚴厲譴責其行為是「非法的」，是「炫耀武力」，以及試圖「以軍事實力恐嚇中國」。[1] 對中方而言，美國若將這些行動所獲得的信息傳遞給其地區盟友，這將給中國人民解放軍的行動能力帶來負面影響，並潛在地威脅中國的國家安全利益。在中美戰略安全對話中，中方往往會強調這種行為違背了美國對中美關係的認識。監視和偵察行動的存在有力地説明美國將中國視為敵人。所有對監視和偵察行動的批評都反映了中國的認知，即必須控制海上威脅，在海上建立外國軍艦行動可接受距離的區域或空間，以及那些外國軍艦不允許進入的區域。從一個角度來看，中國對國際法的解釋反映了其總體上戰略防禦的心態。

（三）合作領域及管控緊張形勢的機制

鑒於在廣泛領域的利益交匯，中美在主要的海洋領域均有合作的機會。首先，在經濟利益領域，中國海事部門同美國海岸警衛隊已經開展多項合作。在奧巴馬第二任期期間，雙方海事部門對北太平洋的流網捕撈行為共同進行打擊。雙方在海事方面的合作是如此廣泛，以至於中國漁政部

1 Hua Yisheng, "U. S. Muscle-Flexing in South China Sea Is Unprofitable," *People's Daily*, November 11, 2015, http: //en.people.cn/n/2015/ 1111/c98649-8974557.html.

門的執法人員登上美國海岸警衛隊船隻，共同在北太平洋巡邏以震懾非法行為，進行區域監控，並在必要時攔截、逮捕並拘留那些違反這一國際禁令的違法者。[1] 兩國海事部門已經建立實質性的合作關係。這一合作的勢頭理應持續並深化。[2]

經濟利益的獲得得益於良好的環境治理和防治污染的努力。兩國通過中國國家海洋局和美國國家海洋和大氣管理局，合作開展海洋觀測和海洋科研活動。中美共同開展了海洋災害預防合作項目。所有這些努力需要保持，並繼續深化合作。

其次，第二個主要的利益交匯領域是海上航線的安全。中國通過常態化的反海盜力量部署，已經邁出了解決這個問題的第一步。美國參與歐盟的反海盜合作項目並不涉及同中國海軍的大量協調努力。這必須改變。「信息共享與防止衝突」（SHADE）機制和中國反海盜護航編隊間更好的協調合作是十分有益的。此外，一個更具雄心同時也存在潛在爭議的建議是建立五方機制（美國、中國、印度、澳大利亞和東盟）組成聯合搜救機構監控印度洋地區，發現和應對危機，組織對本海域內失事船舶和客機的救援工作。這樣的共同努力可能會促進對馬航 370 失事客機的更好的搜救協調工作。此項建議是以 2013 年國際聯合搜救諮詢小組在馬來西亞的活動為基礎提出的，其中來自東亞峰會國家的災害救援隊被邀請參加多邊搜救演習。[3]

---

1 "U. S. and China Coast Guards Interdict Vessel for Illegally Fishing on the High Seas," U. S. Coast Guard Newsroom, News Release, June 3, 2014, http://www.uscgnews.com/go/doc/4007/2173349/Multimedia-Release-United-States-and-China-Coast-Guards-interdict-vessel-for-illegally-fishing-on-thehigh-seas.

2 "U. S. and China Agree to Increase Cooperation in Greenhouse Gas and Fisheries and OceanManagement," National Oceanic and Atmospheric Administration, May 11, 2011, http://www.noaanews.noaa.gov/stories2011/20110511_china.html.

3 "Malaysia's Rescue Team Equipped to Handle Disaster," *Borneo Post*, November 8, 2013, 36-37, http://www.theborneopost.com/2013/11/08/malaysias-rescue-team-equipped-to-handle-disaster;and "List of U. S. -China Cooperative Projects," U. S. State Department, January 22, 2014, http://www.state.gov/r/pa/prs/ps/2014/01/220530.htm.

最後，中美兩國可擴大過去四年中在海洋領域業已存在的軍事交流合作。中國海軍於 2014 年夏首次受邀參加「環太平洋軍演」(RIMPAC)。[1]「環太平洋軍演」應繼續作為中國海軍參與的平台。美國也應考慮邀請中國海軍參加西太平洋的軍事演習。例如，中國可以先作為「聯合海上戰備和訓練」(CARAT) 演習的觀察員，這項演習是美國與東南亞國家軍隊舉行的年度演習。然後，中國海軍可以被邀請作為全面參與者參加所有的演習項目。海上軍事合作可能會擴大到包括增強協作方案，諸如兩國海軍進行非戰鬥人員疏散的桌面演習或人道主義援助和救災演習。雖然正式成員會談通常預留給盟國，但中國海軍可被邀請參與同美國海軍就廣泛的安全議題進行討論。目前，中美兩國海軍還未進行如美國同其盟國日本、韓國一樣的正式會談。然而即使中美並非盟國，兩國海軍仍然可以進行正式的工作會晤以發展協調合作。可以認為，中美海軍工作會晤可以通過不斷的互動幫助雙方防止錯誤溝通，避免意外摩擦的形成。另外，兩國海軍可以通過合作為印度洋海上航行安全提供保護，或者攜手為亞丁灣通行船舶提供反海盜護航。

四、存在分歧的領域和有關管控緊張形勢機制的建議

(一) 存在分歧的領域

中美在海上安全領域最令人擔憂的一個分歧是，美國認為在國際水域和專屬經濟區的軍事通行不受約束；而中國認為軍事通行應是有條件的。中美關係因這一分歧而陡增壓力，隨着美國在中國專屬經濟區內進行高強

1 Christopher D. Yung, "Continuity and Change in Sino-U. S. Military-to-Military Relations," in *Conflictand Cooperation in Sino-U. S. Relations*, ed. Blanchard and Shen, 218.

度的「抵近偵察」，中美關係不斷加劇緊張，並導致中美兩軍之間的經常性對抗。

這一分歧部分來源於兩國對《聯合國海洋法公約》的不同解釋。儘管中美兩國都同意應按照國際法（例如《聯合國海洋法公約》）規定處理海洋領土問題和獲得海洋資源的權利問題，但雙方在《聯合國海洋法公約》的一些條款的解釋上無法取得一致（特別是是否允許在專屬經濟區內進行軍事偵察的問題上）。

這種不同常常被構述為海上自由航行問題。顯然，中美兩國對《聯合國海洋法公約》第五十八條的規定有着不同理解。這一規定如下：

> 在專屬經濟區內，所有國家，不論為沿海國或內陸國，在本公約有關規定的限制下，享有第八十七條所指的航行和飛越的自由，鋪設海底電纜和管道的自由，以及與這些自由有關的海洋其他國際合法用途，諸如同船舶和飛機的操作及海底電纜和管道的使用有關的並符合本公約其他規定的那些用途。[1]

《聯合國海洋法公約》條款所固有的模糊性導致了中美之間的不同理解。根據美國官方解釋，軍事行動自由是「航行和飛越自由」的一部分。與此相對，中國官方立場是沿岸國有權對軍事行動包括航行和飛越進行限制。因此，在專屬經濟區內的自由航行不同於公海航行，是要受到限制的。[2] 中國政府的立場是：中國尊重和維護各國依照包括《聯合國海洋法公約》在內的國際法享有的航行和飛越自由，但反對任何國家假借「航行和飛越

---

1 The entire UNCLOS agreement, including Article 58, can be found at http: //www.un.org/Depts/los/convention_agreements/texts/unclos/ closindx.htm.

2 賀贊：《專屬經濟區內的有限軍事活動自由》，《政法論壇》2015 年第 4 期，第 160～167 頁。

自由」之名，炫耀武力，對沿海國進行威脅和恫嚇。[1] 其結果是，中美雙方都指責對方濫用《聯合國海洋法公約》，並因此違反國際法。

中美另一個主要分歧是中國在南海所主張的「九段線」。美國堅持認為九段線「不符合國際海洋法」並強烈要求中國澄清對九段線的定義。例如，2014 年 2 月，美國助理國務卿丹尼爾．拉塞爾（Daniel Russel）在美國眾議院亞太委員會作證時，宣稱九段線「限制了達成一個各方都能認可的解決方案或者在各聲索方之間達成公平的共同開發安排的可能性」，並稱「國際社會將會歡迎中國澄清或調整其關於九段線的聲索，以使其和國際海洋法的規定相一致」。[2] 與此相對，中國認為其主張基於歷史和國際法，九段線是完全合法的，且在解決海上領土爭端時應考慮其「歷史性權利」。[3]

美國認為，維持其軍事存在和在本地區的不間斷軍事通行，是維護地區和平安全的關鍵。[4] 這是因為美國所主導的盟國體系有賴於確保美國軍事力量得以「進入」本區域，並且美國所主導的國際經濟貿易秩序，同樣也依賴於由美國前沿軍事存在所提供的和平與穩定。其他因素包括美國不僅有能力應對針對其本土的直接戰略威脅，而且有能力應對針對其盟友的國際威脅，並提供廣泛的國際安全保證；並且，有分析家認為，這也是為了對沖崛起的中國在取得與其不斷上升經濟力量相稱的軍事力量後，開始採取不友好行動的可能性。然而，與上述觀點相對，中國認為美國所謂「自由航

1 「外交部發言人華春瑩就美艦進入我南海島礁鄰近海域答記者問」，外交部網站，2018 年 3 月 23 日，http://www.fmprc.gov.cn/cgmandalay/chn/fyrth/t1545024.htm。

2 Daniel R.Russel, "Maritime Disputes in East Asia," testimony before the House Committee on Foreign Affairs Subcommittee on the Asia Pacific, Washington, D. C., February 5, 2014, http: //www.state.gov/p/eap/rls/rm/2014/02/221293.htm.

3 高之國、賈兵兵:《論南海九段線的歷史、地位和作用》，海洋出版社，2014;張磊:《對南海九段線爭議解決途徑的再思考—兼論〈聯合國海洋法公約〉的局限性》《太平洋學報》2013 年第 12 期，第 50 ~ 61 頁。

4 U. S. Navy, *A Cooperative Strategy for 21st Century Seapower: Forward, Engaged, Ready* (Washington,D. C., March 2015), 32, http://www.navy.mil/local/maritime/150227-CS21R-Final.pdf.

行」行動和加強美國主導下的亞洲同盟的行為，造成了地區局勢更趨緊張。[1]

作為擁有全球投送能力的國家，美國的利益在於使其投送能力現代化、集約化。作為具備初步軍事投送能力的國家，中國正尋求建立這種能力，使其海軍可進行亞太地區內及域外的行動，並追求保護國家利益同時提供國際公共產品的目標。軍事投送能力是美國海權五大主要能力之一，並且是其全域進入（all domain access）的基礎。美國將以更分散的方式，在瀕海環境投送兵力，包括使用前沿部署和派遣遠征軍。[2] 中國將發展軍事投送能力，旨在通過常規和非常規手段對臨近區域外的衝突施加影響。[3]

美國認為所有國家都有權建設海洋軍事力量，但這些能力需要同如何使用的透明度和再保證相結合。美國一再呼籲中國提高其軍事力量、行動和意圖的透明度。[4] 然而中國的戰略思維認為競爭中較弱的一方對較強的一方隱藏自身的部分實力是合理的。換言之，相較透明，模糊更有戰略價值。完全的透明並不符合中國的利益。

最後一個使中美海上合作增加複雜度的是所謂「第三方因素」的影響。亞太地區一些特定的海洋領土爭端涉及美國的正式盟國或正同美國發展緊密關係的國家。日本和菲律賓是前者的典型案例，越南則是後者。第三方因素的複雜性和挑戰性在於，因為，以中國的視角看，中國和其他國家的海洋領土爭端應通過雙邊協商方式加以解決；但相反這些爭端不斷國際化，因為美國與某一爭端方的同盟承諾或不斷發展的關係，將其直接牽涉其中。此

---

1 周方銀：《美國的亞太同盟體系與中國的應對》，《世紀經濟與政治》2013 年第 11 期。

2 U. S. Navy, *A Cooperative Strategy for 21st Century Seapower: Forward, Engaged, Ready*（Washington,D. C., March 2015）, 32, http: //www.navy.mil/local/maritime/150227-CS21R-Final.pdf.

3 Thomas Kane, "China's Power Projection Capabilities," Parameters 44, No.4（2014–15）, http://www.strategicstudiesinstitute.army.mil/pubs/Parameters/Issues/Winter_2014-15/6_KaneThomas_ChinasPowerProjectionCapabilities.pdf.

4 Michael Kiselycznyk and Phillip C. Saunders, "Assessing Chinese Military Transparency," NationalDefense University, Institute for National Strategic Studies, China Strategic Perspectives, no.1, 2-5http: //ndupress.ndu.edu/Portals/68/Documents/stratperspective/china/ ChinaPerspectives-1.pdf.040

外，對中國而言，第三方因素也增加了地區局勢複雜性，因為，就整體而言，美國同這些國家有效地組成了針對中國的聯合陣線。從美國的視角看，很顯然同盟承諾（alliance commitment）不但沒有被視為增加複雜性，反而被視為保持地區穩定的基礎。關於美國與亞洲國家間關係所扮演的角色，究竟是海上安全合作的助力還是阻礙，中美之間存在着截然不同的看法。

（二）緊張局勢管理機制

• 2014 年 11 月美國總統奧巴馬訪問中國，並同中國國家主席習近平進行首腦會談。雙方簽署《海上相遇諒解備忘錄》。2015 年 9 月，習近平主席對美國進行國事訪問期間中美雙方又簽署了空中相遇附件。現在，中美應該確保雙方遵守協議。同時，中美可以考慮共同或單獨對雙方的水手和飛行員進行培訓。

• 中美智庫應該開展二軌或一軌半對話，討論海洋領土聲索不同的法律解釋。

• 中美可建立雙邊演練和訓練項目，聚焦於管理或避免海上意外相遇。

• 中美雙方應加強「國防海事磋商協議」機制並確保磋商的中心議題是討論具體操作性層面的問題，而不僅僅停留在政治或更宏觀的戰略問題上。

• 中美應開始進行軍事領域的小多邊二軌對話，例如中美日對話，擴展小多邊軍事演習合作，可幫助減少中國一方和美國及其盟友作為另一方的戰略互疑。

五、結論

海洋領域是中美在其中反覆討論競爭與合作關鍵問題的最成熟的戰略環境。相比兩國互動的其他戰略領域（如太空和網絡），中美都十分清楚這一領域內各自國家利益的細節，並且兩國政府代表在過去的幾年中，已經在眾多對話中充分交換意見。然而，儘管相較其他戰略領域，有關海洋領域里一致和分歧的概念化更加容易，但由於涉及巨大利益和兩國在海洋領域發生衝突的可能性，使得達成兩國合作措施的工作十分艱巨。

如筆者前文所述，在海洋領域中美兩國存在巨大的利益交匯。維護航行自由符合兩國利益，兩國都從海洋經濟以及良好的海上秩序中獲益，並通過海洋的使用促進和保護國家安全利益。兩國也都同意，通過軍力建設尤其是海軍建設保護合法的國家安全權益是完全合理和必要的。中美的利益和觀點分歧在於兩國如何界定各自的國家利益，什麼是展示意圖的合適手段，兩國如何看待海洋（視為威脅還是機遇），以及兩國如何解釋國際法及對海洋主權的保護。

當霸權國或超級大國面對不斷崛起的挑戰國時—即所謂的「修昔底德陷阱」—和由此而生的安全困境，將使利益分歧和看待相關現實的視角複雜化。另一個複雜性在於，兩國之間目前所有的熱點或潛在利益衝突都存在於海洋領域。其結果是，兩國都陷入一個微妙的處境，即通過其行為或發展專門軍事能力以及設計針對對方軍事能力的武器系統，雙方都有能力挫敗對方的目標。最後，一些與中國有海上爭端的國家同時也是美國的盟國或關係不斷提升的夥伴，即所謂的「第三方因素」，對中美提升海上安全合作的前景構成顯著的挑戰。

儘管面臨這些挑戰和困難，中美兩國在海洋領域擁有充分的利益交匯，我們應當認真思考深化和加強業已存在的機構和軍事部門之間的合作項目。進而，由於中美在海洋領域利益重疊，我們應當推動可以培育合作習慣、減少緊張和猜忌的新的合作項目。

2016 年之前，中美兩國在海洋領域面臨着諸多挑戰，但也存在合作機會。以穩步改善的兩軍關係為基礎，雙方合作成效顯著，在達成一系列涉及海上和空中相遇準則的問題上也取得了堅實的進展。在一定程度上，中美在海洋領域的互動是在一個已知的背景下進行的，即美國的「亞太再平衡」政策和中國提出的建立中美「新型大國關係」的倡議。2016 年 11 月，唐納德・特朗普當選美國總統，這改變了先前理解的兩國關係的背景，為中美關係帶來了一定的不確定性。某個意義上可以說，特朗普政府的「印太戰略」實質上是「亞洲再平衡」戰略的升級版。儘管特朗普政府上台之後提出了「印太戰略」，但美國在海洋問題上的利益不會有明顯改變。換言之，美國的利益依然是堅持航行自由原則，一方面將海洋視為防禦威脅的屏障，另一方面將海洋作為向域外投送力量的手段，同時美國關心涉及到海洋問題的整體經濟利益。顯而易見的是，特朗普政府遠不如奧巴馬政府願意積極與中國就兩國的一系列重疊利益進行合作，因為華盛頓已將北京視為主要的「戰略競爭者」。拜登政府時期，美國仍然延續特朗普第一任期的對華戰略競爭態勢，並且於 2022 年 2 月發佈首份《美國印太戰略》報告，將美國定位成一個「印太國家」，試圖強化美國在「印太」地區的海洋戰略；拜登政府在《國家安全戰略》報告中進一步提出「競贏中國」，推動美日印澳「四方安全對話」，試圖通過建立更具韌性的同盟體系推進其「印太戰略」目標，並且始終將中國視為潛在對手國家。隨着特朗普第二任期的開始，美國政府對外戰略則更少意識形態對抗色彩，更多現實主義的商人利益計算。特朗普以「美國優先」為口號，對外發動全球關稅戰，斡旋俄烏衝突並且脅迫北約同盟國提高國防開支，都旨在降低美國戰略成本，以最小代價捍衛美國利益。海洋安全領域的利益仍然是美國國家安全利益的重要組成部分，但與特朗普更為看重的貿易平衡、製造業安全、化解經濟通脹、非法移民治理、打擊毒品泛濫等迫切問題相比，「印太」地區的重要性和優先級相對靠後。當前，中美在台海、南海和第三國競爭問題上的戰略對抗態勢似有緩和，雙方都保持一定的戰略默契，避免觸及敏感議題，預留對話解決問題的外交空間。特朗普尤為看重實力基礎上的和平，而非意識形態驅動的戰爭，這在一定程度上為管控中美在海洋領域的分歧，降低潛在的安全競爭風險，提供了可能的機遇。但這仍然需要兩國政治家以高超的政治智慧和戰略膽識處理潛在的棘手難題。但是，隨着美國海軍在南海加強所謂的「航行自由行動」，不排除特朗普政府更願意對中國採取對抗姿態。

看似矛盾的是——如果不是具有反諷意味的話，儘管中美之間的「戰略競爭」可能加劇，在貿易戰、關税戰對抗下，雙方從經貿脱鈎演變成科技脱鈎的趨勢正在發展，但兩國的決策者似乎依然希望在海洋領域管控分歧、避免對抗。比如 2025 年 1 月 17 日和 6 月 5 日中美兩國領導人兩次通話，雙方都希望保持對話溝通，對中美關係的穩定發展寄予新的期待。而且，雙方軍隊高級領導人一致認為，兩軍關係應成為雙邊關係的「穩定器」。比較而言，奧巴馬政府主要採取的是經濟、外交和法律手段；拜登政府則大致延續了奧巴馬政府的策略；而特朗普第一任期和第二任期都更依賴關税手段和個人外交談判，而目前我們尚不清楚特朗普政府將在多大程度上通過軍事手段來實施「印太戰略」或在該地區施加影響。但這樣做的代價將極其高昂，威脅特朗普所珍視的和平，這對於精於利益權衡的特朗普而言將是一個可能的約束因素。總之，上述新的發展趨勢將對中美關係產生重要影響，並將在很大程度上影響兩國在海上安全領域開展合作的可能性。

第二章　構建中美核武器領域的戰略穩定性 *

吳日強　埃爾布里奇 · 科爾比（Elbridge Colby）**

摘 要

本章給出了在核武器領域中美兩國的觀點和利益；描述了如何將穩定性模型用作雙方接觸的合適框架；提供了兩國可以採取的具體的合作建議；並指出了需要管控的分歧。

主要觀點

核武器在中美關係中扮演着重要的角色。考慮到戰略環境的變化以及中美之間可能的競爭，這一角色可能變得更加重要。儘管雙方在一系列問題上以及在有關戰略力量的角色上意見相左，兩國都可以從建設性的戰略對話中獲益，並受益於基於穩定性模型的更深入、更專注的接觸。特別的，這些接觸將減少關係惡化乃至由於錯誤、誤解或事故而產生危機或衝突的風險。鑒於關係嚴重惡化的後果，更不用說戰爭爆發了，兩國致力於

---

* 本文中聯合撰寫部分和美方撰寫部分很大程度上來自由 14 名美國專家組成的有關核武器領域中美關係的工作組報告。這一工作組由本領域中的知名學者組成，代表了不同的背景、觀點和政治立場。歷經一年努力，小組成員達成共識，形成該報告。該報告因此提供了理解在這一議題上美方觀點的堅實基礎。見 Elbridge A. Colby and Abraham M. Denmark, "Nuclear Weaponsand U. S. China Relations: A Way Forward," Center for Strategic and International Studies（CSIS）,report of the PONI Working Group on U. S. -China Nuclear Dynamics, 2013, http: //csis.org/files/publication/130307_Colby_USChinaNuclear_Web.pdf. 筆者感謝 CSIS 允許使用該報告。

** 吳日強為清華大學國際關係學系教授；埃爾布里奇 · 科爾比為新美國安全中心羅伯特 · 蓋茨學者。

這些倡議是非常重要且符合雙方利益的。

政策建議

- 中國和美國應當以戰略穩定性（strategic stability）這一概念作為其核武器領域關係的基礎；
- 中國和美國應當着眼於可對另一方如何理解核武器的角色和潛在使用、紅線、關鍵利益的認知、升級概念等產生更深入洞察的對話；
- 中國和美國應該致力於一系列具體的計劃以發展共同認定的戰略穩定性概念和框架；促使雙方展示它們各自的軍事項目與這一框架一致；構建有助於避免事故性升級和危機發生後降級的機制。

核武器是中美關係中的關鍵因素之一。如果世界上最重要的兩個國家之間爆發危機或衝突，核武器可能被使用或者威脅使用。事實是中國和美國之間存在可導致緊張和爭議的重要問題，一些爭端似乎正在惡化。這些爭端包括：台灣的地位和未來、如何解決朝核問題、朝鮮半島的重新統一、中國和美國盟國日本在東海的領土爭端以及中國和一些東南亞國家—包括美國盟國菲律賓—在南海的領土爭端。

除了具體的爭端以及促使其惡化的因素外，中美之間的緊張態勢很可能會因為中國崛起引發的安全後果而持續存在。國際關係研究早已指出類似的權力轉移往往伴隨着衝突的危險，衝突的原因可能與權力與財富的因素有關，也可能是出於微妙的尊嚴和榮譽因素。[1] 崛起國通常期望獲得更大的影響和尊重，但是守成國通常吝於提供，特別是如果它不信任崛起國的話。因此，緊張態勢可能會變得更嚴重。北京和華盛頓之間的意識形態的差異會進一步加劇由基本的結構性矛盾引發的壓力，亦即中國的崛起將如

1 A. F. K. Organski, World Politics（New York: Knopf, 1968）; and Robert Gilpin, *War and Change in World Politics*（Cambridge: Cambridge University Press, 1981）.

何影響美國的已有地位和華盛頓構建的現存地區秩序。

與此同時，另一種風險是中美之間的結構性互動可能引發典型的「安全困境」，即一方採取的增強自身防禦能力的舉措被另一方認為是敵對和威脅性的，於是也採取防禦性回應措施，這些措施又被對方視為敵對和威脅。有人認為這一互動早已某種程度上在常規軍事競賽中存在了，例如，中國的常規彈道和巡航導彈項目正在引發美國的抵消性回應（offsetting），而這些導彈項目原本是對美國常規能力的回應。但是這一互動目前對中美核關係還只有有限的影響，這實屬萬幸。[1] 在核領域的安全困境將會破壞穩定，加劇猜疑，並增加衝突升級的風險。然而，一些觀察家認為核領域安全困境的條件的確存在。[2] 中國主張其核導彈是用來抵消美國彈道導彈防禦、常規快速全球打擊和戰略打擊能力的。[3] 與此同時，一些美國專家將中國核導力量的擴張視為敵對意圖的證據以及改進美國能力的理由。[4]

這些因素並不必然在中美之間引發核衝突或常規衝突。事實上，一些

---

1 中國對美國能力的適應，見 John Wilson Lewis and Xue Litai, *Imagined Enemies: China Prepares for Uncertain War*（Stanford: Stanford University Press，2006）, 39, 188-190, 212; Thomas G.Mahnken, "China's Anti-Access Strategy in Historical and Theoretical Perspective," *Journal of Strategic Studies* 34, No. 3（2011）: 317; Michael S. Chase and Andrew S. Erickson, "The Conventional Missile Capabilities of China's Second Artillery Force: Cornerstone of Deterrence and Warfighting," AsianSecurity 8, No. 2（2012）: 120-122; and Frank Miller, "People's Liberation Army Lessons Learnedfrom Recent Pacific Command Operations and Contingencies," in *Chinese Lessons from Other Peoples' Wars*, ed. Andrew Scobell, David Lai, and Roy Kamphausen（Carlisle: Strategic Studies Institute,2011）: 214-24. 美國對中國能力擴張的反應，見 Thomas Rowden and Peter Fanta, "Distributed Lethality," *Proceedings*, January 2015。

2 James M. Acton, "The Dragon Dance: U. S. -China Security Cooperation," in *Global Ten: Challenges and Opportunities for the President in 2013*, ed. Jessica T. Matthews(Washington, D. C. : Carnegie Endowment for International Peace）, 121-23.

3 Yao Yunzhu, "Chinese Nuclear Policy and the Future of Minimum Deterrence," *Strategic Insights* 6,No. 9（2005）.

4 Keith B. Payne and Thomas Scheber, "Appendix E: An Adaptable Nuclear Force for the 2030+ Security Environment," in Project Atom: *A Competitive Strategies Approach to Defining U. S. Nuclear Strategyand Posture for 2025–2050*, ed. Clark Murdock et al.（Washington, D. C. : CSIS, 2015）, 71-88.

經濟與安全因素或可緩解衝突的可能性。但是，這些不斷惡化的因素可能導致衝突。中國與美國之間的任何戰爭將是非常危險且具有巨大破壞性的，兩國之間的核戰爭更是如此。儘管目前中美兩國之間發生大規模戰爭的可能性看起來很低，而且核戰爭的可能性更低，但是戰爭的可怕的高成本、危險程度和風險要求兩國採取措施使得雙方爆發武裝衝突更不可能、危險性更低。中國和美國會陷入衝突這一事實並不意味着任何衝突都將導致核武器的使用，也不意味着核武器的使用可以被完全排除，特別是考慮到明顯是邊緣問題的衝突有可能以無法完全預測的方式升級到針對核心利益的衝突。兩國之間的戰爭將涉及廣泛的有關聲譽、聯盟承諾和其他利益的考慮，因此將面臨很強的升級壓力。此外，軍事技術的發展，比如網絡、太空和無人系統軍事力量的相互耦合，能夠進一步提高升級的風險。基於這些原因，中國和美國有責任去減緩衝突爆發的威脅。本研究希望能夠為這一努力做出貢獻。本章首先分析了中美核關係的現狀，從中國和美國視角出發對這一問題進行了評估。之後，指出中美潛在的合作與共識，提出了兩國如何以相互受益的方式促進穩定，並指出了存在的分歧。

一、中國方面對中美核關係的觀點[1]

（一）中國在核武器領域的利益

中國發展核武器的唯一目的是嚇阻核打擊或核強制。[2] 中國建造核武器的

1 本節為吳日強撰寫。

2 中華人民共和國國務院新聞辦公室：《中國的軍事戰略》，2015 年 5 月。Yao Yunzhu, "Chinese Nuclear Policy and the Future of Minimum Deterrence," in Christopher P. Twomey ed., *Perspectives On Sino-American Strategic Nuclear Issues*（New York: Palgrave Macmillan, 2008）, 111-124; M. Taylor Fravel and Evan S. Medeiros, "China's Search for Assured Retaliation: The Evolution of Chinese Nuclear Strategy and Force Structure," *International Security*, Vol. 35, No.2（Fall 2010）: 48-87.

決策源於 20 世紀 50 年代被美國和 1969 年被蘇聯「核訛詐」的屈辱經歷。[1] 中國領導人相信由於核禁忌的存在，核武器的真實使用是不大可能的。因此，核武器的政治使用，即核強制（nuclear coercion），是比核打擊更現實的威脅。[2]

基於這一核戰略思想，中國一直維持着獨特的核態勢。正如顧克岡（Gregory Kulacki）所總結的：中國一直維持着「只用於核報復的解除戒備狀態的小規模核力量。」[3] 首先，中國核力量的規模較小。其次，在和平時期，中國的核彈頭與運載工具相分離並被存儲於不同的基地。[4] 再次，自試爆第一顆原子彈起，中國一直堅持無條件不首先使用核武器的政策。[5]

在可以預見的未來，中國核威懾面臨的最大挑戰是美國導彈防禦系統。導彈防禦可能抵消中國的核報復能力。美國稱其本土導彈防禦是用來防禦朝鮮而不是中國的。但是由於地理上的鄰近，針對朝鮮的導彈防禦天然地具有針對中國戰略導彈的攔截能力。鑒於中國核武庫的規模較小，假定美國發動先發制人打擊，即使一個小規模的導彈防禦系統也具有抵消中國核威懾的潛力。由於難以識別真實彈頭和誘餌，一般認為當前反導系統的效能有限。中國擔心的是反導能力的不可預測的未來。然而，儘管反覆表示願意就此與中國進行討論，美國一直拒絕接受有關導彈防禦的

1 Rosemary J.Foot, "Nuclear Coercion and the Ending of the Korean Conflict," *International Security* 13, no. 3（1988）: 92-112; and Lyle J. Goldstein, "Do Nascent WMD Arsenals Deter? The Sino-SovietCrisis of 1969," *Political Science Quarterly* 118, No.1（2003）: 53-79.

2 李彬：《中國核戰略辨析》，《世界經濟與政治》2006 年第 9 期。

3 Gregory Kulacki, "Chickens Talking with Ducks: The U. S. -Chinese Nuclear Dialogue," *Arms Control Today*, September 30, 2011, http://www.armscontrol.org/act/2011_10/U. S._Chinese_Nuclear_Dialogue.

4 Mark A. Stokes, "China's Nuclear Warhead Storage and Handling System," Project 2049 Institute,March 12, 2010, http://project2049.net/documents/chinas_nuclear_warhead_storage_and_handling_system.pdf.

5 中華人民共和國國務院新聞辦公室：《中國的軍事戰略》，2015 年 5 月。

任何限制。[1]

為了解決這一爭議並維持戰略穩定性，在達成有關戰略進攻和防禦能力的諒解方面中美其有共同利益。比如，美國可以承諾維持反導系統的低效能，這樣的系統足以對付朝鮮簡單的導彈而不會威脅到中國的先進戰略導彈。作為回報，中國可以同意不擴大核武庫。[2] 如果華盛頓有關本土反導系統不針對中國的言論是真誠的，這一解決方案符合美國利益。中國維持一個小型核武庫已經幾十年了，增加核武器數量的唯一理由就是補償被美國反導系統所削弱的核威懾能力。這一解決方案也符合北京的利益。

除導彈防禦外，有助於美國探測、識別、跟蹤、打擊機動導彈的技術也有削弱中國核威懾的潛力。這些技術包括快速精確打擊、隱形無人機、無人照看地基傳感器、自動目標識別和高光譜成像。[3] 儘管有一些美國學者主張技術的進步給美國提供了抵消他國核威懾的能力，通常認為機動洲際導彈仍然具有較好的生存能力。但是中國必須仔細觀察相關技術的進步。[4]

為了維持核威懾，中國正在使其核武庫現代化以提高生存能力和突防能力。中國自 2006～2007 年起開始部署固體陸基機動洲際導彈 DF-31 和 DF-31A[5]，下一代洲際導彈 DF-41 也在進行飛行試驗。[6] 中國也在建造 094 型

---

1 Ellen Tauscher, "Missile Defense: Road to Cooperation"（remarks at the Missile Defense Conference, Russia, May 3, 2012）, http://www.state.gov/t/avc/rls/189281.htm.

2 Wu Riqiang, "China' s Anxiety about U. S. Missile Defence: A Solution," Survival 55, no.5（2013）:29-52. See also Hui Zhang, "How U. S. Restraint Can Keep China' s Nuclear Arsenal Small," *Bulletin of the Atomic Scientists* 68, No.4（2012）: 73-82.

3 Alan Vick et al., *Aerospace Operations Against Elusive Ground Targets*（Santa Monica: RAND Corporation,2001）.

4 Austin Long and Brendan Rittenhouse Green, "Stalking the Secure Second Strike: Intelligence, Counterforce,and Nuclear Strategy," Journal of Strategic Studies 38, No.1-2（2015）: 38-73; and Keir A.Lieber and Daryl G. Press, "The End of MAD? The Nuclear Dimension of U. S. Primacy," *International Security 30*, No. 4（2006）: 7-44.

5 U. S. Department of Defense, *Military Power of the People' s Republic of China 2008*（Washington, D.C., March 2008）.

6 Bill Gertz, "China Tests ICBM with Multiple Warheads," *Washington Free Beacon*, December 18,2014,http://freebeacon.com/national-security/china-tests-icbm-with-multiple-warheads.

彈道導彈核潛艇（西方稱「晉」級）及其攜帶的 JL-2 潛射導彈。[1] 一般認為 094 艇將很快開始進行戰備巡邏。[2] 近年來中國核彈頭的總數被認為略有增加。[3] 但是，如果美國大幅度增加反導系統的規模或效能，中國可能不得不建造更多的核彈頭。

應該指出的是，中國無意尋求與美國的核對等（nuclear parity）。中國可能會不得不建造更多的核彈頭以重建被美國反導系統破壞了的戰略穩定性，但這並不意味着中國準備「衝刺以達到對等」。正如前文指出的，中國核武器的唯一目的是嚇阻核打擊或核強制。為達此目的，核對等並不是必要的。只要中國有可靠的第二次打擊能力而且能夠給敵人造成不可接受的損失，中國的核威懾就是有效的。

從中國的觀點來看，中國與美國的核關係將導向兩種可能的結局。如果兩國都能夠限制其戰略力量的發展，那麼美國的戰略導彈防禦系統將保持小規模和低效能，同時中國的核武庫也保持在較小規模。[4] 否則，世界將會看到一個大規模、高效能美國反導系統與一個更大規模的中國核武庫針鋒相對。不用說，第一種結局符合兩國利益，但是其實現的可能性取決於中美互動與合作。目前，中美兩軍開始就設立一個新的有關戰略穩定性的對話進行接觸，這一對話必然會包括核關係。這是很大的進步，但是只有戰略對話是不夠的。為了維持戰略穩定性並避免軍備競賽，戰略進攻和防

---

1 Bill Gertz, "China Conducts Flight Test of JL-2 Sub-Launched Missile," *Washington Free Beacon, February 19*, 2015, http://freebeacon.com/national-security/inside-the-ring-china-conducts-flight-test-of-jl-2-sub-launched-missile; and Wu Riqiang, "Survivability of China's Sea-based Nuclear Forces," Science& Global Security 19, No.2（2011）: 91-120. U. S. Department of Defense, Military and Security Developments Involving the People's Republic of China 2015, 9.050

2 U. S. Department of Defense, *Military and Security Developments Involving the People's Republic of China 2015*, 9.

3 Kristensen and Norris, "Chinese Nuclear Forces, 2015."

4 Wu, "China's Anxiety about U. S. Missile Defence," 29-52. Zhang, "How U. S. Restraint Can Keep China's Nuclear Arsenal Small," 73-82.

禦能力的相互克制是關鍵。鑒於華盛頓反覆表態願意對話但不接受任何限制，在核領域進行深度合作的前景看上去很暗淡。

（二）中國對美國利益的看法

美國反對與中國的相互脆弱性（mutual vulnerability）。這是可以理解的，因為所有的超級大國都厭惡脆弱性。然而，鑒於雙方的力量結構，美國領導人將不得不面對相互脆弱的現實。儘管不能要求華盛頓認可相互脆弱性，但北京可以建造更好的（如果必要的話，更多的）核武器使得相互脆弱性變成一個戰略現實，而不是一個政策選項。[1]2010 年美國國防部發佈的《核態勢審議報告》稱美國將維持與俄羅斯和中國的戰略穩定性，但是華盛頓仍然不能公開承認與中國的相互脆弱性。[2]

因此，華盛頓將繼續維持對中國核優勢的政策選項。美國在導彈防禦、精確打擊、監控與偵察領域的技術領先優勢提供了這種可能。但是，中國在數量上和質量上改進其核武器的能力將抵消美國的努力。儘管華盛頓將試圖保留這一選項，但美國看上去不大可能獲得對中國的持續的核優勢。

至於導彈防禦，美國的國內政治使得通過談判來限制變得極不可能。由於美國國內的政治情緒，導彈防禦很可能會隨着技術的進展而不斷改進。正如美國前參議員山姆・納恩（Sam Nunn）所言：「全國導彈防禦在美

---

1 James M. Acton, "Managing Vulnerability," *Foreign Affairs* 89, no. 2（2010）: 145-53; LintonBrooks, "The Sino-American Nuclear Balance: Its Future and Implications," in China's Arrival: *A Strategic Framework for a Global Relationship*, ed. Abraham Denmark and Nirav Patel（Washington, D. C. :Center for a New American Security, 2009）, 60-76.

2 U. S. Department of Defense, Nuclear Posture Review Report, 28-29; Jeffrey Lewis, "Challenges for U. S.-China Strategic Stability in the Obama Administration," *in Getting to Zero: The Path to Nuclear Disarmament*, ed. Catherine M. Kelleher and Judith Reppy（Stanford: Stanford University Press, 2011）, 149-63.

國已經變成了神學，而不是技術。」[1] 即使朝鮮和伊朗的核威脅與導彈威脅在未來消失，美國也不會拆除其本土的導彈防禦系統。

特朗普政府上台後中美核武器領域戰略關係可能面臨新的不確定性。就職前，當選總統特朗普曾就中美關係和核武器政策發表過一些令人不安的言論，引發廣泛的擔憂。[2] 之後，在與習近平主席通話時，特朗普總統澄清將堅持一個中國政策，消除了中美關係中最大的隱患。[3] 在上任後簽發的總統備忘錄中，特朗普總統指令國防部長準備新的核態勢審議報告。[4] 2018 年 2 月，五角大樓發佈特朗普政府新版《核態勢評估》，一反奧巴馬政府時期的政策，試圖增強美國核武器能力、擴大核武器的作用、降低核武器使用的門檻，並將俄羅斯和中國視為「威脅」，強化對俄羅斯和中國的核威懾戰略，引發兩國強烈批評。[5]

---

1 Philip E. Coyle, "Ask McCain and Obama about Missile Defense," Nieman Watchdog, September 10,2008, http: //www.niemanwatchdog.org/index.cfm?fuseaction=ask_this.view&askthisid=365.

2 Eugene Scott, "China: No negotiation on 'One China' Policy Despite Trump Remarks," CNN, January 14,2017, http://edition.cnn.com/2017/01/14/politics/donald-trump-one-china-taiwan/; Michael D. Shear and JamesGlanz, "Trump Says U. S. Should 'Expand' Nuclear Ability, but Offers No Details," *The New York Times*, December 22, 2016, http://www.nytimes.com/2016/12/22/us/politics/trump-says-us-should-expand-its-nuclearcapability.html.

3 Tom Phillips, "Trump Agrees to Support 'One China' Policy in Xi Jinping Call," *The Guardian*, February 10, 2017, https://www.theguardian.com/world/2017/feb/10/donald-trump-agrees-supportone-china-policy-phone-call-xi-jinping.

4 "Presidential Memorandum on Rebuilding the U. S. Armed Forces," The White House, January 27,2017, https://www.whitehouse.gov/the-press-office/2017/01/27/presidential-memorandum-rebuildingus-armed-forces.

5 Office of the Secretary of Defense, U.S. Department of Defense, Nuclear Posture Review, February 2018, https://media.defense.gov/2018/Feb/02/2001872886/-1/-1/1/2018-NUCLEAR-POSTURE-REVIEWFINAL-REPORT.PDF; 崔茂東：《美國新版〈核態勢評估〉報告出臺，中國應如何回應》，《中國青年報》2018 年 2 月 14 日第 6 版。

二、美國方面對中美核關係的觀點[1]

（一）美國在核武器領域的利益

對美國來說，在核武器領域與中國的接觸必須被置於更廣的背景中看待，即美國如何對待整體特別是亞太地區的國際秩序。從美國的觀點來看，華盛頓和北京之間的核問題並不是一個純粹的雙邊問題，而且也不能跟其他地緣政治考慮分離。相反，這些問題必須被看作美國亞太戰略以及將中國融入變動世界的戰略的一部分。

美國的亞太政策在近半個世紀以來保持了高度的一致。儘管其戰略和態勢有所變化，華盛頓一直努力維持並保衛有利於美國及其盟國和夥伴的地區秩序，同時也尋求將那些不與美國站在一起的國家，這其中最重要的是北京，納入現存國際體系。這一路徑根植於美國在亞太強大的存在，採取的方式是與一些本區域國家結盟以及與另一些國家的深入的但是非正式的聯繫。這一路徑有賴於美國在整個西太平洋投送軍力的持續的能力，這一能力可確保美國保護其領土，防禦其盟國和夥伴，以及維持全球公域的安全。

美國政府相信這一基本亞太政策路徑非常適合保護廣泛的美國利益以及促進一個有利的國際政治經濟秩序，未來無論哪個黨派的政府很有可能也持這一看法。因此美國繼續視其在亞洲的盟友關係以及有效支持這些承諾所需的軍事能力為地區穩定和繁榮的必要保證。這對美國自身和整個區域都有益處。[2]

美國長期以來視中國為其亞洲戰略的核心因素，開始是作為一個敵

1　本節作者是埃爾布里奇·科爾比。

2　U. S. Department of Defense, *Sustaining U. S. Global Leadership: Priorities for 21st Century Defense*（Washington, D. C., 2012）, 2.

手，接着是抗衡蘇聯力量的砝碼，現在是地區和國際社會的關鍵角色。20 世紀 70 年代以來，美國政策一直鼓勵和幫助中國的經濟改革和發展以期將中國納入現有國際政治和經濟秩序。儘管仍然希望中國終將成為一個建設性的利益攸關方，然而美國以及多數亞太國家都對中國軍事態勢和政策抱以深深的擔憂。它們擔心這將削弱地區穩定，挑戰美國和盟國的利益，而且如果不受約束和平衡，將使得北京主導這一地區。[1] 因此，在過去的十年裡，美國執行了戰略對沖政策，一方面接觸中國以努力利用有共識的領域，另一方面維持強大的能力來試圖嚇阻、阻絕、並且（如果必要的話）擊敗中國針對美國和其盟國的侵略。

然而，隨着近年來中國力量的增長和態度漸趨強勢，華盛頓開始重新評估對沖政策的可取性，美國的政策討論開始趨向應對中國崛起的傳統雙軌政策的制衡一端。[2] 美國政府的政策反映了這一轉變。比如，華盛頓外交上已經變得更主動以加強美國與亞洲的關係以及反制中國在南海和東海的強勢。美國也更加集中於調整其軍隊以對付中國的強大且不斷增長的軍力。美國的防務官員和專家逐漸認為如果美國希望在西太平洋維持一個有利的常規平衡，為應對中國的崛起需要在高端軍事能力上認真地持續地投資，

---

1 U. S. Department of Defense, *Military and Security Developments Involving the People's Republic of China* 2015（Washington, D. C., 2015）, 21-23; U. S. -China Economic and Security Review Commission,2014 Annual Report to Congress（Washington, D. C., 2014）, 328.

2 對中國日漸增長的主動性，見 Ely Ratner, Elbridge Colby, Andrew Erickson, Zachary Hosford, and Alexander Sullivan, "More Willing & Able: Charting China's International Security Activism," Center for a New American Security, 2015, 11-28. 有關如何對付中國的變化中的觀點的重要例子，見 Robert D. Blackwill and Ashley J. Tellis, "Revising U. S. Grand Strategy toward China," Council on Foreign Relations, Special Report, No.72, March 2015. 演變中的政策討論，見 Geoff Dyer, "U. S. -China: Shifting Sands," Financial Times, June 21, 2015; Andrew Browne, "Can China Be Contained?" *Wall Street Journal*, June 12, 2015。

這一認知正在不斷轉化為具體的項目和部署。[1] 在未來，中國的崛起非常可能在美國防務計劃、採辦和外交中扮演一個核心角色，如果不是決定性角色的話。[2]

中國的崛起對美國核政策具有重要影響。鑒於蘇聯的解體、美國軍事能力的技術優勢以及意識形態對手的消失，在過去幾十年裡常規力量是美國在東亞的防務計劃和態勢的主要焦點。[3] 當前核武器在美國的亞太戰略中扮演着相對有限的角色，主要是用於嚇阻敵人的核打擊、極端情況以及對盟友的保證，然而這一角色可能發生變化。決定核武器在美國亞太戰略態勢中重要性的核心因素是中國，更具體地說，是中國對美國安全利益包括其延伸威懾承諾構成了多大的軍事挑戰。[4] 如果中國的軍事現代化努力放慢或美國能夠維持可靠的針對中國的常規軍事優勢，亦即中國不能以其常規力量對美國或盟國安全構成威脅，美國核力量很有可能將繼續扮演相對沉默的角色。相反，如果地區常規軍事力量平衡變得對中國有利，那麼核武器將很有可能在美國的亞太戰略中變得更加重要。[5] 避免這種可能性正是美國在其常規力量現代化上投入鉅資的原因之一。

中國核政策或態勢的重大變化也可能驅動美國對其核戰略進行重大修

---

1 Robert O.Work, "The Third U. S. Offset Strategy and Its Implications for Partners and Allies" (speechat the Willard Hotel, Washington, D. C., January 28, 2015) , http://www.defense.gov/News/Speeches/Speech-View/Article/606641/the-third-us-offset-strategy-and-its-implications-for-partners-and-allies.

2 美軍強調中國能力的挑戰的證據，見美國國防部文件後大量的參考文獻 U. S. Department of Defense, *Joint Operational Access Concept* (Washington, D. C., 2012)。

3 更詳細的歷史，見 Elbridge Colby, "U. S. Nuclear Weapons Policy and Policymaking: The AsianExperience," in *Tactical Nuclear Weapons and NATO*, ed. Tom Nichols et al. (Carlisle: Strategic StudiesInstitute, 2012) , 75-105。

4 對這一點的分析，見 Elbridge Colby, "Asia Goes Nuclear," National Interest, January/February 2015. Paul Bracken, *The Second Nuclear Age: Strategy, Danger, and the New Power Politics* (New York: Henry Holt and Co., 2012) , 189-213.

5 對正在變動的軍力平衡的評估，見 Eric Heginbotham et al., *The U. S. -China Military Scorecard: Forces, Geography, and the Evolving Balance of Power*, 1996—2017 (Santa Monica: RAND Corporation, 2015)。

正。長期以來中國一直堅持不首先使用核武器政策、精幹有效的戰略力量以及不參與軍備競賽。[1] 除一些修正外，自毛澤東時代啟動核武器項目以來，中國的這些原則聲明基本上保持了一致。[2] 中國經常表示這些政策表明了它是國際政治中負責任和建設性的力量，它的崛起對其他國家不構成威脅。

有鑑於此，華盛頓以及亞洲和其他地區的國家將北京繼續承諾和堅持這些政策視為中國防務戰略的性質和雄心以及它作為一個崛起強權的戰略路徑的指標。中國是否和在多大程度上加強其核力量以及修改其核戰略？就此問題，當前在美國戰略界有激烈的辯論。然而，可以達成的共識是大幅度擴張中國核武庫以及對其傳統核政策和戰略的偏離將意味着中國在核領域以及廣義國際政治領域路徑的危險變化。

因此，美國越來越不安地關注着中國核力量的現代化及發展，美國戰略分析師密切關注着有關中國考慮偏離其基本政策的報道和傳言。[3] 隨着中國軍事能力的增長，受到的關注也會不斷增加。如果這一關注不逐漸減少的話，美國的關注將會變為警惕，這將給美國戰略、防衛和核政策帶來深遠的影響。

基於以上原因，美國對於演進中的與中國的核互動抱持高度興趣。考

1　最近的中國國防白皮書重申了不首先使用核武器政策，見 China's State Council Information Office, China's Military Strategy（Beijing, May 2015）, http://eng.mod.gov.cn/Database/WhitePapers/2014. htm.2008 年中國的國防白皮書使用了「精幹有效」這一術語來描述其核力量，見 China's State Council Information Office, China's Military Strategy（Beijing, 2008）, http://eng.mod.gov.cn/Database/WhitePapers/2008.htm。

2　M. Taylor Fravel and Evan S.Medeiros, "China's Search for Assured Retaliation: The Evolution of ChineseNuclear Strategy and Force Structure," *International Security* 35, no.2（2010）: 48-87; FionaS. Cunningham and M. Taylor Fravel, "Assuring Assured Retaliation: China's Nuclear Posture and theFuture of U. S. -China Strategic Stability," *International Security* 40, no.2(2015）: 7-50.

3　James Acton, "Is China Changing Its Position on Nuclear Weapons," The New York Times, April 18,2013; Bill Gertz, "First Strike: China Omission of No-First-Use Nuclear Doctrine in Defense WhitePaper Signals Policy Shift," The Washington Free Beacon, April 26, 2013, http://freebeacon.com/national-security/first-strike/.

慮到這些因素，就核武器問題與中國展開接觸事關美國重大利益。美國及其盟國從中國核政策中展示出來的相對克制中受益，包括北京有關如何使用核武器的表述，以及中國核力量的大小、先進程度和多樣性。然而，隨着中國經濟持續增長，中國軍事不斷現代化，北京將越來越有機會大幅擴張核力量，改進其能力，並擴大其在中國國家安全戰略中的作用。如果北京決定這麼做的話，美國可能無法阻止北京追求這一路線，但是通過與盟友的合作，美國有可能説服北京大幅擴大核力量或增加核武器並不符合中國利益。美國也從與中國的接觸中獲益（反之亦然），因為這些接觸可以促進對對方紅線的認知、對戰略升級的理解等，從而降低意外升級或誤判的可能性。

因此，在雙邊核武器問題上加強與中國的建設性合作在很長時間內是美國重要的安全利益。由於中國的戰略選擇範圍擴大而且某些中國戰略學者們似乎正在考慮偏離其傳統的核政策與戰略路徑—如不首先使用政策，美國應該鼓勵中國繼續在核力量大小、態勢、戰略和政策上保持克制。如果可以達成此目的，那麼有助於促進中國克制的美國的克制行為值得華盛頓考慮。相反，會刺激中國擴建力量的行動，尤其是沒有戰略效益的，應當更加謹慎以對。毫無疑問，美國將基於全盤考慮做出有關戰略能力的決定。然而，美國應該盡可能避免那些將激化中國的擔憂並驅動中國採取更擴張和更不穩定的核態勢的決定，尤其是那些沒有實質性戰略效益的決定。

因為中國核戰略和核政策深受美國影響，美國政策將在北京的決策中扮演重要角色。事實上，儘管其他國家如印度和俄羅斯也有影響，中國戰略學者經常援引美國戰略能力和權威的美國政府聲明來作為中國應當在質量和數量上加強戰略力量建設的主要驅動因素。[1] 因此，推動與中國就核武器問題的接觸以此來加強北京對其相對克制核政策的堅持是符合美國利益的。

---

1 Yao Yunzhu, "Chinese Nuclear Policy and the Future of Minimum Deterrence," in *Perspectives on Sino-American Strategic Nuclear Issues*, ed. Christopher P. Twomey（New York: Palgrave Macmillan, 2008）,111-24. 姚雲竹目前是退役少將，是解放軍軍事科學院核問題專家。

（二）美國在核武器領域與中國接觸的戰略基礎

穩定性路徑。美國和中國之間就核武器問題進行的有意義的雙邊接觸需要一個連貫的理論基礎，以免淪為缺乏可信性的美好意願的表達。美國需要決定哪些潛在的步驟是有益的，哪些不是，這需要一個戰略邏輯以檢驗美國與中國在核武器領域中的關係。

美國很有可能繼續對中國實行既定的雙軌政策：一方面維持強威懾力，同時通過合適的合作措施降低核風險。[1] 然而，美國並不存在一致認同的應對中國核力量的理論框架。奧巴馬政府早期曾表示已準備好與中國在「戰略穩定性」的基礎上進行對話，但是並未進一步定義這一概念。[2] 一些專家主張美國應該努力保有或重新獲得核優勢地位，由此美國可以解除中國的核武裝而中國無法報復。[3] 另一種建議是將核裁軍作為最重要的目標並採取措施以鼓勵核裁軍。[4]

儘管這一辯論仍然很激烈，現實的政策討論似乎正在將微妙的現實（或可能性）不斷內化。中國經濟體量正在逼近美國，中國的軍事現代化在規模和先進程度上越發清晰，美國能夠徹底解除中國戰略力量武裝的前景似乎越來越渺茫了。這一認識正使得美國有關中國核力量的討論趨向於（常常

---

1 Congressional Commission on the Strategic Posture of the United States, America's Strategic Posture: *The Final Report of the Congressional Commission on the Strategic Posture of the United States*（Washington, D. C., 2009）, 9.

2 U. S. Department of Defense, *Nuclear Posture Review Report*（Washington, D. C., April 2010）, http://www.defense.gov/Portals/1/features/defenseReviews/NPR/2010_Nuclear_Posture_Review_Report.pdf.

3 Keir A. Lieber and Daryl G. Press, "The Rise of U. S. Nuclear Primacy," *Foreign Affairs*, February 4,2016, https://www.foreignaffairs.com/articles/united-states/2006-03-01/ rise-us-nuclear-primacy.

4 George P. Shultz, William J. Perry, Henry A. Kissinger, and Sam Nunn, "Next Steps in Reducing NuclearRisks," *Wall Street Journal*, March 5, 2013, http://www.wsj.com/articles/SB10001424127887324338604578325912939001772.

是心照不宣地）接受美國不大可能抵消中國一定程度的核報復能力。[1] 然而，與此同時，以核裁軍作為美國政策指南的訴求也不可信，原因包括：與中國之間緊張局勢的加劇、中國軍力建設的持久和規模、在不斷惡化的全球安全形勢下進行大幅核裁軍實屬不可信和不妥當的常識。

因此，美國的政策討論傾向性的一致意見是結合有效威懾和穩定的某種概念，或者將戰略穩定性作為與中國核武器領域關係的基礎。儘管 2010 年《核態勢審議報告》顯示美國準備以戰略穩定性為基礎來處理跟北京的關係，這一報告並未提供更多的細節。在一軌半和二軌層面大量的非官方、半官方接觸正在將穩定性作為接觸的基礎，在專業文獻中也就這一概念的適用性進行了積極的討論。[2] 戰略穩定性似乎是美國在處理中國核武器問題時

---

1 The comments of former Secretary of Defense James R. Schlesinger during testimony before the U. S.Senate Subcommittee on Foreign Relations on "The Historical and Modern Context for U. S. -Rus¬sianArms Control," Washington, D. C., April 29, 2010, 25; William J. Perry, Brent Scowcroft, andCharles D. Ferguson, "U. S. Nuclear Weapons Policy," Council on Foreign Relations, Independent TaskForce Report, no.62, 2009, 45; Elbridge A. Colby and Abraham M. Denmark, "Nuclear Weapons andU. S. China Relations: A Way Forward," CSIS, Report of the PONI Working Group on U. S. -ChinaNuclear Dynamics, 2013, 18-20; Charles L. Glaser and Steve Fetter, "Should the United States Pursuea Damage-Limitation Capability against China' s Strategic Nuclear Force?" Panel discussion at the U.S. Strategic Nuclear Policy toward China Conference, Washington, D. C., September 11, 2015; InternationalSecurity Advisory Board, U. S. Department of State, "Report on Maintaining U. S. -ChinaStrategic Stability," October 26, 2012, http://www.state.gov/documents/organization/200473.pdf.

2 Lora Saalman, "Placing a Renminbi Sign on Strategic Stability and Nuclear Reductions," in *Strategic Stability: Contending Interpretations*, ed. Elbridge A. Colby and Michael S. Gerson (Carlisle: StrategicStudies Institute, 2013), 350-55; James M. Acton, "Reclaiming Strategic Stability," in *Strategic Stability*, ed. Colby and Gerson, 117-46; Elbridge Colby, "Defining Strategic Stability: Recon¬ciling Stability and Deterrence," in Strategic Stability, ed. Colby and Gerson, 47-83; Michael Glosny, Christopher Twomey, and Ryan Jacobs, "U. S. -China Strategic Dialogue, Phase VIII Report," Naval Postgraduate School, Report, no.2014-008, December 2014; Ralph Cossa, Brad Glosserman, and MattPottinger, "Progress Despite Disagreements: The Sixth China-U. S. Strategic Dialogue on Strategic Nuclear Dynamics," Pacific Forum CSIS, Issues and Insights, November 2011, http: //csis.org/files/publication/issuesinsights_vol12no05. pdf; Ralph A. Cossa and David Santoro, "Paving the Wayfor a 'New Type of Major Country Relations' : The Eighth China-US Dialogue on Strategic Nuclear Dynamics," Pacific Forum CSIS, Issues and Insights, November 2013, http: //csis.org/files/publication/issuesinsights_vol14no9.pdf.

逐漸明晰的政策路徑。

核武器對話的歷史。歷史上，中美雙邊核問題上的接觸是很有限的。自 20 世紀 80 年代以來兩國在各個層面進行了戰略核對話，有時對話頻繁，有時由於中美關係整體陷入低谷而導致對話中斷。最近的十年，美國努力直接跟中國官方接觸討論核武器和其他戰略能力。在小布什和奧巴馬政府任內，華盛頓反覆尋求打開與北京的對話渠道以說明美國核與導彈防禦力量不應被認為是企圖顛覆兩國間的戰略平衡。然而，由於中國明顯對於加入這一對話猶豫不決，兩屆政府的努力都未取得多大成功。[1]2008 年 4 月，中美在北京舉行了正式的核戰略對話，但後續會議沒能舉行。這一情形仍在持續，儘管近些年雙邊接觸不斷加深，特別是通過戰略和經濟對話、防務磋商對話和戰略安全對話，這些對話涉及一些核議題，但討論並不深入。

在多邊場合，2009 年聯合國安理會五大常任理事國舉辦了首次建立核裁軍信任措施會議。隨後它們於 2011 年在巴黎開會討論核透明問題及核查潛在的進一步核裁軍的方法。常任理事國到目前一共舉行了六次會議。然而，總體上來説，中美在核問題上的接觸尚未產生足以在核領域建立信心措施上（CBM）推動官方雙邊合作的直接的可操作的步驟。[2]

儘管有這些困難，美國應該主動尋求非正式和正式途徑加強中國核決

---

1 在正式的政府渠道之外，二軌（或一軌半）中美戰略對話在促進理解雙方戰略關切減少誤解方面取得了長足的進步，對話的參與者來自學術界和智庫，也有政府官員作為觀察員參加。無可否認，這些對話通過定期個人接觸、累積專業知識、有關術語、能力、戰略和政策的信息交換取得了一定的收益。然而儘管二軌和一軌半對話是有益的，它們仍是有局限的。大多數參與者並非政府官員，因此，參與對話的政府官員在這一場合也受到限制。因此，儘管這些會議是有用的，它們不能代替官方層面的對話。有關近期美國就此的挫折感，見 RalphA. Cossa and John K. Warden, "The Time is Right for U. S. -China Nuclear Dialogue," Pacific ForumCSIS, PacNet, No.14, March 4, 2015, http://csis.org/files/publication/Pac1514.pdf。

2 一個例外是發射通報協議取得的進展，見 "President Xi Jinping's State Visit to the UnitedStates," Fact Sheet, Office of the White House Press Secretary, September 25, 2015, https://www.whitehouse.gov/the-press-office/2015/09/25/fact-sheet-president-xi-jinpings-state-visit-united-states。

策的克制並通過雙邊和單邊倡議提升戰略穩定性。美國應該推動一個實質性的但是切實的在核問題上的接觸和對話計劃以加強中國的核克制並在穩定性、對話、透明及軍控進展上推進美國利益。然而，考慮到目前為止對話和合作取得的成效有限以及北京持續不願意就此進行有意義的接觸，美國推動對話的方式應該使得一旦北京拒絕接觸，華盛頓將保留強大的戰略能力以及由於提出嚴肅公平的雙邊核關係路徑但被中國拒絕而獲得更高的國際政治道德聲望。

三、共識及合作建議

（一）接觸的邏輯：戰略穩定性

儘管中國和美國的利益並不一致，但兩國都有尋求合作以降低誤解、誤判的可能性以及戰爭風險的意願。特別地，美國和中國將從把戰略穩定性這一概念作為中美核武器領域對話的基礎中受益。[1] 根據這一概念，中美之間的戰略穩定指的是雙方部署的核力量可以在第一次打擊中生存下來並且令人信服地表明彼此當前和未來的能力都不能阻絕另一方的戰略威懾。這樣一來，對先發制人的恐懼和儘早發射核武器的必要都消失了。如此，可以獲得威懾的收益同時最小化核升級的風險。

軍備控制和穩定性措施的前提是即使潛在的敵手也能實現維持有效核威懾和減緩衝突可能性的雙重目標。[2] 這很重要，因為核力量本身能夠加強競

---

1 有關這一概念的解釋，見 Strategic Stability: Contending Interpretations, ed.Colby and Gerson。美國作者對這一概念的觀點，見 "Defining Strategic Stability: Reconciling Stability and Deterrence," inColby and Gerson, *Strategic Stability*, 47-83。

2 Thomas C. Schelling and Morton H. Halperin, *Strategy and Arms* Control（New York: Twentieth CenturyFund, 1961）.

爭甚至加劇衝突，但這並不必然發生。核威懾並不是在真空中發生的單邊行動，相反，它是由認知塑造的一種互動關係。事實上，一國核力量的採辦、態勢與運行方式會對另一國核力量的採辦、態勢與運行方式產生重要的互動性效應。潛在敵手們能夠減輕甚至可能消除這些惡化因素，方法是通過單邊和合作性措施有效地展示每一方的戰略力量不能執行解除武裝打擊或抵消報復性打擊。儘管這些措施不能解決根本性的政治和戰略爭端，它們有助於減緩緊張和互疑。

基於穩定性概念，雙方能夠導出在核武器問題上合作的價值。美國擔心中國核力量的組成、中國對升級的觀點和核使用的計劃、未來中國戰略態勢的軌跡。與此同時，中國擔心美國可能抵消其第二次打擊能力或正尋求這麼做、未來美國核武器項目的規模和先進程度、以及美國不願承認兩國之間的相互脆弱性。基於穩定性的模型能夠幫助解決這些焦慮：在美國一方通過提供對中國核戰略及當前和未來核力量結構的更深入的洞察；在中國一方通過提供對美國核武器發展的類似的洞察以及對美國承認中國戰略力量的生存性的更大程度的保證。這一路徑將有助於雙方建立互信。

總之，未來維持中美核關係的穩定對中國和美國來說都是重關重要。從穩定性概念出發，只要雙方核力量的結構、態勢和採辦使得任何一方既不能發動有效的解除對方武裝的核打擊，同時在面臨這種打擊時也不脆弱，核武器使用的風險就能夠降低。在這一框架之內，雙方能夠繼續享受核力量帶來的威懾價值，同時認識到使用核武器的任何決定都將是極端危險的，可能面臨無法預料的後果。[1]

（二）達成的共識

從戰略穩定性路徑出發，中國和美國能夠就核武器領域的雙邊關係在

1　David C. Gompert and Philip C. Saunders, *The Paradox of Power: Sino-American Strategic Restraint in an Age of Vulnerability*（Washington, D. C.: National Defense University Press, 2011）.

以下命題上達成一致：

- 對雙方來說，大規模戰爭—包括大規模常規戰爭，將是非常危險的，可能導致災難性後果。因此，在捍衛自身利益的同時，中國和美國都有很強的利益來最小化戰爭的風險。

- 當前核武器領域的中美關係是相對穩定的。

- 相互克制對維持戰略穩定性來說是非常重要的。雙方都應該探索其克制有助於雙邊關係穩定的領域。

- 亞太地區導彈防禦是為了對付朝鮮的遠程彈道導彈和核武器項目。

- 儘管如此，設計用來對付洲際系統的導彈防禦項目具有削弱另一方第二次打擊能力的潛力。用來證明導彈防禦不能威脅另一方第二次打擊能力的措施應該受到鼓勵。

- 戰區導彈防禦的部署是可以理解的，並不必然削弱戰略穩定性。因為這一系統的部件有威脅戰略導彈的潛力，或者可能被認為有這一潛力，雙方應該努力分辨其戰區防禦系統和全國防禦系統的區別。能夠向對方證明戰區反導系統不具備對付遠程導彈的措施應該受到鼓勵。

- 分辨雙方的核力量（特別是戰略核力量）與常規力量、基地、網絡、及其他設施的努力應該受到鼓勵。

- 因為朝鮮的導彈與核項目正在驅動美國亞太地區的全國導彈防禦發展，圓滿解決這些問題是東北亞穩定的關鍵。特別是，朝鮮的核導項目是對地區穩定的重大挑戰。

- 中國和美國間的常規衝突將導致嚴重的升級風險，重大常規衝突將導致核升級風險。因此，雙方應該努力確保其軍事計劃、能力、條令及態勢不至於鼓勵另一方的核升級。

- 雙方都會從更清晰地理解另一方的核學説、紅線與升級概念中獲益，從而可以緩解由於可阻止的誤解而發生衝突或者升級的風險。有助於理解雙方在這些問題上觀點的接觸應該受到鼓勵。

- 危機管理合作應該受到鼓勵，這樣可以使得兩國阻止或停止無意或事故性升級。

（三）政策建議

有關升級學説和概念的對話。中國和美國應該加強有助於相互理解有關核武器角色和潛在使用、紅線和關鍵利益的認知、升級概念等的對話。雙方能夠更好地理解對方的觀點，這有助於在危機或衝突中最小化升級，特別是意外升級。例如，可以組建一個工作組討論溝通渠道、渠道的相對權威性、軍事行動的意義。它也可以有助於雙方理解另一方的標準操作程序（SOP），這些程序在危機中可能被誤解。[1] 另外，負責官員將有機會向他們的同僚直接解釋本國政府的官方思考。考慮到誤判或誤解另一方的紅線被認為是通往中美衝突的更可能的途徑，此類對話將非常有建設性，可以使得此類災難發生的可能性最小化。

兩國應該集中於解決信息交換的機制。這類交換可以通過正式的機制進行，如美國和俄羅斯之間的戰略武器裁減條約（START 和 New START），信息也可以通過不那麼正式的對話方式有效交換。例如，美國方面提供過為何美國導彈防禦不對中國戰略威懾構成嚴重威脅的簡報。美國方面可以繼續就此主題以及核武庫現代化和發展常規快速全球打擊的意義提供簡報。同時，中國可以就其核戰略及升級路徑提供更全面的解釋，也可以就美國關心的一些系統提供簡報，如反衛星能力。

除了舉行對話，中國和美國應該採取有助於實現這些對雙方有利的目標的具體步驟。此類措施應該着眼於發展互相認可的戰略穩定性的概念和框架，使得雙方能夠展示其軍事項目與此框架是一致的，並建立可以避免事故性升級以及有助於升級之後降級的機制。兩國應該考慮的此類措施包括：

互訪全國導彈防禦設施。通過這一措施，在採取必要安全措施以保護

1　Cossa and Santoro "Paving the Way"; and Cossa, Glosserman, and Santoro, "Progress Continues," 15, 16.

涉密信息的前提下，兩國將有機會參觀另一方的全國導彈防禦設施。此類訪問將使得每一方對對方全國導彈防禦性質和規模的評估有更大的信心。在採取安全措施的前提下，此類訪問可以包括攔截彈的展示、設施參觀、參觀雷達和其他裝備。[1]

導彈防禦和高超音速武器發射試驗相互通報。正如在美俄關係中，導彈發射通報是重要的建立信心和穩定性舉措，可以減緩雙方對於事故性發射的擔憂，有助於為更廣目標的安排鋪平道路。[2] 發射通報協議可以是巴拉克·奧巴馬總統和習近平主席 2014 年 11 月簽訂的建立重大軍事行動相互通報信任措施機制諒解備忘錄的下一個附件的內容。[3]

觀察全國導彈防禦試驗和演習。採取了適當的安全措施之後，中國和美國應該採取的另一個具體步驟是相互派遣觀察員參加指定的導彈防禦演習和試驗。[4] 雙方可以探討分享關機速度數據以展示攔截彈能力限制的可能性。美國之前曾經提議允許俄羅斯觀察導彈防禦試驗並用其自身設備測量參數。美國也可向中國提出類似的建議。

相互參觀軍用反應堆、濃縮和後處理設施。美國已經停止了所有武器用核材料的生產並且就已生產核材料的數量做出了詳細的、公開的宣佈。中國據信已經停止了生產，但尚未正式宣佈或提供任何庫存信息。對美國來說，參觀中國的設施將確認中國的確已經停止了生產，並有利於更好地

---

1 布什政府曾提議俄羅斯對歐洲導彈防禦設施進行正式核查。

2 M. Elaine Bunn and Vincent A. Manzo, "Conventional Prompt Global Strike: Strategic Asset or UnusableLiability?" National Defense University, Institute for Strategic Studies, 2011, 16; Nicholas Cosmas, MeicenSun, and John K. Warden, "U. S. -China Need a Missile Launch Notification Deal," *The Diplomat*, October 27, 2014, http://thediplomat.com/2014/10/us-china-need-a-missile-launch-notification-deal.

3 "President Xi Jinping' s State Visit to the United States."

4 Linton Brooks, "Building Habits of Cooperation in Pursuit of the Vision: Elements and Roles of EnhancedDialogue for Strategic Reassurance," in "Building Toward a Stable and Cooperative Long-TermU. S. -China Strategic Relationship," ed. Lewis A. Dunn, Pacific Forum CSIS, December 31, 2012,47-48.

估計已生產核材料的數量。對中國來說，參觀美國的設施將會增強對美國公開信息的信心。

中國參與 New START 核查。在一些場合，中國專家表達了對獲取軍控核查的一手知識的興趣。由於俄羅斯不大可能同意中國觀察員參加真實的 New START 核查，美國可以邀請中國派遣觀察員參與在美國的核查。[1] 理想情況下，觀察員的級別要高而且要有技術能力，這樣他們可以積極參與中國政府內有關中國參與建立信心措施的辯論。

交流核查技術。有關核查技術的價值、效用、適當性的技術討論是有用的雙邊討論的主題，可以為最終建立基於核查的協定奠定基礎。近年來，中國對此顯示了越來越大的興趣，似乎解放軍可能比以往更願意討論這一主題。[2]

討論核潛艇安全問題。隨着中國彈道導彈核潛艇項目不斷向前推進而且中國人民解放軍海軍很有可能會開始定期巡邏，雙方可以在不敏感的最佳實踐和／或交通規則方面展開接觸。例如，中國海軍和美國海軍討論如何對付指揮失控。他們還可以討論預防和管理與潛艇有關的海上事故或事件的協議。[3]

戰略穩定性的共同定義。在各自政府的支持下，中美戰略學者應該制定一個有關中美核關係的公開聯合聲明，聲明包括合作和接觸的領域。這一聲明還可以重申危機熱線和不對準協議的效用。這樣的項目最終可包括政府官員並上升為官方的政府間協議。[4]

對關鍵議題的聯合研究。另一個有希望的途徑是雙方對關鍵的問題進

1　這是 Linton Brooks 提出的建議，見 Colby and Denmark, "Nuclear Weapons and U. S. China Relations," 25.

2　Cossa and Santoro, "Paving the Way," 11.

3　Cossa, Glosserman, and Pottinger, "Progress Despite Disagreements," 15.

4　Jeffrey Lewis, "Strengthening U. S. -China Dialogue on Strategic Stability "（unpublished workingpaper）, October 1, 2012.

行聯合研究，特別是通過非官方或半官方實體來進行。議題包括：彈道導彈防禦未來的發展、反衛星武器、核力量、危機管理。[1]這樣的研究有助於闡明和澄清雙方對升級和降級的觀點和看法並確定可能的合作領域。[2]

為正式的軍備控制打下基礎。中國和美國之間正式的軍控協議短期內似乎不大可能達成，因此不應該是此時的關注重點，但是雙方可以開始為這樣的協議奠定基礎。上述許多具體步驟將有助於實現這一點。另外，雙方應該發表官方聲明闡述他們為這一協議創造條件的承諾。

四、分歧及管控緊張態勢和危機的建議

儘管有這些建設性接觸的機會，在這一戰略領域分歧和憂慮仍然存在。本節分別介紹美國和中國的觀點。

（一）美方觀點[3]

中國核力量的未來發展。中國核與戰略力量持續缺乏透明度，包括未來的計劃、在危機與衝突中使用核武器的學説與戰略、彈道導彈核潛艇的角色、高超聲速武器的角色等，美國對此嚴重關切。特別是核武器在中國國家和軍事戰略中的地位有可能增加，這將是雙邊關係、亞太地區甚至全

---

1 Michael O. Wheeler, "Track 1.5/2 Security Dialogues with China: Nuclear Lessons Learned," Institutefor Defense Analyses, IDA Paper P-5135, September 2014, 23-4, https: //www.ida.org/ ~ /media/Corporate/Files/Publications/IDA_Documents/SFRD/2014/P-5135.ashx; Cossa, Glosserman, andPottinger, "Progress Despite Disagreements," vii-viii.

2 Cossa, Glosserman, and Santoro, "Progress Continues," viii.

3 本節作者是埃爾布里奇·科爾比。

球的一個重要的不穩定因素。[1] 美國也擔心中國核現代化的一些項目更多的是偏離而不是有助於穩定性。

中國核力量的不確定性。儘管官方評估一直認為中國核力量規模和美國相比較小，考慮到中國持續增長的軍事力量，美國和整個亞太地區越來越多地關注這些評估的不完善和不完整。[2] 隨着中國實力的增強、解放軍能力的增強和中國核力量的現代化，美國將變得越來越傾向於建立可靠的中國核力量的估計。[3]

中國在其他戰略領域的行為。中國在太空／反太空、網絡、導彈防禦、精確打擊領域的行為越來越引起美國對有關中美戰略穩定性的未來的擔心，包括這些問題跟核武器事項的耦合。[4]

中國常規軍力的建設。如果中國的軍力建設繼續過去十年間的步伐且

1　Thomas J. Christensen, "The Meaning of the Nuclear Evolution: China's Strategic Modernizationand U. S. -China Security Relations," Journal of Strategic Studies 35, No.4（2012）: 478; MichaelChase, Andrew Erickson, and Christopher Yeaw, "Chinese Theater and Strategic Missile ForceModernization," *Journal of Strategic Studies* 32, no.1（2009）: 87-98; Fravel and Medeiros, "China's Search for Assured Retaliation" ; and Fravel and Cunningham, "Assuring Assured Retaliation."

2　廣泛使用的關於中國核武庫的估計，利用洩露出的美國自 20 世紀 90 年代以來的情報評估為基準。通過估計 1991 年停止生產前共生產的的數量來計算中國核彈頭數量的上限。評估方法的比較，見 Anthony H. Cordesman, Steven Colley, and Michael Wang, *Chinese Strategy and Military Modernization in 2015*: A Comparative Analysis（Washington, D. C. : CSIS, 2015）, 374-87, http://csis.org/files/publication/151215_Cordesman_ChineseStrategyMilitaryMod_Web.pdf。

3　Brad Roberts, "On Order, Stability, and Nuclear Abolition," in *Abolishing Nuclear Weapons: A Debate*, ed. George Perkovich and James M. Acton（Washington, D. C. : Carnegie Endowment for Peace, 2009）,167; Michael O. Wheeler, "Nuclear Parity with China?" Institute for Defense Analyses, 2012, 13-16.PhilKarber 給出的估計最高，他認為中國有 3000 枚核彈頭，見 William Wan, "Digging Up China's NuclearSecret," Washington Post, November 30, 2011。

4　James M. Acton, "The Arms Race Goes Hypersonic," Foreign Policy, January 30, 2014, http: //foreignpolicy.com/2014/01/30/the-arms-race-goes-hypersonic; Bruce W.MacDonald and Charles D.Ferguson, "Understandingthe Dragon Shield: Likelihood and Implications of Chinese Strategic Ballistic Missile Defense," Federation ofAmerican Scientists, Special Report, September 2015,https: //fas.org/wp-content/uploads/2015/09/Dragon-Shieldreport_FINAL.pdf, 32-35.

中國繼續在本區域行為強勢，美國將需要重新評估其防務態勢和戰略。這將對核關係產生影響，尤其是因為如果常規軍力平衡有利於中國，那麼美國在亞洲的延伸威懾很可能會更依賴核武器。[1]

朝鮮。美國決心保護自身及盟國免遭朝鮮的攻擊，特別是核打擊。[2] 儘管美國將盡力考慮到北京對華盛頓對付朝鮮挑釁和持續發展核導力量的響應的合理關切，美國將採取一切必要措施以實現自身目標，即使這意味着北京對此感到不快。[3] 事實上，美國將努力確保北京分擔由於平壤的不負責任和危險的行為引發的不安和負擔。

導彈防禦。美國決心發展有效的戰區導彈防禦以保護其軍隊和盟國並確保有效的力量投射。[4] 為追求這些目標，美國將不會承擔不合理的責任去證明其導彈防禦能力不破壞穩定，這些能力本就是為防禦中國非常大規模的常規導彈而設計的。

（二）中方觀點

美國拒絕接受不首先使用的政策。2010 年《核態勢審議報告》指出美國在降低核武器作用方面作出了很大努力。但是，華盛頓仍然不能接受不首先使用政策或類似「核武器的唯一作用是嚇阻核打擊」的表述。從中國的視角來看，美國拒絕不首先使用核武器政策意味着華盛頓想維持核強制的

---

1 Colby and Denmark, "Nuclear Weapons and U. S. China Relations," 2-3; and Colby, "Asia GoesNuclear," *The National Interest*.

2 U. S. Department of Defense, Quadrennial Defense Review 2014 (Washington, D. C., 2014) , 14,20, 32; Susan E.Rice, "America' s Future in Asia," (remarks prepared for delivery at GeorgetownUniversity, Washington, D. C., November 20, 2013) , https: //www.whitehouse.gov/the-press-office/2013/11/21/remarks-prepared-delivery-national-security-advisor-susan-e-rice.

3 "U. S. Official Dismisses China' s Concern Over Missile Defense System in S. Korea," *Japan Times*, March 17, 2015, http://www.japantimes.co.jp/news/2015/03/17/asia-pacific/u-s-official-dismisseschinas-concern-over-missile-defense-system-in-s-korea/#.Vh_0LU3lumy.

4 U. S. Department of Defense, Sustaining U. S. Global Leadership; Karen DeYoung, "U. S. to DeployAnti-Missile System to Guam," *The Washington Post*, April 3, 2013.

選項。如果美國享有核優勢，華盛頓可以將這一優勢轉化為強制性權力。美國也可以用有限的、有區別的方式使用核武器以抵消其常規劣勢或傳遞決心。這一學說將模糊常規與核戰爭之間的界限，帶來嚴重的升級風險。

美國戰術核武器。美國擁有戰術核武器並正在努力使之現代化。一些美國學者甚至主張美國應該發展有限核打擊能力以使得華盛頓「在所有的核升級階梯上都有可用的核選擇」。[1] 奧巴馬政府承諾不發展新的核彈頭。然而，B61 延壽項目已經在戰略界引發了嚴重的關切，因為這一項目「允許之前因為附帶損傷太大而不能打擊的目標可以被打擊」，從而增加了這一武器打擊目標的選擇。[2] 更重要的是，低當量高精度核武器降低了核門檻，使得核武器在衝突中更有可能被使用。

有戰略意義的地區導彈防禦系統。近年來中美之間反導辯論集中於美國在韓國部署的末段高空區域防禦系統（THAAD）。中國關心的是 THAAD 雷達（TPY-2）而不是其攔截彈。除了用作 THAAD 的火控雷達之外，TPY-2 雷達也可以前沿部署模式工作，探測和跟蹤中國的戰略導彈。這有利於美國反導系統提高目標識別能力、提前發射攔截彈，以及在和平時期搜集目標特徵信號。THAAD 雷達的部署將削弱中國的核報復能力。

中國擔心的另一款地區反導系統是 SM-3 IIA 攔截彈。SM-3 IIA 由美國和日本聯合開發，於 2018 年部署。導彈的關機速度約為 4.5km/s，可以攔截中國戰略導彈。如果部署在美國東西海岸，兩套 SM-3 IIA 系統就可以保護整個美國本土免遭中國洲際導彈和潛射導彈的打擊。如果部署在日本附近，如北海道沿海，SM-33 IIA 將有有限的對付中國潛射導彈的能力。鑒於

---

1 "2025—2050: Recommended U. S. Nuclear Strategy," in Murdoch et al., Project Atom, 13. Seealso Colby, "Defining Strategic Stability" in *Strategic Stability: Contending Interpretations*; and KeirA.Lieber and Daryl G. Press, "The Nukes We Need: Preserving the American Deterrent," *Foreign Affairs* 88, no. 6（2009）: 39-51.

2 Hans M. Kristensen, "B61 LEP: Increasing NATO Nuclear Capability and Precision Low-YieldStrikes," Federation of American Scientists, June 15, 2011,http: //fas.org/blogs/security/2011/06/b61-12.

這一導彈可以對付中國的戰略導彈，中國將把 SM-3 IIA 視為戰略攔截彈，與陸基攔截彈（GBI）是同一類型。

朝鮮導彈威脅評估。從中國視角看，美國過高估計了朝鮮的導彈威脅。洲際導彈再入彈頭的熱防護技術非常具有挑戰性，而且不能在太空發射中驗證。為了獲得足夠的信心，朝鮮必須對其再入彈頭做飛行試驗。然而，朝鮮國土面積太小，無法在其本土進行洲際導彈飛行試驗（無論是全射程或壓低彈道），只能向公海發射導彈。為達此目的，朝鮮必須派遣一支船隊到預定落區以執行回收及遙測任務，這對朝鮮海軍來說非常難。在可以預見的將來，朝鮮似乎不大可能建造可用的洲際導彈。

美國情報系統在評估朝鮮威脅方面的紀錄並不好。1998 年拉姆斯菲爾德委員會得出結論說朝鮮和伊朗這樣的「新興彈道導彈國家」能夠「做出決定在 5 年內」開發出洲際導彈[1]2001 年 12 月，美國情報界表示朝鮮將在 2015 年前獲得洲際導彈。[2] 時任國防部長羅伯特．蓋茨在 2011 年稱朝鮮 5 年內可以造出洲際導彈。[3] 今天，我們可以說所有這些評估都嚴重誇大了威脅。2014 年 6 月，來自勞倫斯．利弗莫爾國家實驗室的迪安．維克寧說：「要麼你認為朝鮮無意建造［洲際導彈］，要麼建造洲際導彈要比人們認為的更難。我認為是後者。」[4]

---

1 "Executive Summary of the Report of the Commission to Assess the Ballistic Missile Threat to the United States," July 15, 1998, http: //fas.org/irp/threat/bm-threat.htm.。

2 U. S. National Intelligence Council, "Foreign Missile Developments and the Ballistic Missile Threatthrough 2015," December 2001,http: //fas.org/irp/nic/bmthreat-2015.htm.

3 Larry Shaughnessy, "Gates: North Korea Could Have Long-Range Missile within 5 Years," CNN, January 12,2011, http: //edition.cnn.com/2011/WORLD/asiapcf/01/11/china.us.north.korea/index.html.

4 Dean Wilkening, "U. S. Missile Defense Developments: How Far? How Fast?"（speech at Brookings Institution workshop, Washington, D. C., June 4, 2014）, http://www.brookings.edu/events/2014/06/04-usmissile-defense-developments.

五、結論

在 21 世紀，中美關係有着重要的地緣政治意義。對兩國來說，充分保護自身利益的同時維持和平是最重要的。儘管目前大規模衝突看上去不大可能，但是這種可能性並不能徹底排除。鑒於雙方都擁有並將繼續擁有強大的核武庫，中美之間的任何衝突都將是非常危險的，甚至很有可能是毀滅性的。尋找使得戰爭和核武器使用可能性最小化的途徑是兩國政治領導人的首要責任。本章的研究為中美領導人履行其職責提供了一個靈活的聯合路線圖。

第三章　減少和管理中美在網絡空間的衝突

史國力（Adam Segal）　唐　嵐*

摘　要

本章研究了網絡空間在中美關係中越來越重要的地位，探討了兩國在網絡攻擊、互聯網治理、信息通信設備及供應鏈安全等領域的分歧。

主要觀點

儘管中美在互聯網治理、網絡攻擊、網絡間諜、如何保護信息通信設備和供應鏈安全方面分歧巨大，同時雙方國內媒體圍繞網絡戰充斥誇大的言論，兩國決策者仍無意讓網絡問題使雙邊關係脫離正軌或影響雙方在其他重大領域的合作。北京和華盛頓似乎達成了共識，不希望網絡問題影響雙方在經濟發展、地區穩定和氣候變化等問題上的合作，同時認為雙方的合作還會進一步拓展。中美兩國有着共同的關切，例如應對關鍵基礎設施面臨的威脅，阻止網絡攻擊能力擴散到非國家行為體以及保護全球供應鏈。與此同時，兩國還通過雙邊和多邊平台來界定負責任的國家行為，確認共識以及那些可以緩解雙方網絡空間緊張關係的合作領域。

政策建議

為了管理網絡空間的衝突，中美兩國應做到：

---

* 史國力（Adam Segal）為莫里斯·格林堡中國研究高級研究員，美國外交關係委員會數字與網絡空間政策項目主任；唐嵐為中國現代國際關係研究院網絡空間安全治理研究中心主任、研究員。

- 通過務實合作來履行業已達成的有關打擊網絡犯罪和網絡竊取知識產權的協議；
- 確保開展最高層級的網絡空間行為規範的討論而不因突發事件中斷；
- 探討就防止網絡攻擊能力向非國家行為體擴散的可能聯合行動；
- 網絡安全能力建設以及拓展學術機構間的共同研究。

雖然網絡空間已成為中美關係中越來越重要的議題，但兩國在信息自由流動、互聯網開放、網絡攻擊和網絡空間行為規範、互聯網治理以及信息通信設備和供應鏈安全方面看法不同。因此，中美均把對方視為追求網絡空間國家利益的一個重要的競爭者。

面對這些分歧以及雙方國內媒體圍繞網絡戰的誇大言論，兩國決策者仍無意讓網絡問題使雙邊關係脱離正軌。2015 年 9 月，奧巴馬總統和習近平主席的首腦會晤就有關網絡安全的幾個重要問題達成了突破性協議。雙方承諾「不得從事或在知情情況下支持網絡竊取知識產權，包括貿易秘密，以及其他機密商業信息，以使其企業或行業在競爭中處於有利地位」[1] 北京和華盛頓還同意制定網絡空間國家行為準則，建立兩個高級別工作組和兩國間熱線。

然而，正如奧巴馬總統在 9 月首腦會晤之後承認的那樣，「我們的工作還沒有完成。我相信中美能擴大在這一領域的合作。」[2] 中美網絡協議可以成為未來國際討論的一個典範。例如，中國和英國簽署了一個類似的協議，

1 "President Xi Jinping's State Visit to the United States," White House, Office of the Press Secretary,Fact Sheet, September 25, 2015, https://www.whitehouse.gov/the-press-office/2015/09/25/fact-sheetpresident-xi-jinpings-state-visit-united-states.

2 "Remarks by President Obama and President Xi of the People's Republic of China in Joint PressConference," White House, Office of the Press Secretary, September 25, 2015, https://www.whitehouse.gov/the-press-office/2015/09/25/remarks-president-obama-and-president-xi-peoples-republic-china-joint.

2015 年 11 月，中國、巴西、俄羅斯、美國及其他 G20 成員國接受了不從事或支持網絡竊取知識產權的準則。[1]

中美網絡歷經起伏，兩國首腦簽署的協議為緩解未來衝突提供了一個機制。然而，若包括協議在內的各種對話交流機制遲滯，將帶來更大的不信任並外溢到兩國關係的其他方面。例如，中美兩軍在南海近在咫尺，網絡攻擊造成的誤解或誤判將很快升級為對峙並會發展為軍事對抗。兩國軍方似乎都認為在網絡空間攻者佔優，率先打擊的動機很強，從而進一步加大了危機快速升級的風險。兩國國內對造成損失或破壞性後果的網絡攻擊都要求立即採取行動，進而使兩國領導人不能視而不見。

尋找共識和開展合作是減少網絡空間緊張關係所必要的第一步。中美兩國的經濟和國家關係都日益依賴數字基礎設施，在許多領域有着共同關切。從全球範圍看，網絡攻擊發生的頻率、影響的範圍、手段的複雜程度以及後果的嚴重程度都在與時俱進。網絡犯罪還會持續增多—邁卡菲公司估計 2014 年網絡犯罪給全球經濟造成了 4 萬億美元的損失，恐怖組織正在尋求發動破壞性網絡攻擊的能力。[2] 很難阻止網絡攻擊能力向非國家行為體擴散，這導致中美兩國的關鍵基礎設施都面臨風險。擴大合作還有經濟激勵，中美兩國信息通信技術市場緊密聯繫，均依賴於一個安全、完整、可用的全球供應鏈。

避免更大的不信任、防止虛擬空間的事件升級為現實世界的衝突對兩國而言均十分重要，然而中美的目的並不僅限於此。中美兩國還要攜手達成一些積極目標。互聯網的發展給兩國帶來了巨大的經濟、政治、社會和

---

1 Robert Abel, "G-20 Nations Agree: No Cyber-Theft of Intellectual Property," *SC Magazine*, November19, 2015, http://www.scmagazineuk. com/g-20-nations-agree-no-cyber-theft-of-intellectual-property/article/454845.

2 McAfee and the Center for Strategic and International Studies, "Net Losses: Estimating the Global Costs ofCybercrime," June 2014, http://www.mcafee.com/us/resources/reports/rp-economic-impact-cybercrime2.pdf.

文化利益。網絡空間的戰略合作將讓中國、美國及其他國家獲益更多。

本章第一部分剖析美國在網絡空間的利益及美國對中國網絡空間利益的看法。接下來的部分則轉換角度，剖析中國的動機和目的以及對美國網絡空間利益的看法。闡述各自利益之後，本章分析兩國的共同之處，提出合作建議。然後探討兩國存在的分歧及管理緊張的機制。

一、美國對網絡空間的看法

（一）美國在網絡空間的利益

2011 年白宮公佈的《網絡空間國際戰略》提出，「一個開放、互操作、安全和可靠的網絡空間」符合美國的國家利益，這樣的網絡空間能推動國際貿易、經濟發展和創新，加強國際安全，推動言論自由。[1]2013 年，美國外交關係委員會的一個課題組得出結論，「一個日益分裂為國家互聯網的全球互聯網不符合美國的利益」。[2]

一個以尊重知識產權和個人隱私為前提的跨境數據流動能給美國帶來政治利益和經濟利益。按照互聯網聯盟——一個代表一些全球最大規模互聯網企業的貿易組織—的統計，互聯網對美國經濟的貢獻率達 6%。[3] 美國技術企業佔據全球互聯網市場，2015 年美國佔全球電信市場利潤的 25% 以及

1 Office of the President of the United States, *International Strategy on Cyberspace: Prosperity, Security, and Openness in a Networked World* (Washington, D. C., May 2011), 3.

2 John D. Negroponte, Samuel J. Palmisano, and Adam Segal, *Defending an Open, Global, Secure, and ResilientInternet*, Independent Task Force Report 70 (New York: Council on Foreign Relations, 2013), 13, http://i.cfr.org/content/publications/attachments/TFR70_cyber_policy.pdf.pdf.

3 Tom Risen, "Study: The U. S. Internet Is Worth $966 Billion," *U.S. News*, December 11, 2015, http://www.usnews.com/news/blogs/data-mine/2015/12/11/the-internet-is-6-percent-of-the-us-economy-study-says.

G20 成員互聯網經濟的 25%。[1] 在印度，排名前十的互聯網企業有 9 家是美國公司，例如谷歌、臉譜、推特和領英；[2] 巴西排名前十的有 7 家是美國企業。谷歌在搜索引擎市場佔據優勢，它旗下的安卓操作系統安裝在全球 3/4 的智能手機中。[3]

2015 年 5 月，美國副貿易代表羅伯特・何利曼（Robert Holleyman）發出警告，稱現有的貿易協定正受到數字保護主義—即要求數據本地化或進行網絡審查—的衝擊。為此，美國提出了所謂的「骯髒的十二條」，即美國談判者想寫入「跨太平洋夥伴關係協定」（TPP）中有關數據貿易的 12 條基本原則。這些原則包括互聯網應該保持自由和開放讓全球用戶能使用線上服務，防止國家提出企業轉讓技術或計算服務本地化的要求等。[4]

信息的自由流動還給美國帶來一個明確的利益。在 2010～2011 年發表的 3 次演講中，時任美國國務卿希拉里・克林頓（Hillary Clinton）把信息網絡稱為「我們所處星球的新神經網絡」，主張用戶網上言論和宗教自由必

---

1 Telecommunications Industry Association (TIA), "TIA's 2015 - 2018 ICT Market Review &Forecast," http://www.tiaonline.org/resources/ market-forecast; and David Dean, Sebastian DiGrande, Dominic Field, Andreas Lundmark, James O'Day, John Pineda, and Paul Zwillenberg, "The InternetEconomy in the G-20," Boston Consulting Group, March 19, 2012, https://www.bcgperspectives.com/content/ articles/media_entertainment_strategic_planning_4_2_trillion_opportunity_internet_economy_g20.

2 "Top Sites in India," Alexa, http://www.alexa.com/topsites/countries/IN.

3 "Smartphone Market Share, 2015 Q2," International Data Corporation, http://www.idc.com/prodserv/smartphone-os-market-share.jsp.

4 Robert W. Holleyman II, "Digital Economy and Trade: A 21st Century Leadership Imperative," remarksprepared for the New Democrat Network, Washington, D.C., May 1, 2015, https://ustr.gov/about-us/policy-offices/press-office/speechestranscripts/2015/may/remarks-deputy-us-trade.

須得到保障，人們有權接入互聯網，瀏覽網站並與其他人聯繫。[1]2008～2012年，美國國務院大約花費了 1 億美元資助培訓敵對環境下的數字激進活動分子、研發繞過國家網絡審查的技術等活動。2015 年 9 月，美國駐聯合國大使莎曼薩．鮑威爾（Samantha Power）公佈一個價值 1000 萬美元的風險投資基金以研發新的翻牆技術，這是所謂年度互聯網自由項目 3300 萬美元投資的一部分，這一投資在逐年增加。[2]

互聯網被視為一個強有力的外交和經濟工具，然而它也帶來了危險的和不可預測的脆弱性。用美國國家情報總監在 2015 年全球威脅評估中的話來說，美國把網絡對國家和經濟安全帶來的威脅描述為「發生的頻率、影響的範圍、複雜程度和後果的嚴重程度與日俱增」。該評估報告還指出，攻擊者和攻擊手段的種類都在增多，那些「為美國政府、軍事、商業和社會活動提供支持的非密信息和通信技術依然容易發生竊密和／或破壞」。[3]

美國的軍事力量依賴並與目前的互聯網密不可分。因此五角大樓需要依靠安全的網絡和數據來履行使命，它十分重視自身的脆弱性，這些弱點可能被潛在的敵人用來發動網絡攻擊。例如美國國防科學委員會 2013 年 1 月發表報告警告，「網絡刺探給攻擊者帶來的好處可能是驚人的」，「美國的

---

1 Hillary Rodham Clinton, "Remarks on Internet Freedom," speech delivered at the Newseum, Washington,D.C., January 21, 2010, http://www.state.gov/secretary/20092013clinton/rm/2010/01/135519.htm; HillaryRodham Clinton, "Internet Rights and Wrongs: Choices & Challenges in a Networked World," speechdelivered at George Washington University, Washington, D.C., February 15, 2011, http://www.state.gov/secretary/20092013clinton/rm/2011/02/156619.htm; and Hillary Rodham Clinton, Speech delivered at the Conference on Internet Freedom, The Hague, Netherlands, December 8, 2011, http://thehague.usembassy.gov/news/events/events-2011/ conference-on-internet-freedom.html.

2 Lorenzo Franceschi-Bicchierai, "Why the U.S. Government Is Investing Millions in Internet FreedomTechnologies," Motherboard, September 29, 2015, http://motherboard.vice.com/read/why-the-us-government-is-investing-millions-in-internet-freedom-technologies.

3 James R. Clapper, "Worldwide Threat Assessment of the U. S. Intelligence Community," statementfor the record to the U. S. Senate Armed Services Committee, Washington, D. C., February 26, 2015, http://www.dni.gov/files/documents/Unclassified_2015_ATA_SFR_-_SASC_FINAL.pdf.

槍支、導彈、炸彈可能會啞火，或者調頭對準我們自己的隊伍」，報告還寫道：「食品、水、彈藥和燃料等補給可能無法按時或送到需要的地方。指揮員很快就無法信任控制美國系統和部隊的信息和能力。信任一旦喪失就很難恢復。」[1]

全球互聯網及其對它的依賴使美國成為攻擊目標。2015 年美國國防部發表的網絡戰略強調網絡司令部的防禦性，但它同時也在重新組織攻擊性力量。該「戰略」寫道，「一旦得到總統或國防部長的指示」，國防部「必須能夠提供一體化的網絡能力，以支持軍事行動和應急響應」。[2]

另外，愛德華．斯諾登披露的資料指出美國國家安全局（NSA）利用美國技術企業在全球的支配地位以及美國作為互聯網中心的地位來獲取情報。通過法律或其他方式，美國能夠得到谷歌、臉譜、推特和優兔全球數以百萬計用戶的數據。為數不多的互聯網供應商通過骨幹網攜帶元數據，大部分互聯網數據進入和途經美國，這使得地理位置幾乎毫無意義。光纖電纜可以被竊聽和被用來搜集、分析和存儲數據。[3] 前美國國安局局長邁克．海登（Michael Haden）為其部門的行為辯護，他坦言：「這是我們的主場。我們不打算利用那些流經雷德蒙德和華盛頓的大量數據嗎？為什麼我們不

---

1 U.S. Department of Defense, Defense Science Board, "Task Force Report: Resilient Military Systems andthe Advanced Cyber Threat," January 2013, http://www.acq.osd.mil/dsb/reports/ResilientMilitarySystems.CyberThreat.pdf.

2 U.S. Department of Defense, *The Department of Defense Cyber Strategy* (Washington, D. C., April2015), http://www.defense.gov/Portals/1/features/2015/0415_cyber-strategy/Final_2015_DoD_CYBER_STRATEGY_for_web.pdf.

3 Henry Farrell, "The Political Science of Cybersecurity II: Why Cryptography Is So Important," *The Washington Post*, February 12, 2014, http://www.washingtonpost.com/blogs/monkey-cage/wp/2014/02/12/thepolitical-science-of-cybersecurity-ii-why-cryptography-is-so-important; Nicole Perloth, Jeff Larson, and ScottShane, "N.S.A. Able to Foil Basic Safeguards of Privacy on Web," *The New York Times*, September 5, 2013; and Raul Zibechi, "South American Fiber Optic Ring," Americas Program, April 12, 2012, http://www.cipamericas. org/archives/6734.

把這個星球上最強大的電信和計算管理框架為我們所用呢？」[1]

美國要保留監控他國的權力，但又對他國的間諜行為加以限制。華盛頓曾試圖就網絡竊取知識產權、商業秘密和企業戰略制定行為規範。然而，在美國看來，出於軍事和政治目的的間諜行為與那些為企業競爭提供優勢的黑客行為是有區別的。

堅持這種區分有時候讓美國政府的官員陷入一種奇怪的境地，譬如他們會稱讚「中國黑客」的技術。據《華盛頓郵報》的一份報道及其他多個研究指控，中國黑客和其他團夥竊取了美軍 20 餘個武器計劃，包括愛國者導彈系統和海軍最新型瀕海戰艦。[2]2014 年 7 月，美國媒體報道宣稱中國黑客進入聯邦人事管理局（OPM）服務器，獲取數以萬計聯邦僱員的個人信息。黑客破壞了 2200 萬個記錄，包括情報和軍隊人員的安全背景審查數據以及近 5000 萬份指紋記錄。這些記錄足以讓中國的反情報部門確定全球以使館作為掩護的美國間諜。2015 年 6 月，美國國家情報總監詹姆斯．克拉珀向聽眾說道：「知道嗎，你們應該為中國的所作所為致敬。如果有機會，我想我們不會有絲毫猶豫。」[3]

這些黑客是出於軍事和政治目的的，實際上在美國眼裡它們是推進國家利益的合法工具。中國政府強烈反對中國主使竊取聯邦人事管理局數據的指責，並在一次雙邊對話中拿出證據，證明這是一起出於商業目的的黑客犯罪而非間諜行為。中國媒體報道稱美國接受了這一説法，但美國政府

---

1 Michael Hirsch, "How America's Top Tech Companies Created the Surveillance State," *National Journal*, July 25, 2013, http://www. nationaljournal.com/magazine/how-america-s-top-tech-companies-created-the-surveillance-state-20130725.

2 Ellen Nakashima, "Confidential Report Lists U.S. Weapons System Designs Compromised by Chinese Cyber spies," *Washington Post*, May 27, 2013, http://www.washingtonpost.com/world/national-security/confidential-report-lists-usweapons-system-designs-compromised-by-chinese-cyberspies/2013/05/27/a42c3e1c-c2dd-11e2-8c3b-0b5e9247e-8ca_story.html.

3 David Welna, "Top Intelligence Officials Warn against Growing Threat of Cyberattacks," NationalPublic Radio (NPR), September 10, 2015, http://www.npr.org/2015/09/10/439246971/top-intelligence-officials-warn-against-growing-threat-of-cyberattacks.

並未予以證實。

美國認為，侵入公司網絡並竊取知識產權是違法的。奧巴馬總統在一次業界的圓桌會議上指出：「我們一再向中國政府強調，我們理解傳統的情報搜集活動，包括美國在內的所有國家都在做。」他繼續道：「這與政府或它的代理人直接從事工業間諜，從企業竊取商業秘密和產權的行為截然不同。」[1]

如何估算網絡竊密的規模沒有一個被大家認可的方法，但普遍認為這嚴重影響美國的競爭力。美國國安局前局長基思・亞歷山大（Keith Alexander）將軍估計美國企業因信息失竊而遭受的損失達 2500 億美元，與此相關的其他費用也達到 1140 億美元。一個由美國前國家情報總監丹尼斯・布萊爾（Dennis Blair）和前駐華大使洪博培（Jon Huntsman）牽頭的私人機構「竊取美國知識產權委員會」認為：「每年因此造成的損失大約相當於美國每年對亞洲的出口額，超過 3000 億美元。」[2]

（二）美國對中國網絡空間利益的看法

自從中國第一個用戶上網以來，中國政府和分析家均把互聯網視為一把雙刃劍：它對經濟增長和良治不可或缺，但也有可能威脅到國內穩定。

2010 年中國發佈的首份互聯網白皮書《中國互聯網狀況》指出，中國公民能充分享受網上的言論自由，但該報告也強調，公民在行使這一權力

---

1 Barack Obama, "Remarks by the President to the Business Roundtable," White House, Office of the PressSecretary, September 16, 2015, https://www.whitehouse.gov/the-press-office/2015/09/16/remarkspresident-business-roundtable.

2 Josh Rogin, "NSA Chief: Cybercrime Constitutes the 'Greatest Transfer of Wealth in History,' " *Foreign Policy*, July 9, 2012, http://foreignpolicy. com/2012/07/09/nsa-chief-cybercrime-constitutes-the-greatest-transfer-of-wealth-in-history; and Commission on the Theft of American Intellectual Property, "TheReport of the Commission on the Theft of American Intellectual Property," National Bureau of AsianResearch, May 2013, http://www.ipcommission.org/report/IP_Commission_Report_052213.pdf.

時不得侵犯「國家安全、公共利益以及其他公民的合法權益」。[1]

中國領導人面臨的挑戰是如何在控制與開放之間找到平衡。北京想保證互聯網不會危及國家穩定，同時成為推動創新和經濟發展的關鍵力量。2010 年的中國互聯網白皮書指出：互聯網「在國家經濟發展中發揮着 不可替代的作用」。[2] 麥肯錫的研究表明，2013 年中國互聯網在國內生產總值（GDP）中佔 4.4%，高於德國和美國，2014 年中國互聯網市場的總值達到 637730 億元人民幣（約合 10415 億美元）。[3] 大量中國高科技和互聯網企業，包括阿里巴巴、騰訊、百度和小米正在進軍全球市場。華為和中興在歐洲和新興市場表現出眾，智能手機應用程序微信在東南亞擁有大量用戶。中國國內市場中一些新的應用，例如可穿戴設備和物聯網，憑藉技術普及率，到 2025 年能為 GDP 增長總量貢獻 7%～22%。[4]

中國領導人對中國贏得互聯網技術競爭保持樂觀，但同時也擔心中國長期依賴歐洲、日本和美國的先進技術。決策者認為美國企業談論全球技術標準時，其實是在談論「美國」技術。中國工業需要從勞動密集型、高能耗、高污染的製造業向技術密集型轉變，決策者擔心核心技術過度依賴歐洲、美國和日本有可能會使國家安全受到威脅。

這種依賴在網絡安全領域尤為突出。2012 年 4 月《瞭望》周刊的一篇文章寫道，中國 90% 的微型芯片、部件、網絡設備、技術標準和協議，65% 的防火牆和加密技術，以及其他 10 類信息安全產品都依靠進口。國外生產的、用於控制生產流程的可編輯邏輯控制器同樣控制了中國市場。

---

1 中國國務院新聞辦公室：《中國互聯網狀況》（2010 年 6 月北京），http://www.china.org.cn/government/whitepaper/node_7093508.htm。

2 中國國務院新聞辦公室：《中國互聯網狀況》。

3 《2014 年中國互聯網經濟超過 1000 億美元》，中國互聯網觀察，2015 年 4 月 9 日，http://www.chinainternetwatch.com/13097/china-internet-economy-2014/#ixzz3fawKZWsV。

4 Jonathan Woetzel et al., "China's Digital Transformation," McKinsey Global Institute, July 2014,http://www.mckinsey.com/insights/high_ tech_telecoms_internet/chinas_digital_transformation.

中國投入了大量的資源用以發展科技。科技發展20年規劃提出在2020年把中國建成「創新型國家」，到2050年成為「世界科技創新強國」。過去20年裡，科研經費每年增長12%～20%，2010年中國科研費用超過日本排在世界第二位。[1]推動自主創新、擺脫核心技術上過於依賴美國、保障國家安全的想法使發展自主可控的技術成為焦點，並促成了一系列管理規定的出台，包括《國家安全法》和《網絡安全法》。2015年9月《紐約時報》報道，中國政府致信美國企業，要求它們簽署承諾書承諾不危害中國國家安全，在本地存儲數據以及承諾他們的產品安全可控。[2]2015年12月，中國通過新的《反恐怖主義法》，並沒有要求外國企業提供後門或在本地存儲數據。中國政府堅持其政策符合國際標準並且執行過程透明，但該法仍然要求企業提供「技術接口，解密及其技術支持以協助公共安全和國家安全部門」。[3]

美國國家反情報辦公室指出法國、以色列、俄羅斯等國從美國企業搜集經濟和技術信息，卻把中國獨自歸為一類，認為「中國是世界上最活躍且長期從事經濟間諜的國家」。[4]美中經濟與安全評估委員會委員拉里．沃特澤爾（Larry Wortzel）指責道「那些從事網絡和其他形式間諜活動的中國機構通常持這樣的觀點，即竊取知識產權比長期的科研投入更划算」。他還宣稱：「這種剽竊行為為國家的科技發展提供支持，由中國政府集中管

---

1 Adam Segal, "Why China Hacks the World," *Christian Science Monitor*, February 1, 2016, http://www.csmonitor.com/World/Asia- Pacific/2016/0131/Why-China-hacks-the-world.

2 Paul Mozur, "China Tries to Extract Pledge of Compliance from U.S. Tech Firms," *New York Times*, September 16, 2015, http://www.nytimes.com/2015/09/17/technology/china-tries-to-extract-pledgeof-compliance-from-us-tech-firms.html.

3 《中華人民共和國反恐怖主義法》（2015年12月27日第十二屆全國人民代表大會常務委員會第十八次會議通過），中國人大網，2015年12月28日，http://www.npc.gov.cn/npc/c12488/201512/294ba4e3865f46318cb0ad7c4d55d1d6.shtml。

4 Office of the National Counterintelligence Executive, "Foreign Spies Stealing U.S. Economic Secrets inCyberspace," Report to Congress, October 11, 2011, http://www.ncsc.gov/publications/reports/fecie_all/Foreign_Economic_Collection_2011.pdf.

理和指揮。」[1]

中國駁斥對美國企業發動黑客攻擊的指責。中國官員指出中國國內網絡易受攻擊和破壞，中國是「世界上最大的網絡攻擊受害者」，多數針對中國的網絡攻擊是來自日本、美國和韓國的 IP 地址。國家計算機網絡應急技術處理協調中心主任黃澄清指出：「如果我們想指責美國，可以有大量的事例，但這樣解決不了問題。」[2]

另外，直到 2015 年 9 月舉行中美首腦會晤前，中國一直不同意美國試圖區別合法的出於政治和軍事目的的間諜行為和網絡竊取知識產權行為。中國官員和學者批評這種區別是企圖單方面制定網絡空間的規則。復旦大學美國研究中心主任吳心伯認為：「美國在網絡安全問題上採取雙重標準。它指責其他國家、尤其是中國開展工業間諜或其他網絡攻擊，但美國卻不間斷地監視其他國家的高級官員或政治要人。」[3] 而且中國媒體不斷提到斯諾登曝光的美國國安局也把中國的大學和企業作為監控對象。美國國家情報總監克拉珀在一次公開聲明中堅稱，這種行為旨在加強國家安全和保護國家利益，情報界「不會代表企業竊取外國公司的商業秘密，或把搜集到的情報交給企業」。[4] 但中國決策層並不接受這些說法。

2015 年 4 月 1 日美國總統奧巴馬頒佈行政令授權美國商務部對那些從事網絡間諜的個人或企業實施經濟制裁。在與習近平主席舉行工作晚餐前 8

---

1 Larry M. Wortzel, "Cyber Espionage and Theft of U.S. Intellectual Property," statement to the U.S.House Energy and Commerce Committee, Washington, D.C., July 9, 2013, http://energycommerce.house.gov/hearing/cyber-espionage-and-theft-us-intellectual-property- and-technology

2 李孝昆：《中國是黑客攻擊的受害者》，《人民日報》2013 年 6 月 5 日，http://english.peopledaily.com.cn/90883/8271052.htm。

3 李岩：《網絡協議有望中止爭端》，中新網 2015 年 9 月 21 日，http://www.ecns.cn/2015/09-21/181825.shtml。

4 James R. Clapper, "Statement by Director of National Intelligence James R. Clapper on Allegations of EconomicEspionage," Office of the Director of National Intelligence, IC on the Record, September 8, 2013, http://icontherecord.tumblr.com/post/60712026846/statement-by-director-of-national-intelligence.

天，2015 年 9 月 16 日奧巴馬在一個商業圓桌論壇發表了下列講話：

> 我們準備了一系列措施以暗示中國，「網絡攻擊問題」不只是讓美國有點心煩，更是一個如果得不到解決會讓雙邊關係緊張的問題，我們正在準備採取抵消性行動以引起中國的重視。[1]

首腦會晤雖然立即消除了制裁的威脅，但美國政府威脅稱如果來自中國針對美國企業的攻擊沒有顯著減少，美國仍會採取行動。

與美國的同行一樣，中國的防務分析家認為網絡行動必將是未來軍事行動的一部分。五角大樓稱，「發展網絡戰爭能力出現在解放軍當局的文字中，主張信息戰是獲得信息優勢和有效戰勝更強對手的不可或缺的一部分。」[2] 中國一些公開的文獻探討了在衝突早期通過網絡攻擊破壞指揮－控制系統對奪得信息支配的重要性。隨後的攻擊可以針對交通、通信和後勤網絡，以減緩敵方機動的速度。中國防務研究的文獻還認為，網絡行動能夠造成破壞性後果，進而構成強大的威懾。中國分析人士認為美國比中國更依賴銀行、電信及其他關鍵基礎設施，所以對這些系統進行攻擊將顯著降低美國介入地區衝突的可能性。[3]

---

1 Obama, "Remarks by the President to the Business Roundtable." U.S. Department of Defense, Military and Security Developments Involving the People's Republic of China 2015 (Washington, D.C., 2015), http://www.defense.gov/Portals/1/Documents/pubs/2015_China_Military_Power_Report.pdf.

2 U.S. Department of Defense, *Military and Security Developments Involving the People's Republic of China 2015* (Washington, D.C., 2015), http://www.defense.gov/Portals/1/Documents/pubs/2015_China_Military_Power_Report.pdf.

3 Adam Segal, "The Code Not Taken: China, the United States, and the Future of Cyber Espionage," *Bulletin of Atomic Scientists*, September 1, 2013.

二、中國對網絡空間的看法

（一）中國在網絡空間的利益

2014 年初，中央網絡安全與信息化領導小組召開第一次會議。中共中央總書記、國家主席習近平在會議上強調「網絡安全與信息安全是事關國家安全和國家發展、事關廣大人民群眾工作生活的重大戰略問題」，「沒有網絡安全就沒有國家安全」。[1] 此次會議是理解中國網絡政策的里程碑事件。儘管這不是中國政府首次表示對網絡安全的重視，但卻是第一次把網絡安全置於最高地位。隨後，在中央國家安全委員會的第一次會議上，習近平把網絡安全納入國家安全體系，提出了「總體國家安全觀」。

回顧互聯網在中國的發展歷程有助於外界了解中國的網絡政策。在 2015 年 12 月舉行的第二屆世界互聯網大會上發佈的《中國互聯網 20 年發展報告》指出，中國的互聯網發展經歷了四個階段，即基礎初創期、產業形成期、快速發展期和融合創新期。[2] 在信息革命的初期，中國可以說是一個主要的受益者，現在則成為全球網絡空間的最大貢獻者和建設者。第十三個五年規劃指出現在是「把中國建設成網絡強國，應對挑戰和抓住發展的有利時機」[3]，中國應積極實施網絡強國戰略、大數據戰略和「互聯網＋」行動計劃，最終建設一個數字中國。在中國政府看來，應對信息通信技術帶來的風險、維護穩定、可信、開放和安全的數字環境是國家要務。

隨着信息通信技術的革命性發展和真實安全威脅的出現，中國決策者對網絡安全的認識在深化：「我們關注的網絡安全包括意識形態安全、數據

---

1 習近平：《把我國從網絡大國建設成網絡強國》，新華網 2014 年 2 月 27 日。

2 《中國互聯網發展 20 年報告烏鎮發佈突顯「五個首次」》，《中國日報》2015 年 12 月 16 日，http://www.chinadaily.com.cn/micro-reading/china/2015-12-16/content_14404589.html。

3 《第十三個五年規劃建議正式發佈》，新華社 2015 年 11 月 3 日，http://finance.sina.com.cn/china/20151103/160123664965.shtml。

安全、技術安全、應用安全、資本安全和渠道安全等方面。」[1]網絡安全不僅意味着傳統的信息基礎設施的安全，還包括各種網絡、數據和設備的安全。總之，中國最高領導人認為，大規模複雜網絡攻擊、尤其是國家支持的旨在破壞和摧毀關鍵基礎設施運營和服務的攻擊；各種旨在危害公共安全、社會穩定和顛覆政權的網上非法行為；網絡恐怖以及網絡戰都是中國面臨的網絡威脅。2015 年 7 月頒佈的《國家安全法》把網絡安全視為一個迫在眉睫和嚴重的威脅，要求「國家建設網絡與信息安全保障體系，並加強網絡管理，防範、制止和依法懲治網絡攻擊、網絡入侵、網絡竊密、散佈違法有害信息等網絡違法犯罪行為，維護國家網絡空間主權、安全和發展利益」[2]。這是中國政府第一次以法律的形式強調網絡安全的重要性。2016 年 12 月，中國出台了首份《網絡空間國家安全戰略》，把網絡空間界定為信息傳播的新渠道、生產生活的新空間、經濟發展的新引擎、文化繁榮的新載體、社會治理的新平台、交流合作的新紐帶和國家主權的新疆域，既指出信息革命帶來了前所未有的機遇，更強調「網絡安全形勢日益嚴峻，國家政治、經濟、文化、社會、國防安全及公民在網絡空間的合法權益面臨嚴峻風險與挑戰」。[3]

中國必須解決威脅數字經濟健康發展的安全問題。互聯網以及各種信息網絡、基礎設施和數據，已經不再是一個簡單的工具或平台，現已成為中國經濟轉型和發展的關鍵動力。一份有關中國電子商務的發展統計顯示，2014 年中國信息消費達到 2.8 萬億元人民幣。[4]根據中國互聯網信息中心《第 55 次中國互聯網絡發展狀況統計報告》，截止 2024 年 12 月，中國

---

1 《網絡安全是重大戰略問題—訪國家互聯網信息辦公室副主任王秀軍》，《人民日報》2014 年 5 月 18 日。

2 《中華人民共和國國家安全法》第 25 條，全國人民代表大會，http://www.npc.gov.cn/npc/xinwen/2015-07/07/content_1941161.htm。

3 《國家網絡空間安全戰略》全文，新華網 2016 年 12 月 27 日，http://www.xinhuanet.com//politics/2016-12/27/c_1120196479.htm。

4 《全年信息消費規模同比增長 18%》，新華社 2015 年 5 月 16 日。

網民規模達到 11.08 億人，互聯網普及率達 78.6%。[1] 根據中國信息通信研究院的《中國數字經濟發展研究報告 2024》，自 2012 到 2023 年，中國數字經濟規模從 11.2 萬億增加到 53.9 萬億元，數字經濟對 GDP 增長的貢獻率達 66.45%。[2] 中國頒佈科技行動計劃和《中國製造 2025 規劃》，幫助國家找到新的手段改革經濟發展模式，提升競爭力。在中國的數字化進程中，網絡空間的安全是優先目標，也必將成為國家安全戰略的重要組成部分。在超級互聯的時代，確保關鍵信息基礎設施的安全成為中國政府的主要任務。由於對國外核心技術的高度依賴，中國政府採取法律和行政手段改變這一狀態和增強網絡防禦能力的做法是十分合理的。

打擊網絡犯罪也符合中國的國家利益。IBM 公司總裁吉尼・羅密提（Ginni Rometty）認為：「網絡犯罪是全球企業面臨的最重大威脅。」[3] 倨瞻博公司 2015 年的一項研究曾預測，「到 2019 年，消費者生活和企業紀錄的快速數字化將使全球數據洩露造成的損失達到 2.1 萬億美元，幾乎是 2015 年的 4 倍」。[4] 中國國內的情況有可能更糟。趨利型黑客構建了一個巨大的黑色產業鏈和灰色市場，傳統犯罪更容易轉移到網上。2015 年 11 月諾頓發佈的互聯網安全調查報告稱，2014 年約有 2.4 億中國消費者遭遇網絡犯罪，總經濟損失高達 7000 億元人民幣。防止網絡空間被用於非法目的，包括恐怖主義、色情、販毒、洗錢和賭博等，是執法部門面臨的一大任務。公安部及其他相關部門每年都會發起多個專項行動打擊網上盜版、電信欺詐和黑客。

---

1 中國互聯網絡信息中心：《第 55 次中國互聯網絡發展統計報告》，available at https://hrssit.cn/Uploads/file/20250521/1747810948727194.pdf.

2 中國信息通信研究院：《中國數字經濟發展研究報告 2024》，available at http://221.179.172.81/images/20240828/53111724804104890.pdf.

3 Steve Morgan, "IBM's CEO on Hackers: 'Cyber Crime Is the Greatest Threat to Every Company in theWorld,' " *Forbes*, November 24, 2015.

4 Steve Morgan, "Cyber Crime Costs Projected to Reach $2 Trillion by 2019," *Forbes*, January 17,2016.

2015 年 12 月召開的第二屆世界互聯網大會上，習近平主席明確闡述了中國對網絡安全和互聯網治理的主張。對中國而言，如何平衡安全、國內穩定和發展十分重要。網絡安全和互聯網發展就像一鳥之兩翼，而國內穩定則是前提。沒有社會穩定，安全與信息化均無從談起。國際上也面臨同樣的狀況。規則不健全、秩序不合理會給世界充分享受互聯網帶來社會利益的能力造成消極影響，甚至會增加國家間緊張關係的可能性。習近平主席指出：「各國應攜手努力，共同遏制信息技術濫用，反對網絡監聽和網絡攻擊，反對網絡空間軍事競賽。」[1] 為此，習主席還提出了四項原則：尊重網絡主權、維護和平安全、促進開放合作和構建良好秩序。作為網絡領域的一大行為主體，中國有義務在不違背國家利益與安全的前提下發揮主要作用，為國際網絡空間的安全與穩定做出貢獻。這就是習主席提出各國共同構建網絡空間命運共同體的原因。網絡空間命運共同體的本質是共享共治，習主席進一步提出網絡空間「不應成為各國角力的戰場，更不能成為違法犯罪的溫床」。[2]2017 年 3 月 1 日，中國外交部和國家互聯網信息辦公室發佈《網絡空間國際合作戰略》，係中國政府就網絡問題首度發佈國際戰略。[3] 這一文件進一步明確了中國參與網絡空間國際合作的六大戰略目標，即維護主權文與安全、構建國際規則體系、促進互聯網公司治理、保護公民合法權益、促進數字經濟合作、打造網上化交流平台。[4]

（二）中國對美國在網絡空間利益的看法

為數不少的中國分析人士認為美國仍固守冷戰和霸權思維，期望與中

---

1 《習近平就構建網絡空間命運共同體提出五點主張》，新華網 2015 年 12 月 16 日，http://news.xinhuanet.com/world/2015-12/16/c_128536396.htm。

2 《習近平主席在第二屆互聯網世界大會開幕式上的講話》，2015 年 12 月 16 日，http://www.wuzhenwic.org/2015-12/16/c_47521.htm。

3 王群：《中國方案：共同構建網絡空間命運共同體》，《人民日報》2017 年 3 月 2 日。

4 《網絡空間國際合作戰略》，中國外交網站，2017 年 3 月 1 日，http://www.fmprc.gov.cn/web/ziliao_674904/tytj_674911/zcwj_674915/t1442389.shtml。

國在網絡空間的所有領域都展開競爭；美國倡導互聯網自由和人權的目的就是要針對中國。譬如，時任國務卿希拉里·克林頓先後於2010年和2011年兩次發表關於「互聯網自由」的演講，宣稱將投入更多的經費研發更先進的技術繞過中國的互聯網審查。[1] 中國政府認為，政治安全是安全問題的核心，主張一國應尊重他國選擇網絡安全、網絡管理模式及相關公共政策的權力。

與此同時，美國及其盟友開展大規模網絡監控，犧牲公民隱私甚至危害他國的國家安全。這種雙重標準被視為網絡霸權的一種表現。中國不能接受一國安全而其他國家不安全、一國為了實現絕對安全而犧牲他國安全的做法。[2]

例如，美國實行嚴格的外資審查制度，以國家安全的名義禁止中國信息技術企業進入美國市場，華為和中興成為這一制度的犧牲品。而同時，思科、微軟和IBM等美國企業是過去20年來為中國提供互聯網骨幹網絡設備和關鍵信息基礎設施的最大供應商，賺取了高額利潤。當中國打算依據國際慣例採取更為嚴格的監管，包括出台網絡審查制度、起草強調信息通信技術安全可控的立法時，卻遭受了來自美國的大量指責。中國只是想讓全球信息通信領域最強、擁有最新技術的美國保證不會利用這種優勢傷害中國利益。從技術上看，美國比中國先進很多。弱國應該更擔心強國，反之卻不儘然。[3] 面對突出的風險和可能發生的損害，中國別無選擇，只能採取行動，在加強管制與自由市場間尋找平衡，同時確保程序透明公正。在接

---

1 Clinton, "Remarks on Internet Freedom"; and Clinton, "Internet Rights and Wrongs." 持這種觀點的文章在中國並不少見。例如，可參閱《霸權主義無處不在：美國互聯網管理的雙重標準》，《人民日報》2014年10月24日；《美國有什麼資格指責中國限制互聯網自由》，新華網2010年10月24日；《網絡不應成為美國霸權新工具》，《求是》2013年8月1日。

2 《習近平主席在第二屆世界互聯網大會的開幕致辭》，2015年12月16日。

3 Isaac Stone Fish, "If You Want Rule of Law, Respect Ours," *Foreign Policy*, November 2, 2014.

受《華爾街日報》專訪時，習近平主席指出，中國長期吸引外資的政策不會改變，中國反對任何形式的保護主義和歧視。[1]

美國顯然把中國看作是網絡攻擊的最大源頭和最大網絡威脅。中國學術界多數人認為，為了保證網絡空間的安全和行動自由，美國將繼續採取遏制和威懾戰略，追求強大的網絡攻擊能力，壓制中國網絡實力的快速增長。2015 年 5 月，美國國務院網絡事務協調官稱網絡威脅、尤其是來自中國的網絡威脅列在美國面臨的全球安全威脅的首位，「我們面臨嚴峻且日益增長的挑戰，尤其是中國、俄羅斯及其他威權政府想對互聯網及網上內容施以更多主權控制」。[2] 如上所述，美國把網絡間諜區分為出於政府和軍事目的的間諜行為和以竊取商業秘密為目的的間諜行為。這種兩分法為美國在網絡空間的情報活動提供了充分的理由。美國聯邦管理局數據失竊事件發生後，克拉珀認為中國是「最大的疑犯」。[3] 正是基於上述判斷，美國提出了一個全政府參與的威懾戰略：保留報復的權力和能力，增加攻擊者的成本，把網絡作為解決衝突的一個選項，推動主動防禦。[4]

2010 年，五角大樓建立網絡司令部，此後又出台了擴充計劃。在最新的網絡戰略中，美國國防部誓言「塑造和保留多樣化的網絡選項」並「威懾各種威脅」。這一戰略 3 次提及中國並把中國視為一個重大威脅，只在末尾提到了與中國開展對話的重要性。這些表述和倡議給中國留下這樣的印

---

1 "Full Transcript: Interview with Chinese President Xi Jinping," *Wall Street Journal*, September 22, 2015,http://www.wsj.com/articles/full-transcript-interview-with-chinese-president-xi-jinping-1442894700.

2 Christopher Painter, "Cybersecurity: Setting the Rules for Responsible Global Behavior," testimonybefore the Senate Foreign Relations Committee Subcommittee on East Asia, the Pacific, and InternationalCybersecurity Policy, Washington, D.C., May 14, 2015; and James Clapper, "Cybersecurity Policy," testimony before the Senate Armed Service Committee, Washington, D.C., September 29, 2015.

3 Cory Bennett, "Chinese Malware Possibly behind OPM Hack," *Hill*, July 2, 2015.

4 Mark Pomerleu, "White House Promotes Whole-of-Nation Cyber Deterrence Strategy," Defense Systems,December 23, 2015, https://defensesystems.com/articles/2015/12/23/obama-whole-of-nation-cyber-deterrence-strategy.aspx.

象，即美國已經完成了在網絡空間作戰的準備，並擔心中國會成為其第一個目標。此外，所有這些舉動引發了全球網絡空間軍備競賽，導致越來越多國家投入更多資源建設網軍，開發網絡武器。[1] 美國的最終目的是通過控制技術、資源和信息維持對中國的領先優勢。[2]

另外，美國擔心中國意欲改寫全球互聯網的規則，提出「另一種選項以取代美國贊成的無邊界的互聯網」。[3] 對美國政府而言，阻止中國挑戰美國領導的網絡秩序是當務之急。在中國看來，美國並不贊成它倡導的網絡空間國家行為規範。美國對中國聯合俄羅斯提出的「信息安全國際行為準則」的態度就是一個例子，不少中國學者認為，美國為了保持其先發優勢而堅持現有國際法體系是網絡空間國家行為規範的基礎。[4] 美國更願意把網絡空間視為一個全球公地（global commons），以此來抵消中國極力主張的主權控制。

不過，中國高層的態度常常是理性和冷靜的。正如習近平主席所強調的那樣，中美兩國在網絡空間穩定和建設性的合作有利於整個雙邊關係。顯而易見，中美兩國對網絡的認識存在結構性差異，並且兩國處在技術發展的不同階段。中國目前所採取的各種措施美國早已經完成。中國有意學習和借鑒美國的成功經驗和教訓，遵循美國的管理模式，以期獲得後發優勢。美國密切關注中國提升網絡防禦能力的一舉一動，並將此視為一大挑戰。這種狀況的根本原因在於兩國缺乏戰略互信。毋庸置疑，中美達成的包括一系列務實機制的網絡協議將是未來兩國在網絡領域建立互信的基礎。

1 《阻遏網絡戰：美國要負主要責任》，《人民日報》2013 年 2 月 7 日。

2 余麗：《從互聯網霸權看西方大國的戰略實質與目標》，《馬克思主義研究》2013 年第 9 期。

3 James T. Areddy, "China Pushes to Rewrite Rules of Global Internet," *Wall Street Journal*, July 28, 2015.

4 張玲、徐瑋地：《中美網絡關係中的威脅、風險與機遇》，《中國信息安全》2015 年第 9 期；郇雷：《旗幟鮮明地倡導網絡主權》，《光明日報》2016 年 1 月 9 日。

三、中美兩國在網絡領域的共識及合作建議

中美在意識形態方面存在着鴻溝，但兩國把網絡視為一個需要合作的領域。2015 年 9 月習近平主席訪美時指出：「總體而言，我們在網絡領域有着廣泛的共同利益。但中美需要加強合作，避免走向對抗。」[1] 在打擊網絡犯罪、降低衝突可能性、防止網絡能力擴散、制定供應鏈安全準則以及交流網絡安全專業知識等方面，中美有着共同利益。2015 年簽署的合作協議建立了合作打擊網絡犯罪的基礎，協議稱兩國將建立「一個高級別聯合對話機制」以「評估網絡犯罪調查時反饋信息和協助的時效性和質量」。該機制美方的牽頭單位是美國國土安全部和司法部，中方的參與單位包括公安部、安全部、司法部以及國家互聯網信息辦公室。

為延續協議中的良好設想，需要在調查和證據共享方面進行務實的合作。2015 年 12 月美國國土安全部和中國公安部聯合舉行的第一次高級別對話是一個積極的進展。雙方提出了打擊網絡犯罪和其他惡意網絡行為方面的互助指南，還同意在 2016 年春進行「桌面推演」並明確了使用熱線的流程。美國表示會考慮召開一個有關打擊濫用信息通信技術從事恐怖活動研討會的提議，中方則表示願意考慮美國提出的網絡系統保護專家交流的建議。[2] 雙方下一步討論包括來自各自執法和計算機應急響應部門的成員，以明確在追溯網絡攻擊的性質和來源時所要交換信息的類型。

2015 年，由包括中美在內的 20 國專家組成的聯合國信息安全政府專家組（GGE）發表報告，就網絡行為規範達成多項共識：一國不應使用網

---

1 "Remarks by President Obama and President Xi of the People's Republic of China in Joint Press Conference."

2 "First U. S. -China High-Level Joint Dialogue on Cybercrime and Related Issues Summary ofOutcomes," Department of Justice, Office of Public Affairs, December 2, 2015, http://www.justice.gov/opa/pr/first-us-china-high-level-joint-dialogue-cybercrime-and-related-issues-summary-outcomes-0.

絡攻擊破壞他國關鍵基礎設施，不應以對方計算機應急響應部門為攻擊目標，同時應協助他國調查網絡攻擊。[1]2015 年 9 月的首腦會晤期間，習近平主席和奧巴馬總統均表示「歡迎」規則方面達成的首個進展，聲明在和平時期任何國家均不應首先使用網絡武器摧毀他國關鍵基礎設施。這種説法遇到一個概念方面的問題—即關鍵基礎設施可能在兩國有着不同的含義，而且也很難核實，因為無法查證網絡行動，也無法監督新惡意軟件的出現，但可能有助於形成適當行為的規範。為制定共同接受的行為準則，雙方領導人提出組建一個高級別政府專家組專門進行探討。

根據兩國元首共識，2016 年 5 月，中美網絡空間國際規則高級別專家組在華盛頓舉行會議。雙方積極、深入、建設性地討論了網絡空間國際規則問題，包括國家行為規範以及與網絡空間有關的國際法和信任措施。[2] 會前，中方表示，侵害個人隱私和知識產權、網絡恐怖主義、網絡攻擊關鍵基礎設施是中美兩國面臨的共同挑戰，「面對上述挑戰，中美只有同舟共濟、攜手合作、共同應對」，「推動網絡空間全球治理也是中美兩國的共同責任」。[3]

聯合國繼續授權成立政府專家組，並於 2016 年 8 月開啟第一輪談判。中美對國際法適用於網絡空間的問題仍存分歧。美國主張武裝衝突法應適用於網絡空間，且有必要進一步探討國家如何在網絡空間真正遵守中立原則、區別原則和合比例原則。中國官員認為在網絡空間適用這些原則難度很大，現有法律和機制不能直接照搬到網絡空間，國際社會不能排除制定一個網絡空間新條約的可能。由於種種難以協調的分歧，2017 年 GGE 機制無果而終。但這一機制卻仍是未來討論的基礎和方向。如何確保正常的網

---

1 Joseph Marks, "U.N. Body Agrees to U.S. Norms in Cyberspace," Politico, July 9, 2015, http://www.politico.com/story/2015/07/un-body- agrees-to-us-norms-in-cyberspace-119900.html.

2 《中美舉行網絡空間國際規則高級別專家組首次會議》，《人民日報》2016 年 5 月 13 日。

3 Wang Qun, "Shared Interests and Responsibility: the US and China Must Join to Promote aRule-based Cyberspace," *The Huffington Post*, May 11, 2016, https://www.huffpost.com/entry/shared-interests-and-resp_b_9873642.

絡交流機制不受其他非網絡因素的影響成為雙方都需要認真思考的問題。

2015 年政府專家組報告遺留下一些概念和難題以待下一步解決。例如，報告指出「國家不得使用代理人利用通信技術犯下國際不法行為，並應力求不讓非國家行為體利用其領土實施這類行為」。[1] 中美兩國學界研究如何界定「代理人」及其在現有國際法下其與政府的關係等將很有價值。互聯網的穩定和彈性符合中美兩國的利益，而且更惠及世界其他國家。穩定包含技術和政治兩個要素。除了討論行為準則，政府高級別專家組還應攜手明確事關兩國重大利益的互聯網運營的各要素，並就鞏固其安全形成一個合作機制。

制定新規範和建立信任需要進行定期交流。2013 年 4 月中美成立了網絡安全工作組，2014 年 5 月美國起訴中國軍人事件發生後這個小組被暫停了。

恐怖組織今天能熟練地使用互聯網進行人員招募、籌集資金和宣傳，它們雖然還不能實施破壞性網絡攻擊，但形勢會隨着時間變化。例如伊斯蘭國（ISIS）宣稱要研發網絡武器，媒體也不斷報道它從西歐僱傭黑客。防止極端組織和其他第三方攻擊關鍵基礎設施對中美兩國都有益，因此雙方應共同討論採取措施防止網絡能力向非國家行為體擴散。在合作初期，雙方還不能彼此信任，可以從交流保護交通、通信及其他關鍵基礎設施的最佳實踐開始。在第一次高級網絡對話中，雙方同意打擊互聯網有關製作簡易爆炸裝置的內容。

中美兩國的技術企業身陷矛盾之中，一方面用戶要求它們確保安全和隱私，另一方面政府又要它們配合監控並獲得合法進入的權力。包括中美在內的不少國家都正在制定政策，確保政府採購過程透明和可控。這些政策包括要求產品本地化、獲取源代碼或提供其他能使政府繞過加密和其他

---

1 "Group of Governmental Experts on Developments in the Field of Information and Telecommunications in theContext of International Security," UN General Assembly, no. A/70/174, July 22, 2015, 13, http://www.un.org/ga/search/view_doc.asp?symbol=A/70/174.

安全措施的技術。然而這些政策會降低產品的安全性，提高企業的成本，還給本國企業提供競爭優勢。

中國企業要進入新市場，低成本、彈性、接近供應商以及規模經濟等能讓它們盈利，而這些取決於供應鏈的全球化。2015 年 9 月中美首腦會晤中，中美同意在確保商業領域的網絡安全要「符合世貿組織協定，僅用於小範圍，考慮國際規範、非歧視」。[1] 為履行承諾、保障經濟利益，兩國可以組成一個工作組，吸納來自政府和私企的成員，探討確保信息和通信基礎設施以及供應鏈完整性的成功實踐。

兩國還應增加雙方智庫和院校之間的交流。在傳統的軍事、海洋、核和太空問題上，中美之間有着眾多雙邊研討會、會議和聯合研究項目。兩國這些領域的專家接觸了十餘年，彼此熟悉並參加聯合研究。由美國戰略和國際研究中心（CSIS）和中國現代國際關係研究院（CICIR）共同發起的中美網絡安全二軌對話就是一個很好的平台，但仍需要更多的交流、聯合研究和研討。二軌對話開始於 2009 年，迄今一共召開了十二輪，提供了一個有價值的溝通渠道，尤其在 2013 年中美網絡安全工作成立之前。對話涉及的議題包括國家網絡政策、行為規範、網絡空間治理以及供應鏈安全。2012 年兩家智庫還發表了備忘錄，闡明了中美兩國在網絡問題上的共識和分歧。2015 年 2 月在華盛頓召開的第九次對話中提出的一些建議最後還被吸納到兩國隨後簽署的協議中。

美國的智庫和院校應和中國的同行們更多地交流最佳實踐。美國的研究機構不斷發起網絡研究計劃，如休利特基金會在斯坦福大學、麻省理工學院和加州大學伯克利分校成立學術研究團隊，中國的研究機構也在快速成長。另外，對中美兩國的外交政策和網絡挑戰均十分熟悉的專業人士並

---

1 “U. S. -China Economic Relations,” White House, Office of the Press Secretary, Fact Sheet, September25,2015, https://www.whitehouse.gov/the-press-office/2015/09/25/fact-sheet-us-china-economic-relations.

不多。兩國智庫應攜手確定下一代學者並引導他們的成長。

四、中美兩國的分歧及減少衝突、管控危機的建議

中美首腦會晤達成的協議是關鍵的第一步，但網絡間諜問題仍影響中美雙邊關係。兩國都沒有同意減少出於政治和軍事目的的間諜行動，這些行為對雙方的利益都十分重要。就開放和自由互聯網的意識形態爭論不會終止。網絡空間的主權、國際法在網絡空間的適用以及政府在多利益攸關方模式中發揮的作用等問題仍會分裂中美。

兩國都不願意看到網絡行動的升級，包括在一國眼中是常規情報活動而在另一國眼中則是戰場準備的行動。有關解決海上和空中突發事件的討論都在於讓雙方的互動機制化，避免誤判。中美雙方應努力明確雙方在網絡空間的意圖，就可接受的行為規範、使用武力的門檻以及作戰準則更透明等問題展開正式的探討，減少中美相互間誤解的可能性，使網絡空間的衝突不會升級為熱戰。

攻擊溯源仍然是雙方競爭的領域，中國認為美國指稱其侵入聯邦人事管理局系統是「不負責任和不科學的」。[1] 就什麼樣的證據足以追蹤網絡攻擊以及如何提交這些信息達成共識是中美攜手制定行為規範的重要的第一步。2015 年 GGE 報告也建議一國要證實他國實施的網絡攻擊，指出「如果跡象表明通信技術活動由某國發起或源自其領土或通信技術基礎設施，可能這件事本身並不足以將此活動歸咎於該國」。[2] 如果這條建議真的被採納，

1　Eyder Peralta, "China Says U.S. Allegations That It Was Behind Cyberattack Are 'Irresponsible,' " NPR, June 5, 2015, http://www.npr.org/ sections/thetwo-way/2015/06/05/412190405/china-says-us-allegations-that-it-was-behind-cyberattack-are-irresponsible.

2　"Group of Governmental Experts on Developments," 13.

就意味着美國以及其他國家要公開更多的證據以證明攻擊者身份。

在 2015 年 6 月召開的中美戰略與經濟對話中，時任國務委員楊潔篪表示中國願意與美國共同制定「共享網絡信息的國際行為準則」。[1] 儘管中方沒有進一步提出具體建議，但中美可以聯合建立一個電子取證小組，吸納官員、企業和學術機構的人員，對源自第三方的攻擊進行調查並明確可以共享何種類型的信息。

五、結論

信任是目前中美雙邊關係中的稀缺商品，網絡空間尤其難以保持信任。這個領域裡許多事情都是發生在陰影中，公眾很難知曉。國家不會對網絡攻擊負責，也不願意公開網絡武器和攻擊性能力的進展。

中美 2015 年 9 月達成的網絡協定對兩國而言有着突出的象徵意義，如何執行這些承諾將建立和維持彼此的信任。雙方都在檢測高級別對話機制在提供協助和響應事件方面的效果。中美同意進一步討論行為規則是一個好的決定，對話必須機制化、制度化且不受政治關係影響。如果缺乏實際進展，網絡安全將快速上升為雙邊關係日程的首要話題並有可能再次危及中美關係。

奧巴馬政府的最後任期，通過建立部級的對話與合作框架，使中美網絡安全得以平穩着陸並開始有所進展，雙方在網絡領域的互信正在逐步積累。毫無疑問，特朗普政府將帶來一些不確定性，無論是美國國內的網絡政策還是未來中美網絡關係的走向都是如此，甚至會面臨嚴峻的考驗。

---

1 Felicia Schwartz and Ian Talley, "U.S. Officials Warn Chinese Cyber Espionage Imperils Ties," *Wall Street Journal*, June 23, 2015, http://www.wsj.com/articles/biden-urges-honest-direct-talks-between-us-china-1435071461.

主要表現在兩個方面：一是美國網絡及相關政策的走向。網絡安全是特朗普政府的要務之一，但並沒有排在日程的最前列。2018 年 9 月，特朗普政府出台了本屆政府首份《國家網絡戰略》和國防部《網絡戰略概要》，沿襲了《國家安全戰略》報告中將中國視為「戰略對手」的思想，不僅表明了強烈的競爭意識，還強調了中美兩種互聯網發展與治理模式的不同。美國網絡政策走向及中美網絡關係必然囿於中美關係發生的變化及美國對華政策調整的大環境之下，起伏與波折必不可少，這從近來美國圍繞 5G 安全的一系列做法及針對中國黑客的起訴與指責可見一斑。隨着大數據、人工智能技術的快速發展，數據以及相關信息資源的爭奪也將成為影響中美網絡關係的一個主要變量。雙方對數字貿易、數據跨境流動等問題的分歧日益突出。二是現有制度安排能否延續。2015 的 12 月舉行的中美打擊網絡犯罪及相關事項高級別聯合對話達成了一系列成果，包括擴大信息共享、確定一批重點案件開展執法合作、2017 年繼續舉行對話等。2017 年 4 月海湖莊園會上中美兩國元首達成共識，建立了執法與網絡安全對話機制，雙方有意繼續工作層面的溝通，遺憾的是受特朗普政府挑起的貿易戰的影響對話渠道已陷入停滯。

十數年間，以人工智能為代表的顛覆性技術進入大發展，新一輪科技革命迎來大加速，人類生產生活面臨大變革。隨着全球步入數字化轉型的快車道，藉由信息、網絡和數字技術構成的網絡空間與現實物理世界共同構成了數字空間，二者在其中相互映射、疊加和融合，產生強烈的化合作用，這種虛實共生極大拓展了人類的活動領域，帶來了前所未有的發展機遇。與此同時，網絡空間也日益成為智能社會基礎性、滲透性的底層領域，其固有的脆弱性導致安全風險幾乎無所不在。通信、數據、計算等的安全與可靠不僅事關個人的利益，更影響到國家能否順利完成數字化和智能化進程。這種「雙刃劍」效應體現在國際關係和國際治理層面，即造成數字和網絡領域的博弈成為大變局下國家間戰略競爭的核心議題。各國、尤其是主要大國圍繞如何掌握發展先機、爭取戰略優勢和紮牢安全屏障的競爭、較量和互動熱度持續，甚至因此博弈關係到智能時代國家的「生態位」而日漸激烈。

鑒於此背景，美國明確將中國作為最重要的地緣政治挑戰。2023 年拜登政府《國家網絡安全戰略》稱中國對美構成「最廣泛、最活躍和最持久」的網絡威脅。為了確保在網絡領域的競爭優勢和國際治理主導權，美國對華採取極限施壓，把傳統的盟伴體系延伸到網絡議題上，在技術生態和治理模式上拉攏其他國家與中國「脱鈎」，倡導美式「數字團結」。美國還全面升級了網絡作戰理念，以防禦為由公開利用軍事力量在全球、尤其是對手的網絡中開發「靠前狩獵」(hunt forward)。相比之下，中國始終貫徹網絡強國思想，堅定推進網絡空間命運共同體建設，通過提升自身網絡實力惠及國家的發展和社會的繁榮，也通過持續推廣共建共享共治理念，倡導和平、安全、開放、合作、有序，讓世界更多人們能夠享受數字發展帶來的紅利。特朗普第一任期以來，中美在涉及網絡空間的事務上對抗比對話多，競爭比合作多，猜疑比信任多，成為影響兩國關係的潛在風險。立足於人類文明的長遠發展，數字時代或智能時代的國與國更是一榮俱榮、一損俱損，中美作為兩個數字大國，既要肩負起抓住新技術機遇、挖掘發展新動能、為本國人民謀福祉的責任，更應分擔維護全球數字生態安全的共同責任。

第四章　中美太空戰略關係

肖　河　布萊恩·威登（Brian Weeden）*

摘　要

本章檢討了太空議題在中美關係中所扮演的角色，建議中美雙方應圍繞利益交匯點提出合作性倡議以增強兩國關係，而在利益相悖時則應採取協調措施以緩和緊張與危機。

主要觀點

太空對於中美關係的未來具有巨大影響，兩國也均將其視為維護國家安全和經濟利益的關鍵領域。其中，美國致力於確保太空的持續可進入性和太空能力的結構調整，中國則專注於在這一領域內增進自身能力。儘管將美蘇（俄）太空關係當作中美關係模板的做法總是頗具誘惑力，但是由於環境和實質上的顯著差異，這一類比並不成立。至少，美國和中國都能有步驟地在太空領域穩定彼此關係、避免最糟糕的局面—武裝衝突的出現。同時，它們的努力也不應當僅限於此，最終目標應當是通過在太空領域內的積極接觸來促使整體中美關係趨於合作、降低衝突風險。

政策建議

・通過多邊合作增強太空治理是中美兩國的重要國家利益。與此同時，兩國也應當探索實現民用和商業航天合作的各種途徑，為雙方的太空關係增加積極動力，抵消太空戰略競爭所產生的負面影響。

---

* 肖河為中國社會科學院世界經濟與政治研究所外交政策研究室主任、研究員；布萊恩·威登（Brian Weeden）為安全世界基金會（Secure World Foundation）技術顧問。

・如果兩國均發展進攻性的反太空戰能力，同時奉行削弱對方太空能力的戰術政策，那麼一旦出現危機，先發制人的衝動就會成為導致局勢不穩和危機升級的顯著誘因。

・提高空間態勢感知（space situational awareness）能力、在研發和部署兩用太空技術時落實各類透明和互信建設的措施有助於控制緊張氣氛，在危機中也有利於抑制升級風險。

太空中的諸多活動和倡議必將對中美關係的未來產生深遠的影響，而兩國也均將其視為與國家利益和發展息息相關的關鍵戰略領域。[1] 雙方不僅將數量可觀的資源投入各自的民用、軍用和商業航天部門，而且也都將自身的航天成就看作提升民族自尊和國際聲望的要務，更不用說這還有助於軟實力的增長。假以時日，太空還將在中美關係中扮演更為重要的角色：它既可以是破壞穩定的根源，但同樣也可以是增強關係的渠道。

冷戰中的美蘇關係是太空因素影響主要大國關係的最有分量的歷史案例。[2] 在那一時期，最初的外太空是一座充滿激烈政治軍事競爭的舞台，蘊含着眾多衝突。但是在 20 世紀 60～70 年代，美蘇先後達成了一系列緩和局勢的協定，太空也逐漸成為穩定兩國關係的積極因素。在蘇聯解體後，太空

---

1 For the U. S. perspective, see Executive Office of the President of the United States, *National Space Policyof the United States of America*（Washington, D. C., June 28, 2010）, https: //www.whitehouse.gov/sites/default/files/national_space_policy_6-28-10.pdf.For the Chineseperspective, see InformationOffice of the State Council of the People's Republic of China（PRC）, *China's Space Activities in 2011*（Beijing, 2011）, http://www.china.org.cn/government/whitepaper/2011-12/29/content_24280462.htm; and Ministry of National Defense（PRC）, China's Military Strategy（Beijing, May 2015）,http: //eng.mod.gov.cn/Database/WhitePapers/2015-05/26/content_4586688.htm.

2 For two excellent books that provide a historical overview of this relationship, see William E. Burrows,This New Ocean: *The Story of the First Space Age*（New York: Random House, 1998）; and WalterMcDougall, The Heavens and the Earth: A Political History of the Space Age（Baltimore: Johns HopkinsUniversity Press, 1997）.

甚至還成為美俄合作的主要領域。兩國都發展出了各自的天基技術能力並展開了針對對方的情報收集與監控，這使得任意一方都能更好地理解對方的行為，同時也提供了支撐諸多軍控條約和協定的有效核查機制。不僅透明度因此提高，緊張感也隨之得以緩解。[1] 此外，美國和蘇聯也展開了科學家之間的交流，甚至就阿波羅—聯盟號（Apollo-Soyuz）項目進行了載人航天合作，並最終發展為國際空間站（International Space Station, ISS）計劃。[2] 在這一進程中，兩國需要克服在力量對比判斷上的顯著分歧。蘇聯自視為與美國對等的超級大國，尋求的是在包括太空在內的所有重要領域中的均等地位。但是在美國眼中，兩者卻並非旗鼓相當。[3] 部分基於這一原因，美蘇間關係的大部分內容是危機管理，而非真正的合作：雙方都致力於防止直接軍事衝突、避免介入對方的勢力範圍。

雖然美蘇太空關係具有一定的啟發性，但是今天的中美關係卻與其存在顯著差異。冷戰的特徵是在政治和經濟上擁有對立意識形態的超級大國間的對峙，彼時對世界上其他大部分國家而言，它們只能二者擇一。而在每一次決策和危機的背後，都縈繞着相互確保核毀滅（MAD）的真實威脅。同時，考慮到雙方在太空能力上幾乎是旗鼓相當，因此展開雙邊合作是一項顯而易見的選擇。

今天，中美太空關係的語境則大不相同。與蘇聯相比，中國融入全球經濟和政治體系的程度要遠為深入。與各自擁有盟友和陣營、非此即彼的兩極體系相比，全球化也早已將世界上的諸多經濟體聯繫在了一起，減少

1 Pat Norris, *Spies in the Sky: Surveillance Satellites in War and Peace*（Berlin: Springer Praxis Books, 2008）.

2 For an overview of U. S. -Soviet cooperation in space, see Roald Sagdeev and Susan Eisenhower, "UnitedStates-Soviet Space Cooperation during the Cold War," NASA,http: // www.nasa.gov/50th/50th_magazine/coldWarCoOp.html.

3 George Kennan clearly argued that the Soviet Union' s power was much weaker than the UnitedStates' in the early Cold War. See George F. Kennan, *Memoirs, 1925－1950*（Boston: Little, Brownand Company, 1967）.

了技術擴散的障礙，而在各個國家、地區和機制間也存在着一套比以往要複雜得多的相互依賴關係。目前，至少有60多個國家正在從事不同形式的太空活動，它們的視角、利益、目標和能力也越來越多樣化。[1]儘管核武庫依舊存在，但是使用它們的可能性已經大幅度降低，也不大可能被拿來應對常規衝突。同樣，中美之間也存在着能力上的顯著差異。雖然中國正在迅速發展太空能力，但是在很多領域美國仍然領先十年之久。此外，中美關係固然重要，但是太空只不過是影響這一重要議題的眾多細分領域之一。而且，中美兩國在太空行動能力建設及其目標上也存在不同看法，這使得它們更難以對等的身份進行項目合作。時至今日，太空能力對於各國的國家安全至關重要，這使得發生太空衝突的可能性更高，其潛在後果也更加不堪設想。

正是以上諸多差異使得我們很難準確預測太空會對中美關係的前景產生何種影響。從積極的一面來說，太空領域有可能成為兩國構建良好整體關係的一塊穩定基石；但是與此同時，這一領域也可能成為互不信任和彼此誤會的源頭，導致中美關係惡化，甚至還可能引發全面衝突。正因為冷戰時期的美蘇關係着眼於避免衝突，因此中美關係絕不應當僅僅滿足於危機管控或者是為了避免對抗而進行的消極合作。相反，為了雙方的安全和經濟利益，兩國需要找到一條能夠在太空中實現全方位的積極合作的途徑。如果中美未能在這一領域協調分歧，那麼其前景可能是一場全新的軍備競賽，雙方都將遭受損害。目前，兩國都認識到構建更加穩定、合作和持久的雙邊太空關係的重要性，但是問題在於如何將言辭轉化為行動。

本章將回顧中美在太空領域的戰略關係，並指出加強合作的具體措施。第一部分將探討美國的太空利益以及美國對中方太空利益的看法，第

1 For a listing of all the countries that have had one or more satellites in space, see Secure World Foundation, "Space Sustainability: A Practical Guide," 2014, http://swfound.org/media/121399/swf_space_sustainability-a_practical_guide_2014__1_.pdf.

二部分則將探討中國的太空利益以及中國對美方太空利益的看法。在確認了雙方利益和彼此看法的基礎上，本章接下來將在第三部分確認雙方的利益交匯，提出增強中美戰略關係的可能步驟。在第四部分和最後一部分中，本章將分析中美雙方的利益分歧並提出局勢管控的措施，以盡可能地在與太空有關的潛在危機中控制不穩定因素。

一、中美太空關係：美方視角

（一）美國的太空利益與重點

美國將太空視為維護自身安全與繁榮的關鍵領域。奧巴馬政府於 2010 年頒佈了國家太空政策，宣示「美國將太空的可持續性、穩定、自由進出和使用視為美國生死攸關的國家利益」。[1] 當前，太空活動已經是美國開銷最大的項目（每年軍用和民用太空項目總花費約為 400 億美元），[2] 同時美國也是擁有在軌衛星最多的國家，上述聲明正是對這些事實的反映。在總數超過 1300 顆的現役人造衛星中，大概有 550 顆是由美國發射升空，其中 300 顆屬美國政府。[3]

太空能力及其多種功能是美國國家安全的基礎。在戰略層面，它們能保障美國核戰略部隊的通信。此外，這一能力還是美國情報、監視和偵察能力（ISR）的基石，確保了軍控條約具有可核查與可監控性。在作戰和

---

1 Executive Office of the President of the United States, *National Space Policy of the United States of America.*

2 "Space Foundation Report Reveals Global Space Economy Climb to $330 Billion," Space Foundation,July 7, 2015, http://www.spacefoundation.org/media/press-releases/space-foundation-report-revealsglobal-space-economy-climb-330-billion.

3 "UCS Satellite Database," Union of Concerned Scientists, September 1, 2015,http://www.ucsusa.org/nuclear_weapons_and_global_security/solutions/space-weapons/ucs-satellite-database.html.

戰術層面，天基能力使得美國能夠防衛邊境、投射力量保護盟友和海外利益，並擊敗對手。

太空能力也是美國和全球經濟的關鍵一環。據研究估算，在 2013 年單是全球定位系統（Global Positioning System, GPS）就為美國經濟貢獻了 680 億美元。[1] 另外，美國衛星還為改進天氣預報和氣象模型提供基礎數據，這雖然難以估價，但很可能也是以 10 億美元計。當前年度全球太空經濟規模預計超過 3300 億美元，從農作物管理到國際金融和貿易的間接收益則可能達到萬億美元規模，這些都增進了美國的國家安全和經濟安全。[2]

民用太空活動同樣在提升美國聲譽和軟實力方面持續發揮作用，儘管大型項目受限於越來越多的政治障礙。雖然如今的載人航天和探索已經不再是登月競賽時那樣的國家焦點，但是公眾對於美國的民用太空探索仍然有着強烈的興趣和支持。[3] 不僅國際空間站仍是合作進行科學探索的有力象徵，而且像好奇號（Curiosity）和機遇號（Opportunity）這樣的無人航天器在它們漫步火星或者執行直抵冥王星的「新地平線任務」（New Horizons Mission）時依然能夠在全球媒體中登上頭條。雖然預算還不足以支持美國國家航空航天局（NASA）實現某些太空鼓吹者心儀的目標，但是美國公眾和國會中的很多人確實為美國的太空成就感到強烈的驕傲。當然，圍繞美國載人航天和太空探索的長期戰略和目標，目前在白宮和國會之間、甚至於國會內部也存在激烈的爭論。[4]

在這種環境下，美國的商業太空產業正在蓬勃發展。一些企業一直致

---

1 Dee Ann Divis, "Study: GPS Contributed More Than $68 Billion to the U. S. Economy," Inside GNSS,June 16, 2015, http://www.insidegnss.com/node/4535.

2 "Space Foundation Report Reveals Global Space Economy Climb to $330 Billion."

3 Benjamin Wormald, "Americans Keen on Space Exploration, Less So on Paying for It," Pew ResearchCenter, Fact Tank, April 23, 2014,http://www.pewresearch.org/fact-tank/2014/04/23/americans-keenon-space-exploration-less-so-on-paying-for-it.

4 Jeff Foust, "Impatience for Mars," Space Review, May 18, 2015, http://www.thespacereview.com/article/2755/1.

力於開發太空旅遊，此外國家航空航天局運送人員和物資前往國際空間站的合同也存在着競爭。[1] 數十家美國公司還宣佈將通過小型衛星提供多種服務，這包括更為有效的地球遠程遙感、商業天氣數據、遠洋船舶跟蹤和全球寬帶網，而這些公司中的大部分接受的是私人出資。[2]

當然，儘管各社會部門都是的一部分，但是其中分量最重的還是國家安全部門。在美國國家安全界，對於太空戰略趨勢中潛在不穩定性的憂慮正在滋長。即使是與最為接近的競爭對手們相比，美國也比他們更為依賴太空能力，但是這些對於國家安全而言至關重要的太空資產在面對襲擊、尤其是動能攻擊時卻非常脆弱。這一脆弱性加劇了美國的憂慮，他們擔心潛在的對手可能通過研發反太空能力來威脅美國的太空資產，進而削弱美國在一場大規模較量中戰勝實力接近的大國的能力。[3]

美國國防部發佈的《2011 年國家安全太空戰略》（The 2011 NationalSecurity Space Strategy, NSSS）首次提出了針對這一不穩定性的應對方案。[4] 在美國決策者看來，太空環境「更加擁擠、爭奪更激烈、競爭性更強」，需要一套高層級的戰略概念來加以指導。[5] 為了滿足美國在太空中的國家安全目標，該戰略提出了如下相互關聯的戰略建議。

（1）促進和平、安全以及負責任地利用太空。

（2）改善美國的太空能力。

---

1 Tariq Malik, "Competition Heats Up for NASA's Space Cargo Contract," Space.com, May 31, 2006,http://www.space.com/2444-competition-heats-nasa-space-cargo-contract.html.

2 For an overview of recent developments in the commercial space sector, see Tauri Group, "2015 State ofthe Satellite Industry Report," September 2015, http://space.taurigroup.com/reports/SIA_SSIR_2015.pdf.

3 U. S. Air Force Space Command, *Resiliency and Disaggregated Space Architectures*（Peterson Air Force Base, 2013）, http://www.afspc.af.mil/shared/media/document/AFD-130821-034.pdf.

4 U. S. Department of Defense, *National Security Space Strategy Unclassified Summary*（Washington, D.C., January 2011）, http://www.defense.gov/Portals/1/features/2011/0111_nsss/docs/NationalSecuritySpaceStrate-gyUnclassifiedSummary_Jan2011.pdf.

5 U. S. Department of Defense, *National Security Space Strategy Unclassified Summary*, i.

（3）與負責任的國家、國際組織和商業公司合作。

（4）預防和威懾針對關乎美國國家安全的太空基礎設施的侵害。

（5）做好在受損的太空環境中作戰並挫敗敵人攻擊的準備。[1]

2012 年 10 月，針對《國家安全太空戰略》所提出的太空政策，美國國防部又出台了一份詳細指示以指導其落實。[2] 該指示強調了增強太空安保、可持續、穩定和安全的重要性，並列出了美國防止自身及其盟友的太空系統遭受攻擊的四種主要手段。

（1）支持制定關於負責任行為的國際準則，促進太空的安保、穩定與和平。

（2）聯合互助，增強集體安全能力。

（3）增強自身太空資產的恢復能力，確保美國軍隊能夠在太空能力遭到損害的情況下有效作戰，削弱對手的攻擊效果。

（4）當美國或者盟友的太空系統遭到非對稱攻擊時，不論對手採用何種程度和手段的國家力量，都應當具備反應能力，並且這一反應手段也不局限於太空。[3]

2014 年夏，美國國防部完成了《太空戰略綜合評估》（Space Strategic Portfolio Review, SPR），其涵蓋了與國家安全相關的所有太空單位。《評估》指出擁有辨識太空威脅、應對反太空攻擊、以及打擊對手太空資產的能力對於美國而言至關重要。[4] 在評估出台後，美國國防部重新部署了相關項目，新項目要求在 2016 財年花費 50 億到 80 億美元用於未來五年的太空防

---

1 U. S. Department of Defense, *National Security Space Strategy Unclassified Summary*, 5.

2 U. S. Department of Defense, "Space Policy," Directive, no. 3100.10, October 12, 2012, http://www.dtic.mil/whs/directives/corres/pdf/310010p.pdf.

3 U. S. Department of Defense, "Space Policy," 2.

4 Mike Gruss, "Disaggregation Giving Way to Broader Space Protection Strategy," *Space News*, April 26, 2015, http://spacenews.com/disaggregation-giving-way-to-broader-space-protection-strategy.

禦。[1] 美國高級官員也在公開談論「為太空戰進行準備」，並且針對對美國太空能力的攻擊研發相關偵測、威懾和反擊項目。[2] 美國國防部還和情報界共建了太空戰略與戰術聯合論壇（Joint Space Doctrine and Tactics Forum）以及跨部門太空統合作戰聯合中心（Joint Interagency Combined Space Operations Center），前者旨在太空安全界塑造出一種太空戰文化，後者則是試圖通過各種前景測試來探索應對太空攻擊的戰術、技術和流程。[3]

美國國會同樣展示出了在太空問題上更趨侵略性的姿態。作為授權和指導美國軍事行動的最重要法律文件，2016 財年的《國防授權法案》（The National Defense Authorization Act, NDAA）要求美國太空安全界向國會彙報其準備如何「保護和保存美國的太空權利、通道、能力、自由行動和利用的能力，應對太空襲擊，以及在必要的情況下剝奪那些危害美國國家利益的國家利用太空的能力」。[4]2015 財年的《國防授權法案》同樣要求國防部長和情報總監對進攻性太空作戰的作用展開研究，並且明確規定 2015 財年中劃撥給太空安全和防禦項目（Space Security and Defense Program）的 323

1 Mike Gruss, "U. S. Spending on Space Protection Could Hit $8 Billion through 2020," Space News, July 2, 2015, http://spacenews.com/u-sspending-on-space-protection-could-hit-8-billion-through-2020.

2 Andrea Shalal, "U. S. Eyes New Ways to Prepare and Win Future War in Space," Reuters, April17, 2015, http://www.reuters.com/article/2015/04/17/us-usa-military-space-future-idUSKBN0N82E820150417.

3 Sydney Freedberg Jr., "STRATCOM Must Be Warfighters, Not FAA in Space: Lt.Gen. Kowalski," Breaking Defense, June 16, 2015, http://breakingdefense.com/2015/06/stratcom-must-be-warfighters-not-faa-in-spacelt-gen-kowalski; and "New Joint Interagency Combined Space Operations Center to Be Established," U. S. Department of Defense, September 11, 2015, http://www.defense.gov/News/News- Releases/News-Release-View/Article/616969/new-joint-interagency-combined-space-operations-center-to-be-established.

4 U. S. House of Representatives, *An Act to Authorize Appropriations for Fiscal Year 2016* for Military Activities of the Department of Defense, for Military Construction, and for Defense Activities of theDepartment of Energy, to Prescribe Military Personnel Strengths for Such Fiscal Year, and for OtherPurposes, 114th Cong., Amendment H. R. 1735（Washington, D. C., June 18, 2015）, http://www.gpo.gov/fdsys/pkg/BILLS-114hr1735pap/pdf/BILLS-114hr1735pap.pdf.

億美元預算中的大部分必須用於「研發進攻性太空控制和積極防禦戰略以及相關能力」。[1]

隨着美國不斷完善國家安全機制，軍商一體化太空戰略逐漸成型。特朗普尤其重視美國在太空領域的主導力，並在第一任期末期宣佈新的《國家太空戰略》（*National Space Strategy*），通過密切官民聯合和盟友體系，旨在捍衛美國優先的利益和美國在天空服務與技術方面的主導地位。[2] 在拜登政府任內，美國於 2024 年 4 月 8 日發佈了《美國國防部商業太空一體化戰略》（*U.S. Space Force Commercial Space Strategy*），試圖將商業與國家安全高度融合，强調政府與商業方案的平衡（Balance）、軍事和商業標準的互操作性（Interoperability）、提供商與供應鏈的韌性（Resilience）和在法律與倫理上符合國際規範的負責任行為（Responsible Conduct）四大基本原則，以及協作透明、作戰與技術融合、風險管理和保障未來四大實施優先事項。[3] 特朗普第二任期開始，就提出要打造「金穹頂」（Gold Dome）導彈防禦體系，來保護美國免受先進導彈打擊。[4] 未來，特朗普將繼續深度佈局太空領域，將其作為捍衛美國國家安全的重中之重。

---

1 U. S. House of Representatives, *Carl Levin and Howard P. "Buck" McKeon National Defense Authorization Act for Fiscal Year 2015*, 113th Cong., H.R.3979（Washington, D. C., December 19, 2014）, https://www.congress.gov/bill/113th-congress/house-bill/3979/text#toc-H107A2990469548E49DDB5A7A69A2EBEC.

2 The White House, National Space Council, *Renewing America' s Proud Legacy of Leadership in Space: Activities of the National Space Council and United Stats Space Enterprise*, January, 2021, available at https://trumpwhitehouse.archives.gov/wp-content/uploads/2021/01/Final-Report-on-the-Activities-of-the-National-Space-Council-01.15.21.pdf.

3 United States Space Force, *U.S. Space Force Commercial Space Stratefy*, 8 April, 2024, available at https://www.spaceforce.mil/Portals/2/Documents/Space%20Policy/USSF_Commercial_Space_Strategy.pdf.

4 The White House, "The Golden Dome Missile Defense Shield", May 20, 2025, available at https://www.whitehouse.gov/videos/the-golden-dome-missile-defense-shield-2/.

（二）美國對中國太空利益和行為的認知

警惕是概括美國對中國發展太空能力之認知的最佳描述。美國理解出於國家安全需要的能力建設，但是卻為中國太空力量所顯示出來的進攻性和以削弱美國太空力量為目標的特點而感到擔憂，特別是考慮到中方的最新軍事學說一直在強調「積極防禦」。[1]當前中國軍隊和指揮結構的重大改革也被一些美國人拿來作為中國是在準備打一場太空戰的證據。但是與此同時，卻很少有人認識到中國的諸多軍事學說幾乎與美國在幾十年前所提出的完全一致、或者是後者正在考慮重新採用的。在民用航空界，美國對中國在載人航天和太空探索上取得的成就擔憂較少，但是也開始為中國可能利用這些成就來謀取軟實力而感到困擾。

作為這種警惕的體現，美國強烈反對中國在太空安全上的最主要倡議—《外太空非武器化條約》（the Treaty on the Prevention of the Placementof Weapons in Outer Space, PPWT）。[2]這一反對部分是由於各方在該議題的緊迫性上仍存在分歧。對於美國及其某些盟友而言，最緊迫的議題是確保太空通道、保護現有的太空能力不受有意或者無意的威脅。[3]此外，美國還認為《外太空非武器化條約》存在嚴重的缺陷，即不具備可核查性並且只針對「部署在軌」的武器。根據目前的定義，條約將會禁止美國可能部署的天基導彈防禦系統或者軌道反太空系統。

儘管華盛頓對中國的崛起存在擔憂，但其同樣也在鼓勵中國成為國際

---

1 Cheng, "The PLA' s Interest in Space Dominance."

2 "Press Conference: Deputy Assistant Secretary Frank A. Rose—U. S. National Space Policy 2010," U.S. Mission to Geneva, July 13, 2010, https: //geneva.usmission.gov/2010/07/13/rose-press-briefing.

3 Frank A. Rose, "Ensuring the Long-Term Sustainability and Security of the Space Environment," U.S. Department of State, August 13, 2014, http: //www.state.gov/t/avc/rls/2014/230611.htm.

安全機制的參與者。[1] 美國的國防規劃者認為世界正在走向一個更加不確定的時代，總體戰略應當對沖那些最危險的威脅。美國之所以會強調保衛太空並為太空戰做準備是為了威懾可能的進攻者，預防太空衝突的出現。在這種意義上，美國認為自身不過是在化解來自中國的威脅。當然，這一戰略會不會適得其反，或者到頭來增加衝突的風險還有待觀察。

與此類似，美國對於和中國在商業和民用太空上合作也持有懷疑，甚至是不信任的態度。具體來説，美國對兩個問題表示了嚴重的擔憂，第一是通過間諜活動竊取技術，第二則是中國人民解放軍在中國太空活動中所扮演的角色。對於是否應當將太空合作作為槓桿和回報來鼓勵中國改變行為方式，特別是在人權和宗教政策方面，美國國內也存在爭論。《沃爾夫修正案》（Wolf Amendments）就反映了上述心理，該法案作為 2012 財年美國航天航空局撥款法案的一部分規定：除非有國會的明確批准，否則禁止 NASA 和科學與技術政策辦公室（Office of Science and Technology Policy）在與中國的雙邊太空活動中花費任何資金。[2] 目前，《沃爾夫修正案》仍在持續妨礙中美間實現任何實質性的雙邊民用太空合作。

美國對於中國參與太空治理機制抱有謹慎鼓勵的態度。中國也是直接參與聯合國外太空透明和互信建設措施政府專家組（UN Group of GovernmentExperts on Transparency and Confidence-building Measures）工作的 15 個國家之一。[3] 此外，中國還是聯合國外太空和平利用委員會（UN

1 U. S. Joint Chiefs of Staff, *The National Military Strategy of the United States of America 2015*（Washington, D. C., June 2015）, http: //www.jcs.mil/Portals/36/Documents/Publications/2015_National_Military_Strategy.pdf.

2 John K.Warden and Brad Glosserman, "China's THAAD Gamble Is Unlikely to Pay Off," The Diplomat,April 15, 2015, http://thediplomat.com/2015/04/chinas-thaad-gamble-is-unlikely-to-pay-off; and ElbridgeColby, "Don't Sweat AirSea Battle," *The National Interest*, July 31, 2013, http://nationalinterest.org/commentary/dont-sweat-airsea-battle-8804.

3 Christopher Johnson, "The UN Group of Governmental Experts on Space TCBMs," Secure World Foundation,Fact Sheet, April 2014, http://swfound.org/media/109311/swf_gge_on_space_tcbms_fact_sheet_april_2014.pdf.

Committee on thePeaceful Uses of Outer Space）中討論太空活動的長期可持續性及其最佳實踐指南的最積極參與者。[1] 同時，儘管中國在與歐盟磋商《外太空國際行為準則》（International Code of Conduct for Space Activities）時也表達過一些不同意見，但是仍然實質性地參與了這一進程。只要中國繼續建設性地參與以上和類似的事務，通過積極的途徑來增進利益，那麼美國也會歡迎中國在未來繼續參與外太空治理。

最後，還有一些其他重要因素可能影響中美關係，這尤為重要，並且它們還使得與太空有關的議題處理起來更加複雜。顯而易見，雖然中國的做法是美國擔憂未來的不確定性和風險將會增加的原因，但是這在同等程度上也源自近期俄羅斯在東歐的動作。吞併克里米亞，介入烏克蘭，以及對歐洲和北約越來越好戰的態度引起了美國軍事規劃者們的深切憂慮，認為所有這些都削弱了國際行為中的法治和規範。[2] 一些報告還指出俄羅斯可能也重新啟動了自身的反衛星試驗。[3] 正是因為俄羅斯的侵略行為和中國不斷增長的軍事能力結合在一起，才使得美國國家安全界出現了方向變化，由提倡外交與合作轉為偏向運用軍事手段來應對所感受到的威脅。

儘管上文對未來中美太空關係的分析看上去相當悲觀，但是這並不一定意味着這一關係已經無可救藥，並且注定要以衝突收場。實際上，中美兩國都認識到了一場全面衝突所蘊含的危險，也都承認避免這一結局符合自身利益。局勢的關鍵就在於這一認識需要從言辭轉化為具體的行動。

---

1 Christopher Johnson, "The UN COPUOS Guidelines on the Long-Term Sustainability of Outer SpaceActivities," Secure World Foundation, Fact Sheet, December 2014, http://swfound.org/media/189048/SWF_UN_COPUOS_LTS_Guidelines_Fact_Sheet_December_2014.pdf.

2 Deb Riechmann, "Russia Is the Biggest Threat to U. S. National Security, Joint Chiefs Nominee TellsCongress," Associated Press, July 9, 2015,http://www.usnews.com/news/politics/articles/2015/07/09/joint-chiefs-nominee-says-he-will-assess-strategy-against-is.

3 Bill Gertz, "Russia Flight Tests Anti-Satellite Missile," Washington Free Beacon, December 2, 2015,http://freebeacon.com/national-security/russia-conducts-successful-flight-test-of-anti-satellite-missile.

二、中國對中美太空關係的看法

（一）中國的太空利益與重點

外太空是具有重要戰略價值的新型全球公域，出於經濟和軍事目的中國也日益依賴自身的太空資產，這些目標可能與其他重要行為體，尤其是美國的偏好並不一致，甚至還存在競爭。對中國而言，太空既充滿機遇，又蘊含着諸多風險。與其他主要大國一樣，太空領域對於中國至關重要，因此制定全面、有效的太空政策的重要性不可低估。

寬泛地說，中國在外太空主要有四類國家利益：國家安全、國際機制中的軟實力、科學和經濟利益以及作為實現與其他國家合作的橋樑。第一，中國將太空視為維護戰略穩定和保衛國家安全的關鍵。太空能力是其他軍事力量最有效的增幅器，中國人民解放軍必須發展自身的太空資產以搜集信息、偵察威脅並指導作戰。

在中國看來，最為急迫的問題就是中美之間的太空能力差距仍在擴大，後者不僅太空技術先進，而且發展迅猛。如果中國不能縮小這一差距，那麼不久將面臨越來越大的安全風險和越來越多的安全挑戰。通過新型的天基設備和與其相關聯的導彈防禦系統，美國甚至可能會掌握完全抵消中國的有限核威懾的能力。[1]因此，如果不能發展自身的太空能力，中國必將陷入無法維持雙邊戰略穩定的境地，甚至無法保衛諸如台灣在內的核心利益。

近年來，美國國防部一直致力於研發更多的依賴於太空技術的新能力，其中包括極富爭議的末段高空區域（Terminal High Altitude Area Defense,THAAD）戰區導彈防禦系統（即「薩德」系統）以及其他能夠用

1 Zhang Hui, "Action/Reaction: U. S. Space Weaponization and China," *Arms Control Today*, December2005, http://www.armscontrol.org/ print/1943.

於海空一體戰的新武器。[1] 對於薩德系統，特別是其雷達，中國懷有深切憂慮，認為其能夠用於收集情報並顯著削弱中國的核威懾能力。對於中國來說，可能的選擇之一是與美國展開磋商，限制類似系統的部署。但是北京不可能將希望完全寄託在華盛頓一定會做出妥協的善意上，事實上如果美國能夠抵消中國的核威懾能力，那麼美國在亞太地區的政策和行動會變得更加具有單邊主義和挑釁性。

中國在太空的第二項主要利益是要在太空準則和相關機制的創建過程中擁有一定的話語權。當前在太空領域存在很多跨國治理問題，其中既包括物理軌道和電磁頻率的擁擠，也包括外太空的武器化。在其他很多領域裡，中國都是後來者，面對的是美國早已建立起來的國際機制和基本規則，例如處理國際金融問題的世界銀行和國際貨幣基金組織，應對核問題的國際核不擴散機制。中國在這些組織中沒有太多的話語權，因為加入它們本身在很大程度上意味着不得不接受其中主要由美國制定的規則。因此，積極主動地參與外太空的國際治理不僅能夠鞏固中方的立場，還能夠促使未來相關的國際機制更加照顧中國的利益。

最近數年，中國投入了大量的財政、外交和智力資源，以在國際舞台上獲取更多的制度權力。因此，中國在太空領域積極促成制定相應國際規則的努力也絲毫不必驚訝。這些努力包括聯合國外太空透明和互信建設措施政府專家組、歐洲領導的《外太空國際行為準則》談判，以及由中國和俄國提出的《外太空非武器化條約》。中國確信，建設性地參與這些條約談判和其他努力能夠增進國際聲譽、提高國家威望、增加自身的軟實力。然而，要想實現這些目標，中國也遭遇了相當多的困難。儘管國際社會對《外太空非武器化條約》青睞有加，但是美國一直拒絕接受這一提案，其理由

1　John K.Warden and Brad Glosserman, "China's THAAD Gamble Is Unlikely to Pay Off," *The Diplomat*, April 15, 2015, http://thediplomat.com/2015/04/chinas-thaad-gamble-is-unlikely-to-pay-off; and ElbridgeColby, "Don't Sweat AirSea Battle," *The National Interest*, July 31, 2013, http://nationalinterest.org/commentary/dont-sweat-airsea-battle-8804.

是該條約缺少有效的核查機制並且存在着不對等的問題。[1] 當然，這類「監督僵局」也並非是新問題。

中國太空活動的第三項重點是獲取科學知識和擴展商業利益。太空能力的進步能夠惠及多個產業、加快科學研究、促進相關領域的創新並獲取商業利潤，其中最典型的多贏案例就是替外國客戶發射人造衛星。[2] 長遠看來，在太空技術上的投資能夠獲得可觀的回報。但是，中國航天部門的國有企業卻受到了美國制裁措施的限制，無法充分進入世界市場。與之類似，中國的宇航員和科學家同樣被排除於美國所主導的國際聯合項目之外。這些限制嚴重損害了中國在太空領域的科學研究和產業發展，因此中方也一直試圖説服美國放鬆並最終取消這些限制。[3]

技術轉讓和貿易能夠幫助中國加速其太空項目和相關研究，但是在這一領域中也依然存在障礙，如果中方能夠參與聯合太空活動，那麼也會大有裨益。參與諸如載人太空探索、國際空間站或者其他合作項目能夠增加中國在操作層面上的太空知識和技術。同樣，雖然中美之間的雙邊太空合作可能依然難以展開，但是如果美方能夠改變出口控制政策，那麼中國企業就能在國際商業太空市場中大幅擴展份額。

中國太空活動的第四項也是最後一項重點是在太空領域與其他主要大國合作，改善雙邊關係，其中最重要的對象就是美國。中國多次聲明其太空能力的發展不會以與其他國家雙邊關係和相互信任為代價，[4] 而一場太空軍備競賽則可能嚴重惡化中國的外交環境並使得寶貴而有限的資源遭到分

1 Listner and Rajagopalan, "The 2014 PPWT."

2 Zhao Weibin, "Sino-U. S. Competition and Cooperation in Outer Space," China U. S. Focus Digest,July 2014, http://www.chinausfocus.com/foreign-policy/sino-us-competition-and-cooperation-in-outerspace.

3 "U. S. Needs to Reexamine NASA' s China Exclusion Policy," *China Daily*, June 5, 2014,http://www.chinadaily.com.cnworld2014-06/05/ content_17563848.htm.

4 Marcia S. Smith, "China Issues New Five Year Space Plan," Space Policy Online, 2011,http://www.spacepolicyonline.com/news/chinaissues-new-five-year-space-plan.

散，無法投入其他重要的國內領域。除此之外，太空競爭還可能導致中國的整體外交政策和大戰略從與美國的競爭合作轉變為全面對抗。可以說，展開太空軍備競賽和與美國直接對抗所帶來的損失將會遠遠超過新的太空能力所帶來的收益。

因此，對於中國來說利用自身太空能力的進步來推動雙邊合作和國際機制的形成是一項非常重要的國家利益。至少，太空能力的發展不應當損害其他重要的外交目標。有效的太空合作能夠幫助中美兩國互相展示善意，並為在其他安全和治理領域的雙邊合作樹立典範。畢竟，理想的中美雙邊太空關係不應當僅僅強調不對抗和互相尊重，還應當對於解決各類全球性挑戰有所貢獻。

（二）中國對美國太空利益和行為的認知

中國認為美國太空政策的目標就是維持其在外太空的主導地位並繼續擴大與其他國家的實力差距。[1] 其中，美國特別強調要盡可能地維持「在太空的自由行動權」，確保能夠為了軍事目的而利用太空，繼續維護和發展自身的太空資產、支持其戰略規劃和軍事行動。雖然改善國家安全環境是順理成章、不言而喻的國家政策目標，但是中國並不認為外太空的軍事化或者武器化是合法的自由權利，因此中方完全贊成和支持和平利用太空這一基本原則。

目前，國際社會對於何謂和平利用太空仍然缺少共識，這也導致了中美間緊張關係的加劇。總體而言，中國認為所有國家在太空活動中都必須遵守和平利用原則，同時北京方面也確信美國在太空的擴展行動早已超過了維護國家安全的需要。考慮到美國已經擁有了遠超中國的軍事能力，因此其進一步升級和拓展太空資產的舉措很容易被中方解讀為潛在的威脅。特別是美國國家安全界近來所強調的增強「太空保護」的概念，其在本質

---

1 Bao Shixiu, "Deterrence Revisited: Outer Space," *China Security*, no. 5, 2007, 5.

上是進攻性的，因為這一概念只會進一步擴大力量差距並鞏固美國的太空霸權。[1] 在中國看來，美國增強對太空的保護與發展導彈防禦系統在實質上如出一轍，儘管美方及其東亞盟友宣稱發展該類系統只是為了保護自身免遭朝鮮的導彈襲擊，但是其部署仍將不可避免地削弱中國核及常規軍事威懾的可信度，必然引起中方的憂慮。

更確切地說，中國並不能從美國太空能力的增長中感受到任何對其國家安全有利的因素，相反蘊含的只有潛在的威脅。雖然美國反覆表態太空力量的發展並不針對中國，但是這並不能使得後者感到安全。前者不斷增長的太空能力並不能提供有利於中國國家安全或者其他戰略目標的公共產品，反而可能損害後者的戰略姿態。對比而言，美國在東亞的強大軍事存在雖然會對中國的國家安全和外部環境產生一定的消極影響，但是中國也能夠從中受益，例如，東亞局勢會因此相對穩定可控，同時也能夠削弱日本發展自身軍事能力的動機。

此外，美國和中國在外太空也缺少共同的威脅。儘管雙方在治理太空垃圾、開展太空氣象研究和軌道分配等各類問題上存在共同利益，但是它們都較為邊緣，難以作為增進相互理解和信任的基礎，相對而言中國最擔心的還是美國對其重要人造衛星的打擊。[2] 在中方看來，治理問題還遠沒有安全問題那樣敏感和重要，只有後者才處在國際政治舞台的中心地位。當然，中國也歡迎在太空環境上展開合作，但是並不會將解決這些問題作為外交政策的重點，其更重視的始終是安全。因此，美國很難打消中國對其太空政策意圖的懷疑，也很難説服後者將美方太空能力的增長視為有利。

---

1 保護美國太空能力這一概念針對的是反衛星能力，而一旦削弱了中國的反衛星能力及其威懾，美國動用其軍事力量打擊中國的可能性也會隨之上升。此外，美國正在考慮的某些「保護」手段在本質上是進攻性的，例如部分美國評論家就主張對美國衛星造成潛在威脅的目標進行先發制人的打擊。參見 Brian Chow, "Fund Pre-Emptive Self-Defense in Space," *Defense News*, October 20, 2015, http://www.defensenews.com/story/defense/commentary/2015/10/20/fund-pre-emptive-self-defense-space/74263522。

2 徐能武：《太空安全外交努力的困境與思考》，《外交評論》2007 年第 6 期。118

兩國戰略分析者都對對方的行為感到深切憂慮，而這一互動結果也是喜憂參半。首先，在可以預見的時期內，由於自身的太空能力還處於起步階段，中國不大可能直接挑戰美國的太空利益。然而，中國也認識到只要美國仍在太空能力和實力上擁有顯著優勢，後者無論如何都不會通過軍控或者雙邊條約的形式來進行自我約束。因此，致力於説服美國加入多邊太空機制很可能徒勞無功，相對而言迅速發展中國自身的太空能力就成了更為務實的方案。

在太空領域內的實力差距也可能促使中國將太空問題與其他外交和國家安全議題聯繫在一起。由於北京方面在該領域內並沒有有效的談判槓桿，因此這種聯繫戰略也被視為影響美國政策的可行途徑。例如，圍繞薩德系統在韓國部署的爭議就是這一策略的體現。如果美國堅持在朝鮮半島部署該系統，那麼中國則可能在核透明或者減少核材料儲備等議題上採取更加強硬的立場。[1] 除此之外，如果中美關係因為薩德或者其他與太空技術相關的問題而進一步惡化，那麼還可能對兩軍交流或者其他雙邊機制帶來負面影響。當然，這一策略可能會對總體關係產生負面衝擊、阻礙雙邊合作並削弱相互之間的信任，但是對於中國而言，將太空與其他議題聯繫起來仍是其擁有的為數不多的談判槓桿之一。

歸根結底，改善中美太空關係的關鍵還是要消除兩國在太空領域中的巨大實力差距。就目前而言，雙方在這一領域依然缺少共同語言，不僅合作微乎其微，而且還存在着直接競爭。由於華盛頓持續拒絕中國倡導的建議，不願意中止太空軍事化和武器化，因此中方也只能得出只有通過發展自身的太空安全能力才能將美國帶回談判桌的結論。當然，這一策略的風險也同樣巨大，其中最值得擔憂的一點就是其可能加劇緊張局勢並導致衝突。由此看來，雙方如果能建立起積極接觸的機制，在局勢惡化前實現合作，無疑是符合兩國利益的最佳選擇。

1　何奇松：《太空安全問題及其多邊主義博弈》，《現代國際關係》2012 年第 5 期。119

三、中美太空利益比較與政策建議

前兩部分介紹了中美兩國對自身以及對方太空利益的看法，其內容也表明兩國在太空領域存在着利益的重合與交匯，這也預示着中美間存在通過合作與積極雙邊接觸、增進雙邊關係的機會。與此同時，同樣明顯的是中國和美國在太空政策上也存在着顯著的差異和分歧。此類利益衝突源自於雙方的總體力量結構、文化和政治差異，不大可能在近期內得到解決，因此需要建立起能夠有助於管控不時出現的緊張與危機的相應機制。本章接下來的部分將辨別出中美兩國在太空領域中有哪些利益交匯和利益衝突，並在此基礎上提出建議來強化兩國關係、緩和緊張局勢、降低衝突風險。

（一）利益交匯與合作倡議

長期可持續的太空環境。雙方的最大利益交匯就是都希望維持長期可持續的太空環境。中美兩國都投入了大量資源用於發展太空能力，致力於增進國家安全、擴大經濟利益和實現其他政治目的。為此，雙方在抑制負面太空環境的影響上存在着明顯的共同利益。例如，在日常的太空行動中應對太空碎片、極端天氣或者射頻干擾，以確保所有國家都能長期利用太空。雖然這些危險並不像反衛星武器之類的威脅那樣得到了高度關注，但是它們更可能、甚至已經對各國的太空能力造成了損害。

中美兩國應當繼續通過雙邊和多邊倡議來確保太空的長期可持續性。在過去數年中，太空的可持續性已經成為愈發重要的議題和多個國際倡議120的焦點。雙方應當與其他相關方一起通力合作，確保這些倡議能夠取得成功，以此激勵中美兩國在太空治理領域繼續發揮領導作用，共同成為負責任的太空強國。

在多邊領域方面，兩國應當確保聯合國外太空和平利用委員會正在努力制定的外太空長期可持續性指南能夠凝聚廣泛共識。這一倡議啟動於

2007 年，本意是通過推廣已有的利用太空的最佳實踐的方式來促進地球的可持續性發展和太空中的安全操作，共同謀劃適應太空氣候的方法並協調各國的管理措施。[1] 儘管在最初的幾年中這一倡議取得了不錯的進展，但是近年來由於俄羅斯和美歐的緊張關係以及指南在安全領域中引起的爭議，該進程已趨於躑躅不前。不論這一倡議進程是公開破裂還是在僵局中默默死亡，都會損害對現實中的太空治理，這並不符合中美以及其他從事航天活動的國家的切身利益。

在雙邊領域方面，兩國都應當考慮通過建立某種機制來提高太空中日常非軍事活動的透明度。當前，在美國軍方和中國的衛星操作人員間加強對太空態勢感應數據的分享、在太空監測領域組織起技術交流能夠為這方面的努力開一個好頭。[2] 在實現這一步後，雙方還應當採取包括其他技術交流和對話在內的後續措施，就聯合評估和太空避碰規範展開合作，同時還應當在太空態勢感應數據供應方和中國的衛星操作人員間建立穩固的交流渠道。

將和平利用太空作為促進接觸與合作的地緣政治工具。中國和美國的第二項主要利益交匯是兩國都希望將和平利用太空作為促進接觸與合作的地緣政治工具。兩國都在以科學探索為目標的民用太空項目上投入了大量的資源，這也被看作是贏得國家威望和軟實力的關鍵領域。為此，中美兩國應當在民用太空項目上實現更多的雙邊與國際合作。繼續將中國排除在美國的合作名單之外並不能如美國所希望的那樣阻礙其能力發展，相反只能促使中國以有利於其國家利益和目標的方式與其他國家展開太空合作。同時，排除民用太空合作將使得兩軍間的接觸成為唯一的合作渠道，而前者原本可以在緩解緊張、消除危機與不穩定方面發揮更為重要的作用。

---

1 Johnson, "The UN COPUOS Guidelines."

2 Mike Gruss, "U. S. to Expedite Orbital Collision Avoidance Warnings to China," *Space News*, December 5, 2014, http://spacenews.com/42869us-to-expedite-orbital-collision-avoidance-warnings-to-china.

然而，要實現民用太空合作還面臨着重重障礙。就美國而言，國會仍然對技術轉移憂心忡忡，擔心民用合作的潛在外溢效應會惠及中國人民解放軍。此外，現階段兩國在載人航天項的目的和目標上也存在差異。美方的重點是將國際空間站的使用權延續到 2024 年，以及在 2030 年前對小行星與火星實現載人登陸。[1] 在長期來看中國儘管也對登陸月球和火星感興趣，但是在未來 20 年中的首要目標依然是建成和運行本國的地球軌道空間站，亦即天宮三號。

相對於在民用太空合作上提出具體的方向或者目標，中美兩國更應當建立起清晰的接觸戰略，其中既要有由上至下的設計，也要有自下而上的基礎。[2] 這一策略的目標、潛在收益和風險都應當得到明確的闡述，並對相關的國內利益集團進行妥善的解釋。要想推動諸如聯合載人航天之類的高規格的自上而下的倡議，需要國家領導人花費政治資本並深度參與以克服官僚部門的惰性。而要想在諸如聯合研究上實現更為低調的自下而上的合作的話，那麼就需要在兩國的相關機構中擁有積極的倡導者。

商業和私營部門合作。最後一項潛在的合作形式、同時也是最難實現的合作就是商業和私營部門間的合作。美國目前正在經歷一場商業太空公司的增長大潮，在中國雖然規模較小，但是也存在同樣的趨勢。如果能夠減少在商業合作和競爭中的種種障礙，允許中國公司逐步重返全球市場，那麼為雙方都會帶來相當程度的收益。競爭和供給的增加將會帶來成本的降低和更多的創新，這一點在太空發射領域將表現得最為明顯。此外，中國的絕大多數商業太空活動都是由國有企業進行的，它們在中國的政策制

---

1 John P. Holdren and Charles Bolden, "Obama Administration Extends International Space Station untilat Least 2024," The White House, January 8, 2014, https://www.whitehouse.gov/blog/2014/01/08/obama-administration-extends-international-space-station-until-least-2024.

2 Brian Weeden, "U. S. -China Cooperation in Space: Constraints, Possibilities, and Options," in *Anti-Satellite Weapons, Deterrence, and Sino-American Relations*, ed. Michael Krepon and Julia Thompson（Washington, D.C. : Stimson Center, 2013）, http://www.stimson.org/ images/uploads/Anti-satellite_Weapons.pdf.

定中也起着重要影響。考慮到國有企業在其他很多領域都有效地推動了中國的各項政策革新，如果能夠將更為開放的競爭市場作為激勵，那麼也能促使太空領域的國有企業推動中國的相關政策朝着更為積極的方向發展。

實事求是地説，中美商業太空合作的推進還面臨着嚴重限制。雙方對於何謂「商業」仍然存在不同的定義，而其根源在於意識形態上的差異。大體上美國認為商業活動意味着與政府保持距離和獨立，但是中國卻還依然處於從計劃經濟向市場經濟的轉型過程中。因此，很多美國人擔心這種情況下的商業合作等於直接幫助中國政府，尤其是有利於中國人民解放軍發展其太空能力。此外，美國政府和私人部門也擔心商業性的太空接觸會給予中國進行經濟竊密和知識產權竊取的機會。

（二）利益衝突與局勢及危機管理機制

對軍民兩用太空能力的研發、測試和部署。中美間爭議最為嚴重的領域就是對軍民兩用太空技術的研發、測試和部署。很多太空技術天然具有兩用型的特徵：火箭可以用於載人航空或者將民用衛星發射至軌道，但是與此同時又可以搭載常規或者核彈頭攻擊地球上的任一目標；大部分衛星的遠程遙感、通信和導航功能都既能用於商業目的和客戶，也能用於軍事目的和武裝部隊。太空技術的現代化和太空商業活動的擴展都在進一步地打破軍用、民用和商用太空活動間的傳統分類，使得彼此間的界限日益模糊。

目前，正在研發中的自動交會與臨近作業技術要求兩個或者更多的非載人太空體緊密靠近甚至是直接接觸，這對於穩定的太空關係提出了嚴峻的挑戰。這一技術構成了下一代太空行動能力的核心基礎，可以用於在軌衛星的維護、補給、修復、編隊移動以及對大型太空垃圾的移除。然而，這一技術卻又是在軌衛星偵察、情報收集以及同軌反衛星武器的關鍵。

第二項加劇局勢緊張的兩用太空能力是對在軌動能殺傷武器的研發、測試和部署。這類系統利用火箭將攔截器發射到彈道軌跡上，通過碰撞來攔截和摧毀太空目標。美國對在軌動能殺傷技術的研究已經進行了數十年，儘管其曾經在發展反衛星能力時應用過這一技術[1]，但是目前美方並不承認存在反衛星的動能武器研發項目，相反表示該類項目僅僅是應用於導彈防衛。[2]

中國軍事學家在太空戰術的研究上越來越強調對美國太空資產搶先進行打擊、獲得主動並威懾美國進一步軍事行動的重要性。[3]與此同時，美國日益擔心中國利用傳統的彈道導彈打擊亞太地區的航母戰鬥群和相關基地。這需要依靠情報、監視和偵察衛星所提供的定位能力。作為應對，美國考慮發展阻礙能力，即通過反衛星系統打擊中方衛星，擾亂彈道導彈部隊的指揮鏈。[4]因此，如果中美之間爆發危機，那麼雙方可能陷入一種危機心態，促使兩國不斷走向對對方太空資產進行先發打擊，這可能會使局勢升級至不可控制的地步。

危機管理與透明和互信建設機制。由於交會與臨近作業技術擁有多種合法的和平用途，同時還有巨大的商業潛力，因此徹底取締和禁止對其以及在軌動能殺傷技術進行研究的可能性實屬微乎其微。在可以預見的未來，基於略有區別但同樣關鍵的國家利益，中國和美國都不會放棄發展自身的在軌動能殺傷技術。此外，太空領域缺少核查機制的瑕疵也還將繼續阻礙任何軍備控制倡議的達成，難以取締和禁止對某類技術能力的研發與部署。

---

1 Laura Grego, "A History of Anti-Satellite Programs," Union of Concerned Scientists, 2011, http://www.ucsusa.org/sites/default/files/legacy/ assets/documents/nwgs/a-history-of-ASAT-programs_lo-res.pdf.

2 Many are skeptical of this claim, particularly after a U. S. missile defense system was used to destroyan ailing U. S. satellite in 2008. For a discussion of the latent ASAT capability of U. S. missile defenseprograms, see Laura Grego, "The Anti-Satellite Capability of the Phased Adaptive Approach MissileDefense System," Federation of American Scientists, Public Interest Report, Winter 2011, https: //fas.org/pubs/ pir/2011winter/2011Winter-Anti-Satellite.pdf.

3 Kevin Pollpeter, "Chinese Military Writings about Counterspace"（presentation at the Mitchell Institutefor Space Studies, Arlington, VA, November 3, 2015）.

4 Sydney Freedberg, "Joint Staff Studies New Options for Missile Defense," Breaking Defense, September16, 2015, http://breakingdefense.com/2015/09/joint-staff-studies-new-options-for-missile-defense.

相對而言，致力於就在軌動能殺傷和臨近技術構建透明與信任建設機制可能更有前景。所謂的透明與信任建設機制就是指雙方政府通過分享信息來建立相互理解和信任，減少誤解和誤判。儘管這並非是新概念，但是在太空領域卻代表着一種思路轉換，長期以來各方在該領域中都在推動簽署有法律約束力的軍備控制協議和條約。中美兩國均有參與的聯合國政府專家組在一份報告中強調了在以下若干領域中的透明與信任建設機制：太空政策的信息交換，涉外太空活動的信息交流與通告，降低風險通告以及邀請接觸和參觀太空發射場與相關設施。[1]

在緩解中美兩國在太空的緊張關係方面，提高太空活動中的信息交換水平是最具前景的方式。儘管在確定衛星的準確能力和功能方面仍然存在困難，但是目前的空間態勢感知能力已經足以檢測各國在太空中的各種活動。美國軍方已經制定了一張目錄，該目錄記錄了 22000 多個處於地球軌道上的人造太空體，其中大部分信息都向公眾開放，並且也和所有其他國家的衛星操作者分享。[2] 目前中國正在研發自身的空間態勢感知技術，這也意味着其可能制定出自己的太空體目錄。部分歐洲國家、印度以及其他航天國家也都在發展自身的空間態勢感知能力，同時大部分新參與這一領域的私人企業也在積極獲取相應技術。[3]

隨着空間態勢感知技術的不斷改進和在國家間的持續擴散，各國最終都有可能通過這一新型技術手段來核查其他國家的太空活動，這也將會為

1 UN General Assembly, "Group of Governmental Experts on Transparency and Confidence-Building Measuresin Outer Space Activities," July 29, 2013, http://www.un.org/ga/search/view_doc.asp?symbol=A/68/189.

2 For background and details on this program, see Tiffany Chow, "Space Situational Awareness SharingProgram: An SWF Issue Brief," Secure World Foundation, September 22, 2011, http://swfound.org/media/3584/ssa_sharing_program_issue_brief_nov2011.pdf.

3 An overview of current SSA capabilities can be found in Brian Weeden, "Space Situational Awareness," SecureWorld Foundation, Fact Sheet, September 2014, http://swfound.org/media/1800/swf_ssa_fact_sheet_sept2014.pdf.

雙邊和多邊的政治協定提供有力的技術支撐，可以切實分辨負責任的和不負責任的太空行為。[1] 這些協定可以用來限制危險的或挑釁性的行為，例如緊密靠近他國的衛星；[2] 可以用來規範動能試驗和對新能力的研發；或者是用於做出不首先使用破壞性的反太空武器的政治承諾。[3]

要想達成此類協定，需要克服的最大障礙是雙方在文化上和官僚體系中傾向於不透明的心理定式。在太空問題上，美國的國家安全界中存在着一種根深蒂固的秘密文化與單邊主義傾向，其根源一方面可以追溯至肯尼迪政府時期的決策模式，另一方面是太空已經是美國最後一處擁有決定性優勢的戰略領域。然而，在中國看來，由於自身相較於美國遜色很多，因此也將太空行動和項目中的不透明作為為數不多的政策工具來加以利用，以抵消美國在能力和資源上的壓倒性優勢。此外，和所有的大型官僚機器一樣，中美兩國的相關機構也存在着部門本位主義，甚至不願意在國內分享信息，這自然也會影響雙邊的信息共享。

兩國都應當認識到加強空間態勢感應能力並增加太空活動的透明度符合各自的國家利益。出於國家安全的目的，儘管某些極其尖端的空間感應能力應當有所保留，但是，相對而言該領域的大部分技術並沒有多少特別之處，大部分國家甚至是商業衛星機構都掌握了這些技術，同時它們也是保障太空活動安全的關鍵。如果能分享與這些技術相關的數據並通過合作的方式來予以改進，那麼就能夠產生顯著的正外部性，而這有利於所有從事太空活動的國家。

---

1 "National technical means" was the euphemism for reconnaissance satellites and other verification mechanismsused as the foundation for arms control agreements between the United States and Soviet Union.

2 For an example, see Brian Chow, "Avoiding Space War Needs a New Approach," *Defense News*, September 16, 2015, http://www.defensenews.com/story/defense/commentary/2015/09/16/avoiding-spacewar-needs-new-approach/32523905.

3 David C. Gompert and Phillip C. Saunders, *Paradox of Power: Sino-American Strategic Restraint in an Age of Vulnerability*（Washington, D. C.: National Defense University, 2011）, www.dtic.mil/cgibin/GetTRDoc?AD=ADA582221.

四、結論

在 2016 年後的近十年間，中美兩國在太空領域的戰略關係發生了新的變化。新變化中，最突出的就是中國太空能力的迅速提升。2019 年 1 月，嫦娥四號在月球背面軟着陸。2020 年 12 月，嫦娥五號携帶月球樣品回到地球。2020 年，北斗三號系統開始向全球提供服務。2021 年 5 月，天問一號成功着陸火星。2021 年 6 月，中國宇航員正式入駐中國空間站。2024 年 6 月，嫦娥六號實現人類歷史上首次月球背面採樣返回。中國還制定了雄心勃勃的太空探索計劃，包括在 2030 年前實現首次登陸月球，2030 年前後實施火星取樣返回。中國太空力量的迅速增長雖然引發了美國對於維持自身在太空領域的領導地位的擔憂，但是也促使美國政策界更多認可與中國實現更多務實合作的必要性，而不是將上述合作視為對中國的單方面獎勵和對美國戰略利益的讓渡。這些合作建議包括就減少在軌誤判風險建立直接通信熱線，以及召開有中美兩國參加的高級別太空峰會。在太空領域，以對等求合作的現實可能性較十年前趨於提高。在中美在其他戰略領域的博弈愈演愈烈之際，兩國在太空領域相對穩定的關係和上述積極態勢更顯難能可貴。

在太空領域發生的另一個引人注目的新現象是全球特別是美國商業太空活動的迅速擴展，同時美國政府和軍隊更加頻繁的大規模地購買私營企業的太空服務，這不僅使得太空的擁堵狀況不斷加劇，也模糊了商用和軍用之間的界線，成為新的戰略不穩定的來源。在 2024 年，SpaceX 的星鏈系統已經在近地軌道擁有 6000 多顆衛星。該公司還計劃在這個十年的尾聲擁有多達 40000 萬顆在軌衛星。雖然星鏈為所有國家的各類客戶開放，提供互聯網和衛星通信服務，但其最大客戶仍然是美國政府，尤其要滿足國防部的要求。SpaceX 還在積極研究如何用火箭為美軍提供點對點的軍用物資運輸服務。在烏克蘭戰爭中，星鏈一度向烏克蘭軍隊開放，為後者執行各種軍事任務提供了重要支持，發揮了巨大作用。比起十年前，不論是商用還是軍用，美國都更加依賴太空資產，這加速了太空的軍事化。不論是要協調擁擠的太空交通還是清除不斷增加的太空碎片，還是維持太空領域的戰略穩定，都需要擁有最多太空資產的中美兩國加强協調，避免地緣政治分歧和國際關係陣營化的負面衝擊。鑒於在太空中爆發一場治理災難或者軍事衝突可能造成的後果愈發讓人不敢想像，雙方值得採取更多措施，克服相互之間的偏見和恐懼，打破越是尋求安全越是感到不安全的循環。

第五章　強化對中美關係的投入：使人文交流具有戰略優先性

趙明昊　譚俊輝（Travis Tanner）*[1]

摘 要

本章分析了中美人文交流問題，並指出：這一機制可以成為兩國在國家安全相關問題上增進合作、減少緊張的渠道。

主要觀點

中美關係正面臨一個關鍵節點。當前，這一關係在某些領域進展明顯，同時在其他一些領域經歷持續的僵局和日益凸顯的緊張。考慮到兩國在廣泛領域的互動所具有的全球性影響，中美關係至關重要。對於促進積極接觸與合作以及成功管控緊張和分歧領域，人文交流是一種重要機制。儘管這種交流的效果並不總是立竿見影，但是建立共同認識的長期益處、為應對兩國具有挑戰性的安全問題構建專家圈子、消除交流渠道的阻礙、為對話尋求基本規則和相互接受的語彙、為政府官員提供智力支持等方面的工作，仍然非常值得雙方投入時間和資源。

政策建議

• 中美關係正變得成熟之際，人文交流也應發生演變，將更多針對國家安全的對話包括進來。具體而言，兩國可以考慮建立高級別機制，以協調那些致力於在全球戰略問題上促進中美合作的人文交流活動（包括一軌

*　趙明昊：復旦大學美國研究中心副主任、教授。

半和二軌）。

• 聚焦中美合作領域的那些人文交流活動必將促進相互理解和信任，從而使兩國能夠在更敏感的問題上進行有成效的討論。中美應建立一種可以評估人文交流活動效果和影響的方法。

• 參與和國家安全相關的人文交流活動的人員應不僅包括政府官員和智庫學者，也要將工商界、科技界、民間組織、學術界和其他專家群體的成員吸納進來。

• 考慮到中美關係的未來係於下一代領導者，兩國應為學生交流提供更多機會，以培訓管理兩國關係的未來一代。

在過去 30 多年時間裡，中美關係發生了巨大的變化，並且這一關係仍然處於繼續演變之中。兩國關係正進入一個新的重要階段，其特徵包括具有較高的國際性影響、在戰略和經濟問題上的緊張有所增大、利益匯合點日趨增多等。在此之際，兩國高級領導人必須應對戰略互疑和較量的上升。作為世界上最大的兩個軍事力量、最大的經濟體以及全球舞台上最具影響力的角色，中美必須就如何管理戰略緊張、避免衝突以及合作解決全球性挑戰做出抉擇。實現這些目標的重要途徑是努力尋求用一些新的、創造性的方式來培育和進行人文交流（長期以來這是兩國關係的亮點），進而解決戰略領域的挑戰。

在教育、文化、旅遊、工商、領導人和體育等方面，中美之間的常態性人文交流具有很長的歷史，並已經對雙邊關係產生了重要影響。有些人文交流活動是政府主辦的，而有些則是臨時、自發的。本文不是對這些多種形式的交流互動進行全面的分析，而是聚焦於人文交流活動如何能用來促進兩國在安全方面具有共同利益的領域展開合作。就本研究項目而言，安全領域的人文交流包括在一軌半和二軌方面的接觸。一軌半對話指的是官員和非政府官員都參加的活動，二軌對話指的是非政府的、非正式的、非官方的交往以及私人之間、個人團體之間或非政府行為體之間的活動。[1]

從國家安全視角來看，人文交流一直被認為是不那麼重要的問題，被視為文化外交和公共外交的工具，只是對實現那些「軟的」外交目標有幫助。改變這種觀念並將人文交流作為一種應對戰略性問題的途徑，有助於減輕兩國在網絡安全、太空活動、核武器、東海和南海相關海上爭端以及其他敏感的安全議題方面的緊張程度。人文交流超越過去那種屬「錦上添花」的地位，由此，兩國的高級領導人就可以為管控那些有損中美關係的最敏感問題找到新的、創造性的辦法。中美關係已變得更加複雜，利益匯合點也在增加，中國正逐步扮演更重要的全球角色，在這種情況下，充滿活力的人文交流活動將為雙邊關係的成長和成熟打下穩定的基礎。人文交流編織的聯繫網絡越大，兩國之間可以培養的合作領域就會越廣泛，雙方發生潛在衝突的成本就會越高，保持穩定的可能性就會越大。

此外，本章還將探討人文交流是否可以成為管控緊張問題的有效機制，比如網絡、核、太空和海洋領域，在這些領域中美之間存在利益分歧。筆者認為，在中美關係持續擴展的情況下，人文交流也應在傳統領域得到擴展。也就是說，要通過一軌半和二軌的人文交流，增加和擴展戰略領域的官員、學者、科技人士、私營組織代表、民間組織領導者和其他專家之間的接觸，對此，當前的大環境已經成熟了。

本章首先梳理人文交流在諸多層面對中美關係帶來的積極影響。接下來，就人文交流在中美兩國國內和兩國之間的不同組織方式和機制進行比較，進而闡明影響人文交流向戰略領域擴展的具體阻礙。最後，本章將列出一系列克服這些阻礙的建議，並就如何創新可應對戰略領域挑戰的人文交流方式提出建議，這些領域緊張上升的風險都是相當高的。總之，本章試

---

1 William D. Davidson and Joseph V. Montville, "Foreign Policy According to Freud," *Foreign Policy*, no. 45（1981–82）: 145-57.131

圖強調人文交流在加強中美關係方面所具有的寶貴價值，它可以成為促進非官方層面就事關國家安全的議題展開更多對話、接觸和互動的催化劑。

一、人文交流在中美關係中的作用

（一）人文交流的價值

人文交流在中美關係發展歷程中一直發揮着關鍵作用。200 多年之前，美國商船「中國皇后號」訪問了廣州港，開啟了兩國之間的人文交流。40 多年之前，乒乓球運動員打破了中美之間的外交堅冰，成為數年後兩國關係實現正常化的先導。從那時起，人文交流致力於擴展交流渠道、應對各種挑戰、促進經濟活動、增強對中美關係的管理能力，為增進兩國民眾之間的理解做出了貢獻。儘管在戰略和經濟領域仍有很多困難、敏感問題給兩國關係帶來麻煩，但中美之間的人文交流已經被提升到了前所未有的高度。如今，每天超過一萬個中美兩國公民往返於太平洋，[1] 僅在 2014 年就有 430 萬人次。[2] 通過互聯網和社交媒體每天進行互動的中國人和美國人更是不計其數。

1978 年學生交流開始以來，在美國大學的中國學生數量在 2014 年已經增加至 304040 人。[3]2010～2014 年，超過 10 萬名美國學生在中國學習，實現

1 "The U. S. -China Strategic & Economic Dialogue/Consultation on People-to-People Exchange"（remarksat the Joint Opening Session with Vice President Joe Biden, Chinese Vice Premier Liu Yandong,Chinese Vice Premier Wang Yang, Secretary of Treasury Jack Lew, and Chinese State Councilor Yang Jiechi,Washington, D. C., June 23, 2015）, http://www.state.gov/secretary/remarks/2015/06/244120.htm.

2 Liu Yandong, "Cultural Ties That Bind: Liu Yandong," USA Today, June 22, 2015, http://www.usatoday.com/story/opinion/2015/06/22/liuyandong-vice-premier-china-united-states-people-to-people/29110417.

3 "Top 25 Places of Origin of International Students, 2013/14-2014/15," Institute of International Education,Open Doors Data, http://www.iie.org/Research-and-Publications/Open-Doors/Data/International-Students/Leading-Places-of-Origin/2013-15.

了奧巴馬總統通過「十萬強計劃」增加美國年輕人學習中文和在中國留學的目標。[1] 此外，按照美國商務部的估算，僅在 2013～2014 學年，中國留學生為美國經濟做出的貢獻達到 80.4 億美元。[2] 儘管在疫情衝擊、特朗普第一任期時啟動「中國行動計劃」和特朗普第二任期伊始強化對中國留學生簽證的限制等影響下，中國已經從多年來美國第一大留學生來源國降為第二大留學生來源國，但中國赴美留學人數仍然維持在 28 萬左右，佔美國全部國際留學生的三分之一，對美國經濟的貢獻達到 140 多億美元。[3]

學生、科技人士、藝術家、旅遊者、地方領導人和運動員之間的交流次數在上升。在兩國的很多城市之間，也有一系列體育競技、網上對話、技術研討、社會領導力交流、旅遊、文化和媒體互動以及學術交流活動。到奧巴馬政府時期，中美之間有 1100 多個合作機制和項目。[4] 超過 80 所美國大學在中國進行本科合作辦學，30 多所大學還有研究生合作辦學項目。[5] 這些大學來自美國的 36 個以上的州。[6] 中美之間目前有 240 多對友好省／州和姐妹城市。[7] 美國來華旅遊人數從 2007 年的 190 萬人增長到 2014 年的 209 萬

---

1 "U. S. Reaches Major Milestone: 100,000 American Students Study in China," 100,000 Strong FoundationJuly 10, 2014, http://100kstrong.org/2014/07/11/us-reaches-major-milestone-100000-american-students-study-in-china.

2 "Open Doors Fact Sheet: China," Institute of International Education, 2014.

3 Dahn Shaulis, "US-China Trade War Escalates: What It Means for Chinese Students in America" , *Higher Education Inquirer*, Friday, April 11, 2025, available at https://www.highereducationinquirer.org/2025/04/us-china-trade-war-escalates-what-it.html.

4 Liu Yandong' s speech at the Second U. S. -China University Presidents Roundtable Forum, HoustonJune 21-22, 2015.

5 The website of the Ministry of Education of the People' s Republic of China (PRC) carries lists ofapproved Chinese educational partnerships with foreign countries. For more on this issue, see SusanV. Lawrence, "Is Academic Freedom Threatened by China' s Influence on U. S. Universities?" testimonybefore the House Committee on Foreign Affairs Subcommittee on Africa, Global Health, Global HumanRights and International Organizations, Washington, D. C., June 25, 2015, http://docs.house.gov/meetings/FA/FA16/20150625/103688/HHRG-114FA16-Wstate-LawrenceS-20150625.pdf.

6 Lawrence, "Is Academic Freedom Threatened?"

7 Liu, "Cultural Ties That Bind."

人，增幅達 10%。[1] 同期，中國赴美旅遊人數則從 39.7 萬人增長到 219 萬人，增幅高達 451%。[2]

人文交流活動對雙邊關係產生了短期和長期益處，有些是很明顯的，有些則是不易看到的。然而，當雙邊關係日趨成熟之時，需要更有針對性的人文交流以應對中美關係面臨的戰略性挑戰。在網絡安全、東海和南海的海洋爭端、太空領域的互動、兩國間貿易和金融流動阻礙等方面，雙方關係的緊張程度正在上升。這些挫折再加上其他摩擦，增加了世界上兩個最大的軍事力量之間的戰略抗衡。

雖然在人文交流的頻次和深度與中美關係的整體健康性之間似乎還沒有直接的轉化機制，但從歷史上看，人文交流具有壓艙石的作用，使中美關係得以渡過艱難的風浪。當緊張程度較高時，雙邊關係的管理者們往往憑藉人際關係、非官方交流渠道以及對彼此利益深刻的、個人化的理解，穩定航船並使中美關係走出困境。

兩國民眾之間的強有力關係也可以緩解另一方本可能想要採取的過頭政策，這就是一種「別幹那種事」（don’t go there）的意思。公眾的參與以及公共輿論對國內和外交政策的制定具有很深的影響。當政府官員意識到民眾對政策後果以及雙邊關係的整體性管理有所投入的時候，責任感就會更強，這就為政策制定的過程提供了一個重要的考量因素。公眾也可以促使官員們為實現長期性目標而克服短期性阻礙。這便是「堅持下去」（hang in there）的意思。

此外，教育交流與其他人文交流活動可以提升相互理解。未來的領導

1 China National Tourism Administration, “Annually Inbound Tourists Report,” 2007, availableat http://www.travelchinaguide.com/tourism/2006statistics/inbound; and China National TourismAdministration, “Annually Inbound Tourists Report,” 2014, available at http://www.travelchinaguide.com/tourism/2014statistics/inbound.htm.

2 “2014 Market Profile: China,” National Travel and Tourism Office, U. S. Department of Commerce,http: //travel.trade.gov/outreachpages/ download_data_table/2014_China_Market_Profile.pdf.

者和雙邊關係的管理者對他們在另一國同行的視角、利益、考量和政策環境理解得越充分，他們在積極把控兩國關係方面就會越成功。增進理解有助於形成共享的規範，避免誤解和誤判。

哈佛大學教授格雷厄姆・艾利森（Graham Allison）曾說，如果中國和美國不能做得比古希臘人或 20 世紀初的歐洲人更好，那麼，21 世紀的歷史學家也將用「修昔底德陷阱」來闡釋中美之間的衝突與災難。[1] 權力崛起本身並不必然導致嚴重的衝突。關鍵在於崛起國選擇什麼樣的戰略，以及守成國如何回應相關挑戰。因此，為了有效地應對中美之間存在的恐懼和不信任，需要一種能夠帶來更具活力且更有深度的人文交流的戰略。

（二）官方與非官方的人文交流渠道

人文交流對於兩國關係的積極發展發揮了重要作用。為了緩解上升的緊張關係，中美兩國政府需要將成功的人文交流平台進行提升，進而將其作為一種戰略工具。

截至奧巴馬政府時期，中國和美國已建立 90 多個政府間機制來討論雙邊關係問題。[2] 例如，戰略安全對話、網絡安全工作組對話、勞工問題對話、職業安全和健康對話、法律專家對話、人權對話、商貿聯委會、環境合作聯委會、氣候變化工作組、能源和環境十年合作框架以及人文交流高級別

1　Graham Allison, "Thucydides' s Trap Has Been Sprung in the Pacific," *Financial Times*, August 21,2012, http://www.t.com/cms/ s/0/5d695b5a-ead3-11e1-984b-00144feab49a.html#axzz3rOqvTH4x. 雅典和斯巴達出於一系列複雜的因素（不僅僅是雅典的崛起）進行了一場大戰。雅典的傲慢加劇了斯巴達人的恐懼，而某種程度上斯巴達人對於雅典的恐懼則過度了。

2　"Yang Jiechi' s Remarks on the Results of the Presidential Meeting between Xi Jinping and Obama atthe Annenberg Estate," Embassy of the PRC in the United States of America, June 9, 2013, http://www.china-embassy.org/eng/zmgxss/t1049301.htm.

磋商。[1] 這些交流是富有價值的。

這些對話中規模最大、最引人關注的是「戰略與經濟對話」，它是由時任中國國家主席胡錦濤和美國總統奧巴馬在 2009 年 4 月設立的，是討論兩國間廣泛議題的最高級別的雙邊機制。[2]「戰略與經濟對話」每年輪流在兩國舉辦，探討兩國在 21 世紀共同面臨的機遇和挑戰。2015 年 6 月，第七次「戰略與經濟對話」在華盛頓舉行。美國時任國務卿克里與時任中國國務委員楊潔篪共同主持了戰略對話，美國時任財政部長雅各布・盧與中國國務院時任副總理汪洋共同主持經濟對話。19 個美國政府部門的負責人以及來自中國相關部委的高級官員參加了這一對話。

從 2010 年到 2016 年，中美政府官員每年都會圍繞如何促進人文交流進行對話，這便是中美人文交流高級別磋商機制。它始於 2010 年，在促進中美交流方面具有極為寶貴的作用，也是在內閣級別進行這類討論的首個機制。2010～2012 年，該機制由劉延東副總理和美國時任國務卿希拉里共同領導，2012~2016 年美方負責人則是時任國務卿克里。[3] 人文交流高級別磋商將來自兩國的眾多利益攸關方聚集在一起，以推進教育、科技、文化、衛生、體育和婦女問題六大領域的倡議和項目，產生了 400 多項成果，每一項成果都體現了兩國民眾之間的重要互動。[4] 大學、基金會、社會團體、體育組

---

1 Susan V. Lawrence, "U. S. -China Relations: An Overview of Policy Issues," Congressional ResearchService, CRS Report for Congress, R41108, August 1, 2013, 10-11, https://www.fas.org/sgp/crs/row/R41108.pdf; and Congressional-Executive Commission on China, Annual Report 2014（Washington,D. C., October 9, 2014）, http://www.gpo.gov/fdsys/pkg/CHRG-113hhrg89906/html/CHRG-113hhrg89906.htm.

2 奧巴馬政府時期中美官方對話機制被升級為中美戰略與經濟對話（The U. S. -China Strategicand Economic Dialogue），這一對話機制取代了小布什政府時期的戰略經濟對話（Strategic EconomicDialogue）。

3 "U. S. -China Consultation on People-to-People Exchange（CPE）," U. S. Department of State, FactSheet, June 24, 2015, http://www.state.gov/r/pa/prs/ps/2015/06/244183.htm.

4 "People-to-People Exchange Helps Deepen China-U. S. Relations: Chinese Vice Premier," XinhuaJune 25, 2015, http://news.xinhuanet.com/ english/2015-06/25/c_134355253.htm; and "The U. S.-China Strategic & Economic Dialogue/Consultation."

織以及其他很多機構與中美兩國的政府合作實施相關倡議。

特朗普當選新一屆美國總統之後，中美兩國政府啟動了新的對話機制—即「中美社會與人文對話」—來推動兩國人文交流。2017 年 4 月，中國國家主席習近平和美國總統特朗普在海湖莊園會晤期間共同確定建立中美社會和人文對話。2017 年 9 月 28 日，中國時任副總理劉延東和美國時任國務卿蒂勒森在華盛頓共同主持了首輪中美社會和人文對話。本輪對話包括教育、科技、環保、文化、衛生、社會發展、地方人文合作七大合作領域，旨在促進雙方在中美兩國全面對話機制框架內進一步推動社會和人文交流。[1]

此後，雙方高層繼續保持人文交流和高級別對話機制。2018 年 2 月 8 日，時任國務委員楊潔篪在美國國務院同時任美國國務卿蒂勒森舉行會談。雙方認為在兩國領導人的共同引領下，兩國工作團隊要繼續認真落實兩國元首北京會晤達成的共識和成果，保持高層及各級別密切交往。2021 年 3 月 18 日至 19 日，時任國務委員楊潔篪、國務委員兼外長王毅在安克雷奇同時任美國國務卿布林肯（Antony Blinken）、時任總統國家安全事務助理沙利文（Jake Sullivan）舉行中美高層戰略對話。2024 年 8 月 27 日至 28 日，國務委員兼外長王毅在北京同美國總統國家安全事務助理沙利文舉行新一輪高層戰略溝通。特朗普第二任期開始，中美官方層面尚未開啟新的高級別的戰略對話，但兩國戰略界、學術界和民間人文交流始終保持着一定的密度和熱度。

（三）提升人文交流的需要

顯然，人文交流應對了廣泛的問題並給中美關係帶來了積極成果，然

1　"U. S. -Chian Souial and Cultural Exchamge," office of the Spokesperson, U. S. Department of State, Washington, D. C., Septenber 29, 2017, http://www.state.gov/r/pa/prs/2017/09/274520.htm；《中美社會和人文對話聯合聲明》，人民網，2017 年 9 月 29 日，http://www.world.people.lom.cn/ni/2017/0929/c1002-29567251.html。

而這就足夠了嗎？如今，人文交流活動與 30 多年前相比已經有相當大的變化。重要的是，要確保人文交流能夠持續演進，將涉及更多的國家安全問題，兩國關係的緊張根源來自於這些問題。在網絡、核、海洋和太空這些戰略領域，有很多專注於此的專業人士，他們包括科學家、工程師、軍人、技工、外交官、學者和媒體人士等，需要幫助兩國的這些專業人士增進互相理解，並為他們之間的合作提供機會。

如前所述，中美兩國政府官員通過奧巴馬時期的「戰略與經濟對話」和特朗普時期的中美全面對話機制以及其他正式外交渠道就涉及國家安全的問題進行常態性探討，包括核武器擴散、太空和網絡安全等問題。這些對話很多都源自一些二軌的學者間的對話，久而久之，學者間的討論成為兩國學界和政府官員之間極為重要的交流渠道。二軌的互動可以讓中美雙方在一種安全的環境之下進行接觸，這有助於就敏感話題進行更為寬鬆和開放的對話。具體來説，這種兩國專家之間的二軌對話對一大批對話者來説是一種教育，通過這一對話可以找到關切的領域、界定規範和語彙、明確談判立場、探索相應的「紅線」，為進行官方對話的官員們提供持續的智力支持。此外，二軌對話為發表爭議性的看法提供了一個風險更小的場合，也因此可以進行官僚機構之外的談判。有時，這類對話的參與者就像是事實上的工作人員或顧問，在把相關建議送交給官員之前對它們進行檢視。[1] 曾有一位衝突解決專家認為二軌對話具有以下七方面的具體益處。[2]

1. 探索功能。幫助雙方更多地了解彼此並理解對方官方立場所體現的利益。

---

1 Susan L.Shirk, "The Northeast Asia Cooperation Dialogue: An Experiment in Track II MultilateralDiplomacy," in *Security Cooperation in Northeast Asia: Architecture and Beyond*, ed. T. J. Pempel andChung-min Lee（New York: Routledge, 2012）, 193-211.

2 Nadim N. Rouhana, "Interactive Conflict Resolution: Issues in Theory, Methodology, and Evaluation," in *International Conflict Resolution after the Cold War*, ed. Paul C. Stern and Daniel Druckman（Washington,D. C.: National Academies Press, 2000）, 301, 303, 313-18.1381.

2. 創新功能。提供了一種使那些有信譽的精英們發揮力量的平台，這些精英得以和另一方的精英檢視新的想法，並將相關政策提供給官員們。

3. 正當性效應。有助於打破談判禁忌，特別是在談判不被承認或是雙方處於長期敵對狀態的情況下。

4. 累積效應。在每一方都聚集起一大批重要的精英人士，他們參與了非正式的談判並且能夠在本國的政治環境中壯大傾向於談判的陣營。

5. 澄清效應。有助於找出和討論那些存在困難的細節和癥結。

6. 準備效應。在正式談判開始之前使參加一軌活動的官員們相互熟悉。

7. 潛力效應。產生一些合理的想法，或許由於現實條件這些想法無法立即成為行動，但這些想法會被保留並等待未來更好的機會出現。

在評價對話對於管理中美關係的重要性時，汪洋副總理指出，「解決分歧和摩擦的辦法不止一種，對話是投入產出比最高的方式。中美建立高級別、全方位的對話平台，順應了和平、發展、合作的時代潮流，是大國關係走向成熟的體現。儘管對話需要花費很多時間和精力，但與收穫的巨大共同利益相比，顯得微不足道」，對於雙方來說，「兩國利益融合之深超出想像，誰也承擔不起放棄對話、選擇對抗的代價」。[1]

人文交流已經使很多國家受益，甚至還增進了那些最具緊張性的雙邊關係。比如，印度和巴基斯坦之間「板球外交」為 2011～2012 年印巴關係的好轉做出了貢獻。[2] 以色列和巴勒斯坦之間同樣也開展了一系列人文交流活動，包括二軌對話、教育交流、學術訪問和公民社會交流。[3] 儘管很難弄清這些活動的具體效果，但它們有助於降低緊張程度並增進相互了解，

1 Wang Yang, "U. S. -China Dialogue Pays Dividends?" *Wall Street Journal*, June 21, 2015, http://www.wsj.com/articles/u-s-china-dialoguepays-dividends-1434922739.

2 Nayeem Showkat, "Cricket Diplomacy between India and Pakistan: A Case Study of Leading NationalDailies of Both the Countries (The Hindu & Dawn)," *Journal of Mass Communication and Journalism* 3, no.1 (2013).

3 Lee Yaniv, "People-to-People Peace Making: The Role of Citizen Diplomacy in the Israeli-PalestinianConflict," USC Center on Public Diplomacy, May 9, 2013

是對暴力和衝突的一種牽制。在上述兩個例子中，人文交流儘管不是相關國家之間減少摩擦和緩和緊張關係的萬靈藥，但其有助於創造一種用積極方式管理雙邊關係的有利環境。當然，這兩個例子和中美關係都有很大區別。儘管人文交流不可能解決中美之間存在的所有相互疑慮，但它仍具有減輕不信任、提升相互了解的潛力，並最終有助於促進一種更健康和更有活力的雙邊關係。

二、增強人文交流作用的機遇

以下的討論闡明了人文交流可以對中美關係產生更大價值的若干方面。

（一）提供持續的智力支持

人文交流在減輕與中美關係中戰略性問題相關的緊張程度方面，可以發揮建設性作用。圍繞網絡、太空、海洋和核問題協調開展的一軌半和二軌對話，會為政府官員提供持續性的智力支持，也會提供教育相關人員的機會，並擴大兩國有資質討論這些重要問題的對話者隊伍。在某些戰略領域，只有很有限的一部分人可以與另一國的同行們進行有效的探討。為了確保各種觀點、政策選擇和關切得到廣泛的討論，需要培訓更新的、更大的專家群體，在應對雙邊關係中極為重要的事項方面他們需要經過訓練。比如，在中國加入世界貿易組織（WTO）之時，中國對亞太經合組織（APEC）的參與已經使其擁有了一大批中國經濟學家和外交官，他們具有幫助中國融入 WTO 的必備知識和能力，包括對國際談判規範的熟知、語言能力、國際法知識以及對義務的理解。如果沒有這些專業技能，中國在談判過程中就會處於非常不利的境地。此外，如果沒有足夠多的精明強幹的貿易專業人士，中國就不可能落實好那些確保其承擔 WTO 義務的必要舉措。

（二）規範、基本規則和共用的語彙

一軌半和二軌對話的增多，為討論和確立規範、基本規則和相通的交流語彙提供了機會。這使雙方能夠圍繞新的戰略關切領域如網絡安全和太空，更加有效地在官方層面進行接觸。在網絡安全和太空領域的一些最基本的問題上，一方對另一方如何看待這些問題都知之甚少，更不用說其他更複雜的問題了。在這些戰略領域中國和美國各自堅持自己的學説和視角，但是為了就特定議題進行討論，它們需要確立基本的議事規則和辦法。這麼做有助於創造一種可以避免誤傳和誤解的環境。

比如，2015 年 9 月習近平主席訪問美國期間，中美兩國領導人宣佈了在網絡方面的一項新協議。這意味着雙方在這一問題上朝着積極方向邁出了一步，儘管這只是一小步，而且還要看落實的情況。這一協議包括一系列舉措，如中美兩國不從事商業性網絡間諜行動、合作調查和收集證據、制定網絡空間行為規範以及建立高級別工作組和熱線電話。[1] 有意思的是，達成這一協議的主要障礙之一，是兩國在如何界定和討論網絡竊密問題上存在根本性分歧。美國是將傳統的政府間諜行為與竊取商業性知識產權的行為相互區分，但中國的專家和官員則認為在經濟類網絡活動和安全類網絡活動之間存在緊密聯繫，他們稱華為等中國企業是美國政府機構國家安全局（NSA）從事黑客活動的受害者。[2] 針對網絡竊密的定義所存在的分歧是中美達成協議的一個重大阻礙，2015 年 9 月通過的這項協議表明在彌合雙方分歧方面取得了進展。這項協議離不開之前數年圍繞網絡安全展開的一軌半和二軌對話。通過確立網絡領域的相通語彙和規範，人文交流和對話為未來的談判打下基礎。

---

1 "President Xi Jinping's State Visit to the United States," The White House, Office of the PressSecretary, Fact Sheet, September 25, 2015,https://www.whitehouse.gov/the-press-office/2015/09/25/fact-sheet-president-xi-jinpings-state-visit-united-states.

2 "China on Frontlines of Cyber Security Threat," China Daily, April 19, 2014, http://europe.chinadaily.com.cn/2014-04/19/content_17448026.htm.

（三）新的網絡

圍繞新興戰略問題開展更具活力的人文交流，可以拓展專業人士的工作網絡，包括與這些戰略領域相關的決策者、顧問、技術專家和未來的政策制定者。此外，眾多個體廣泛參與的對話可以開啟新的傳播渠道，幫助雙方更加有效地把控那些複雜的安全議題。

培育專業人士之間的關係以確保優質的交流具有很大價值，氣候變化在這方面是一個很好的例子。中美兩國曾經在氣候變化問題上存在巨大分歧。但如今，氣候變化方面的合作已經成為雙邊關係的一個亮點，而且這一合作還有助於促進應對氣候變化挑戰的全球性努力。2014 年 11 月，奧巴馬總統訪華期間，兩國就氣候變化問題宣佈了一項開拓性的聯合聲明。2015 年 9 月，習近平主席對美國進行國事訪問期間雙方達成的共識和協議進一步為全球氣候談判注入了動力，為當年 12 月聯合國氣候變化巴黎會議通過一項新的歷史性協定做出了貢獻。

在很大程度上，這一緊張得益於不斷增加的和更具實質性的人文交流活動。通過 2008 年設立的「中美能源和環境合作十年框架」，不僅是政府官員每年會面交流意見，兩國的商業界人士、非政府組織、大學和地方政府官員也借助「生態夥伴倡議」等參與其間。[1] 中美清潔能源研究中心於 2009 年成立，來自兩國的專家們合作開發新能源技術，以幫助兩國社會應對氣候變化的挑戰。

如前所述，網絡安全也是從人文交流中獲益並將在未來繼續獲益的重要領域。考慮到兩國政府在網絡安全方面缺乏相關知識、能力和經驗，應對網絡安全挑戰需要非政府行為體的參與和智力支持。那些私人行為體可以提供有價值的見解、信息和建議，使兩國政府可以實現更有成效的政策結果。通過邀請私人行為體和私營組織參與一軌半和二軌對話，一些各

---

1 Please see the EcoPartnerships program website at https://ecopartnerships.lbl.gov.142

類行為體可以接受的基本規則和規範將得以確立。需要建立一種更活躍和更廣泛的政策制定網絡，這個網絡將吸收政府外的網絡安全問題專家和企業。2015 年 9 月，在習近平主席訪問美國期間，他會見了參加中美互聯網論壇的信息技術產業方面的商業領袖，包括微軟、蘋果、臉書這些公司的負責人。習主席倡導就網絡問題中美展開建設性的對話。人文交流可以在構建兩國專家群體、確立基本規則和相通語彙以及為政府官員進行有效談判提供智力支持方面發揮關鍵作用。

在互動和討論的最初階段，網絡安全的相關論壇應致力於處理雙方最容易找到共同點的問題領域，比如維護可促進國際貿易和保護個人隱私的開放而可靠的互聯網。在這些領域建立起相互理解和信任之後，再去討論那些更敏感的問題，如網絡間諜和對基礎設施目標的網絡攻擊。

三、提升人文交流的阻礙

中美雙方都認識到人文交流的重要性並支持一系列相關活動。將人文交流提升為處理新興戰略問題的工具應該是不那麼困難的調整，這些新興戰略問題對雙邊關係帶來挑戰。然而，也存在着很大的阻礙，使運用人文交流處理戰略性問題更加複雜。

中美兩國之間的社會聯繫已迅速發展，並在未來數年中將繼續這一勢頭。比如，2009—2015 年，中國企業在美國的直接投資增長了 5 倍，為美國創造了超過 8 萬個工作崗位。[1] 有研究預測，到 2020 年，中國在美投資將升至 1000 億～2000 億美元，創造 20 萬～40 萬個工作崗位。[2] 這種經濟活動

1 National Committee on U. S. -China Relations and the Rhodium Group, "New Neighbors: ChineseInvestment in the United States by Congressional District," May 2015, 5.

2 National Committee on U. S. -China Relations and the Rhodium Group, "New Neighbors: ChineseInvestment in the United States by Congressional District," 5.

需要一系列創新性的人文交流來減少文化上的誤解和摩擦。在勞工權利、管理風格、性別身份等問題上，中國企業家可能會和美國僱員產生矛盾。一些美國政治人士一直在將中國作為敵人，或將中國認為是至少需要被嚴加管控甚至是加以削弱的競爭者。當普通中國人從美國商業界領袖或政治人士的口中聽到這些説法，這對於推進雙邊關係沒有什麼好處。因此，人文交流應當有助於深化兩國普通民眾之間的相互理解，並消除那些有關中美關係的不當觀念。

自 1979 年兩國正式建立外交關係以來，中美關係幾乎在所有層面上都獲得提升。然而，這種關係的進一步深化仍然要面對以下幾個方面的阻礙。

（一）對人文交流的不同認識

挑戰之一是，對於什麼是人文交流並沒有完全一致的認識，由此也造成很難評估相關活動的效果。在一系列雙邊和多邊互動中，人文交流被當作一個外交化的理念。從草根層面的接觸項目，到被廣泛報道的努力，再到精英層面的談判，這些短期或長期性活動與傳統外交活動共同展開。

公共外交專家尼古拉斯・克爾（Nicholas Cull）將非傳統外交活動分為五類：傾聽意見、凝聚支持、文化外交、交往活動和國際傳播。[1] 這是對民眾間外交的一種更全面的看法，將高級別對話、國家級媒體、網上互動、NGO 項目和各國交往全部都包含其中。這一定義的確足夠全面，涵蓋了人文交流的諸多形式，但是它也有些太過寬泛從而失去實質性作用。其他學者則關注人文交流所具有的半官方潛力，而不是試圖去衡量那些和軟實力相關的不易感知的效果。美國負責近東事務的前助理國務卿、凱特林基金會國際事務主管哈洛德・桑德斯（Harold Saunders）在可以使政策發生改變的二軌對話和「民眾外交」（people-to people diplomacy）兩者之間做出仔細

---

1 Nicholas J. Cull, *Public Diplomacy: Lessons from the Past*（Los Angeles: Figueroa Press, 2009）.

的區分，「民眾外交的目標僅是『了解對方』以及增進與對方打交道的個人經驗（如通過學生交流），而並非是為問題尋找解決方案」。[1] 在中國，有關人文交流的定義也是非常廣泛的，這一概念常被用來描述那些有助於促進對外關係的人際交流活動。對於不少中國官員和學者來說，人文交流可以發揮公共外交（public diplomacy）的功能，而公共外交一般則是指一國政府為了在他國塑造公共輿論而採取的活動。此前，在中國「民間外交」這個概念也經常被用於描述公共外交行動。

人文交流到底是什麼含義，這個問題對於中美關係來說更為複雜，因為兩國對軟實力、公共外交和民間外交這些概念的理解是不同的。美國的政策制定者很容易稱讚人文交流在「暖化」人際關係方面的作用，但正如桑德斯所認為，他們也傾向於拒絕認可人文交流對高政治的影響。由此，美國的人文交流活動是由非政府行為體驅動的。它會對社會層面的互動產生大的影響，但這類活動常常是缺乏組織、短期性的，並且被限制在社會而非政治領域。

在中國，高級官員將人文交流活動與該國外交政策相互聯繫。有中國學者稱，人文交流應被視為中國對外政策的三大支柱之一，政治互信和經貿合作是另外兩大支柱。習近平主席、劉延東副總理都曾引用韓非子的話來表明人文交流的重要性，「國之交在於民相親，民相親在於心相通」。[2] 然而，由於人文交流和國家利益之間的這種緊密聯繫，一些美國人往往以批評性的態度看待中國的人文交流活動，認為這是在他國盡力擴展中國的影響力。類似的問題也出現在美方在中國的活動。很多中國人仍然對一些美

---

1 Harold Saunders, "Officials and Citizens in International Relationships: The Dartmouth Conference," in *The Psychodynamics of International Relationships, Volume II: Unofficial Diplomacy at Work*, ed.VamikD. Volkan, Joseph V. Montville, and Demetrios A. Julius（Lexington: Lexington Books, 1991）, 49-50.

2 《習近平出席中國國際友好大會暨中國人民對外友好協會成立 60 周年紀念活動並發表重要講話》，央廣網，2014 年 5 月 15 日，http://news.cnr.cn/native/gd/201405/t20140515_515520406.shtml。

國人發起的人文交流活動表示懷疑，因此他們認為在美國非政府組織和美國政府之間存在着不易為人所知的聯繫，美國政府用一些人文交流活動做掩蓋，試圖引發中國國內的不穩定。

儘管人文交流項目可以促進國家間關係，但是如果這些項目的意圖被誤解，它們就會導致對立增大。對人文交流內涵的不同看法，以及由此帶來的評估這些活動成功與否的困難，使兩國在就如何組織人文交流並提升其效果方面形成共識變得富有挑戰。

（二）官僚機構方面的差異

第二個挑戰在於，兩國組織人文交流活動的官僚機構和體制相當不同。在中國，大部分人文交流互動最初是由政府部門推動或組織的，當然現在越來越多的大學、基金會和其他非營利性機構開始發揮重要的協調作用。在美國，人文交流活動更多是在一種臨時性環境中被安排的，由公民社會發揮領導作用。美國的人文交流的碎片化有其好處，但是也產生了實實在在的問題，比如項目的重複、機會的喪失以及沒有能力全面評估項目成果（類似的挑戰在中國也存在，但程度要低）。此外，由於機制運轉的差異，如果中美不能細緻地審視雙方在出發點、動機、目標、專業和教育標準、法律以及規定方面的差異，就會存在接觸增多但卻令人失望的風險。而這恰恰需要對話和交流。[1]

由於官僚機制的不同，對人文交流的資助也是存在差異的。就中美人文交流高級別磋商而言，中方的很多人文交流活動得到了政府的支持。儘管美國政府資助了一些高端的獎學金項目，但相對而言，在磋商機制中提出的極少的美國項目受到來自政府的直接資助。為了開展相關活動，非營

1 Terry Lautz, "The Cultural Relationship," in *Tangled Titans: The United States and China*, ed. David Shambaugh (Plymouth: Rowman & Littlefield Publishers, 2013), 211-34.

利性組織、大學和其他非政府機構從私營企業和基金會尋求資助。[1]

（三）價值觀

第三個潛在的阻礙是，人文交流要面對兩國在價值觀層面深刻的且頗有影響的分歧。王緝思和李侃如（Kenneth Lieberthal）撰寫的《中美戰略互疑》報告稱，很多中國精英「相信美國的最終目標……是維護其全球霸權，他們認為美國將會尋求遏制甚至是推翻中國的崛起」。這一研究注意到，「美國的民主推廣議程在中國被理解為旨在破壞中國共產黨的領導。因此領導人積極地防範美國意識形態以及民主、人權等相關問題美式思維的影響。」[2]

近年，很多美國觀察人士批評中國政府防範西方思想的做法。根據美國媒體報道，在 2013 年一些中國領導人將西方價值觀歸為非傳統威脅之一，必須警惕地予以防範。[3]2015 年 6 月，美國眾議院外交事務委員會就中國對美國大學學術自由的影響舉行聽證會。李蘇珊（Susan Lawrence）等美國專家稱中國政府要求不要在媒體或大學課堂公開談論西方憲政民主、新自由主義經濟學、西方新聞思想和普世價值觀等問題。[4]2015 年初，美國媒體報道稱中國大學被要求減少那些在課堂上傳播西方「錯誤」價值觀的教材。[5]很多參與人文交流的美國人擔心，如果中國政府將西方教科書歸為年輕中

1　一般情況下如此，但在更小的範圍內其他情況也存在，譬如，本文所基於的這項研究就並沒有受到兩國政府的資助，而是得到了香港的中美交流基金會和紐約的卡耐基基金會的資助。

2　Kenneth Lieberthal and Wang Jisi, "Addressing U. S. -China Strategic Distrust," Brookings Institution,John L.Thornton China Center Monograph Series, no.4, March 2012, viii, http://www.brookings.edu/ ~ /media/research/files/papers/2012/3/30-us-china-lieberthal/0330_ china_lieberthal.pdf.

3　Chris Buckley, "China Takes Aim at Western Ideas," *The New York Times*, August 19, 2013, http://www.nytimes.com/2013/08/20/world/asia/ chinas-new-leadership-takes-hard-line-in-secret-memo.html.

4　Lawrence, "Is Academic Freedom Threatened?"

5　"China Vows No Western Values in University Textbooks," *Straits Times*, January 30, 2015, http://www.straitstimes.com/asia/east-asia/chinavows-no-western-values-in-university-textbooks.

國人的思想風險和對中國的威脅，那麼西方的教員和大學則會被認為是更加危險的。他們認為，對美國教育的這種疑慮也體現在中國正在制定的《境外非政府組織管理法》之中。[1]

在美國觀察家看來，雖然鼓勵與國際組織和外國人士進行合作是一項長期政策，但一些中國官員仍對與安全相關的人文交流抱有懷疑，他們希望將人文交流限制在文化和其他「軟的」領域，而不要去觸碰那些安全領域的實質性問題。[2] 另一個例子是，美國政府想要在中國設立更多的美國文化中心。這些中心規模較小，一般從美國使館獲得種子資金，並由中美大學共同運營，或是由美國使領館運營。它們向當地人介紹美國文化，這一功能與在美國開設的孔子學院類似。美國想要開設更多文化中心，但在獲得中國政府許可方面遇到困難。至今，美國資助了中國大學校園內的 25 個文化中心。

從中方視角看，一些由美國政府和非政府組織開展的以價值觀為導向的活動是美國對外政策的重要工具。美國高級官員和國會議員經常公開地表達對中國價值觀的指責。[3] 很多美國的高層決策者和非政府組織人士都倡導「思想戰」，而這對於中國人來説是具有侵略性和威脅性的。比如，2011 年，時任美國國務卿希拉里在接受《大西洋月刊》採訪時竟然宣稱「中國體制注定失敗」。[4] 在中國人看來，美國的價值觀並不是在全世界都適用的，美國

---

1 National People's Congress of the PRC, "Jingwai fei zhengfu zuzhi guanli fa (zhang an er ci shenyigao)" [Overseas NGO Management Law (Second Drat)], April 2015, http://www.npc.gov.cn/npc/xinwen/lfgz/flca/2015-05/05/content_1935666.htm.A translation is available from the China DevelopmentBrief, http://chinadevelopmentbrief.cn/articles/cdb-english-translation-of-the-overseas-ngo-management-lawsecond-drat.

2 《中華人民共和國境外非政府組織境內活動管理法》（2016 年 4 月 28 日第十二屆全國人民代表大會常務委員會第二十次會議通過），中華人民共和國中央人民政府網站，2016 年 4 月 28 日，http://www.gov.cn/xinwen/2016-04/29/content_5069003.htm。

3 Patrick Sookhdeo and Katharine C. Gorka, *Fighting the Ideological War: Winning Strategies from Communismto Islamism* (McLean: Isaac Publishing, 2012).

4 Jeffrey Goldberg, "Hillary Clinton: Chinese System Is Doomed, Leaders on a' Fool's Errand,'" *The Atlantic*, May 10, 2011, http://www.theatlantic.com/international/archive/2011/05/hillary-clintonchinese-system-is-doomed-leaders-on-a-fools-errand/238591.

那些與價值觀相關的外交政策如「改造」大中東地區不僅代價巨大，而且是注定失敗的。[1] 一些美國人傾向於從「你輸我贏」的角度看待中美之間的價值觀差異，這導致中方對美方以價值觀為基礎的人文交流活動一直保持警惕。

此外，中方認為美國因價值觀方面的分歧而限制人文交流。孔子學院基本上是由美國和中國的大學合作設立的。孔子學院大多是自主地在大學校園裡從事項目運作。2012 年，由於美國國務院有關簽證的管理規定，在美國孔子學院執教的數十名中國教師被強制要求離美。位於弗吉尼亞州的威廉瑪麗學院院長泰勒・瑞弗利（Taylor Reveley）致信美國國務院，稱這一政策指令「無意中干涉了孔子學院對美國高等教育做出的非常積極的貢獻，更大程度上是對美中關係的干涉」。[2]2015 年 5 月，天津大學教授張浩在美國以涉嫌經濟間諜罪名被逮捕。很多中國觀察人士認為，張浩一案最多也就是圍繞知識產權發生的爭議，這一事件體現了美國政府對在美留學和工作的中國人的敵意與不公正對待。此外，美國方面仍有很多法律障礙，對中美在敏感的安全領域的交流造成阻力。當然在中國也有一些類似的限制。

（四）評估體系

另一個主要障礙在於，在體現人文交流對雙邊關係的影響方面缺乏量化的數據。人文交流具有中長期性，旨在建立信任、加強關係和增進相互理解，這些性質使得很難測度人文交流的影響。由於人文交流的成果是漸進的，也很難評估其好處。測度和量化人文交流成果的這種困難，使兩國政策制定者和其他領導者難以相信人文交流可以被提升為一種戰略工具並加以利用，即便其他領域的人文交流成就斐然。

---

1 John Lewis Gaddis, "A Grand Strategy of Transformation," *Foreign Policy*, November 10, 2009, http://foreignpolicy.com/2009/11/10/ a-grand-strategy-of-transformation.

2 Cheng Yingqi, Luo Wangshu, and Tan Yingzi, "U. S. Targets Confucius Institutes over Visas," *China Daily*（U. S. edition）, May 25, 2012, http://usa.chinadaily.com.cn/china/2012-05/25/content_15382551.htm.

（五）缺乏資源

人文交流還面臨資源短缺的挑戰。對有成效的人文交流活動進行協調需要相當多的資源。比如，一軌半和二軌對話需要負擔人員的旅行費用，需要花時間讓他們面對面地相處。由於難以對人文交流的短期成果進行量化和測度，很難向潛在的資助者展現其價值並尋求到可靠的資金支持。正如上文提到的，美國政府對不少高端的獎學金項目和公共外交項目提供資金支持，但卻不會給很多它在口頭和行動上支持的項目提供資金。為了就戰略性問題擴展和實施新的人文交流項目，也很難從國會爭取額外的資源。為人文交流活動籌資在中國也是一個挑戰。儘管政府可以為啟動人文交流項目提供資金支持，但是要想保證這些項目的長期可持續性，就需要私營部門的參與了。

（六）政策界的冷淡

政策界對人文交流的價值普遍持冷淡態度，這對於在雙邊關係中提升人文交流來說是必須要克服的另一個障礙。很多人認為人文交流並不會滿足戰略性的目的，他們不願意花費必要的時間和金錢以維持常態性的一軌半和二軌對話。要想開展更多針對安全問題的人文交流活動，重要的一步在於應對這種冷淡並讓那些處於決策位置上的人相信人文交流活動可以也應當發揮戰略性的作用。

民眾對另一方的負面認知也是一個挑戰。有活力的人文交流活動並不必然會帶來和諧的雙邊關係與積極的相互認知。皮尤研究中心在 2014 年所做的一項調查顯示，只有 35% 的受訪美國人對中國持有正面看法，2011 年則是超過 50%。[1] 卡耐基國際和平基金會與中國戰略文化促進會在 2013 年就

1 Pew Research Center, "Global Opposition to U. S. Surveillance and Drones, but Limited Harm toAmerica's Image: Many in Asia Worry about Conflict with China," July 14, 2014, 26-31, http://www.pewglobal.org/files/2014/07/2014-07-14-Balance-of-Power.pdf.

中美安全認知發佈了一份聯合調查報告，稱 27% 的中國政府精英人士將美國視為敵人，45% 的中國民眾認為美國是競爭者。[1] 儘管對於另一國的負面態度對於人文交流活動來說是一個阻礙並降低其效果，但正如下一部分所言，解決的辦法在於更多地促進兩國民眾的接觸以提升相互理解，尤其是在與國家安全相關的議題上。

四、建議

前文考察的是定義分歧、政府政策、價值觀差異、資源短缺、缺少有力的評估體系以及政策界的冷淡如何阻礙人文交流並破壞其收益，如何限制了將人文交流用於應對戰略不信任的機會。為了擺脱這種現狀，兩國政府應當放下它們的疑慮，對那些更多聚焦戰略問題的對話、研討會和旅行團體持開放態度，來自商業界、學界、非政府組織、科技界、媒體和其他團體的諸多專業人士參與了這些活動。

儘管中美兩國領導人經常表達更多就重要的戰略議題和全球性重大挑戰展開合作的願望，但在意願和實際行動之間仍有差距。本章為兩國高級領導人提出了縮小這種差距的重要途徑，即擴展人文交流，支持針對雙邊關係中敏感的戰略議題進行更多的一軌半和二軌對話。正如前文所表明的，這並非易事。圍繞最敏感的議題協調人文交流活動並建立信任，需要兩國領導者具備長期性戰略願景。無疑這是一種很高的要求，但是讓兩國關係沿着當前這種高度戰略互疑的路子走下去，其風險也是極為巨大的。為了確保未來中美關係的穩定，必須採取行動。就如何將人文交流擴展到

1　Carnegie Endowment for International Peace and China Strategic Culture Promotion Association, "U. S.-China Security Perceptions Survey: Findings and Implications," December 12, 2013, 10-11, http://carnegieendowment.org/files/us_china_security_perceptions_report.pdf.

戰略領域，我們提出以下建議。

第一，對人文交流的參與者進行培訓，提升他們對中美關係大背景以及他們的具體交往如何融入這一大背景的認識。就很多最具挑戰性的新興政策議題而言，如網絡安全、太空、氣候變化、能源安全和公共衛生，兩國政府的知識、能力、經驗和人員配備是不足的。很多官員對這些挑戰的性質、範圍和後果仍然是不甚了解的。他們在向公眾解釋這些議題複雜性方面也會遇到困難，並經常採用那種過於簡單化的解釋。與此同時，一些參與人文交流的專家也不了解其專業領域的廣泛政策影響。對於本章提出的新一波聚焦於處理安全相關議題的人文交流活動而言，關鍵在於吸納各行各業的專家，包括科技人士、教育工作者、軍人、退休軍官、非政府組織領導者、公共政策專家、政治人士和新聞界人士。因此，需要設法就這些人在一軌半和二軌對話中所涉議題的廣泛的政治、經濟和安全影響，對這些參與者進行教育。通過此舉，這些人可以更好地考慮他們的工作如何對雙邊關係做出貢獻。此外，確保這些可以塑造公共輿論的專業人士充分掌握信息，可以給雙邊關係帶來多重積極效果。

中美雙方一軌半和二軌對話參與者的增加，有助於發展能夠為兩國政府提供建議和智力支持的新一代有識之士，使其成為兩國在重要議題上的交流渠道。未來，處理這種複雜問題需要非國家行為體的更多參與。因此，需要一種更加有效、基礎更加廣泛的政策制定網絡，它可以將網絡安全、太空和氣候變化等重要新興議題領域的專家吸納進來。針對如何建設性地處理雙邊關係面臨的那些最緊迫議題，一個規模更大、信息掌握更充分的人文交流參與者群體有助於提出新的、創造性的理念和建議。為此，美國政府應劃撥更多資源用於支持學生交流和其他人文交流活動，中國政
152 府則應鼓勵社會力量更多參與和實施人文交流活動。

第二，設計可以對人文交流的效果和影響進行評估的方法。在這方面，首當其衝的是，要對人文交流高層磋商機制和戰略與經濟對話所設立的人文交流項目和成果進行效果評估。這一調查將針對人文交流的參與

者，評估他們如何看待 2009 年以來相關活動的成績、障礙和潛在的機會。調查將提供一系列最佳實踐和教訓，並被用於確保未來在戰略領域的人文交流活動盡可能有效。調查結果可以被用於開發一套有力的方法，用於對文化、教育、經濟和其他領域的人文交流的總體效果和影響進行評估。這種評估工具有助於使未來的活動盡可能地富有成效。

第三，利用次國家層面的人文交流活動使兩國關係受益，這些活動總體上是積極的但缺乏協調。首先，應在中美兩國省州一級對這類交流的深度和廣度進行調查，這種調查類似於美國美中關係全國委員會與榮鼎集團共同實施的中國在美投資監測項目，該項目以州為單位對中國在美國的投資進行評估。[1] 這種信息雖然存在但沒有被有效整合，將它們集中，就可以產生新的觀察，從中得到的教訓和見解有助於提升人文交流在雙邊關係中的作用。此外，收集這種信息並使其為人所用，也會有助於使次國家層面的人文交流機制化，這些交流通常會在商業、教育和文化領域產生積極效果。

第四，為學生交流創造更多機會。未來中美關係之關鍵，在於下一代的領導者。因此，確保未來領導者擁有相互協作的技能，將使這一世界上最重要的雙邊關係穩步向前，這應是中美兩國政府的優先努力領域。兩國政府不僅應給予直接的投入，還要鼓勵私營部門支持增加學生交流的機會。此外，中國有關方面可借鑒美國美中關係全國委員會每年舉辦的「美國對外政策研討班」，幫助在華學習的美國學生更好地理解中國的政策和政策制定機制。2017 年 1 月，特朗普就任美國新一任總統。同年 12 月，白宮公佈《國家安全戰略》報告，將中國定位為主要「戰略競爭對手」。特普朗政府宣告美國數十年來對中國採取的「接觸」戰略已經失敗，開始強調對華進行「戰略競爭」。在人文交流領域特朗普政府以國家安全為理由對孔子學院在美辦學進行施壓，對赴美攻讀理工科學位中國學的簽證施加限制，

---

1 "China Investment Monitor," Rhodium Group, http://rhg.com/interactive/china-investment-monitor.

甚至粗暴取消不少中國學者的赴美簽證。儘管在拜登政府執政期間，中美人文交流一度出現回暖勢頭，但隨着特朗普重返白宮，美國對中國留學生的簽證政策再次趨於收緊。尤其是在特朗普政府中對華強硬派主導安全議程、泛化國家安全概念的背景下，配合美國國會內鷹派議員的推動，一系列旨在限制中美學術交流和收緊簽證政策的議案相繼被提出，並逐步進入立法程序。然而，特朗普政府對中美教育與人文交流政策的處理，始終具有高度的策略性與可調節性。這些議題並非孤立存在，而是作為對華施壓的博弈籌碼，被嵌入更廣泛的中美戰略互動格局之中。例如，2025 年 4 月 2 日特朗普宣佈對華加徵關稅後，便將限制中國留學生赴美簽證作為追加施壓的手段，試圖在經貿談判中爭取更大籌碼。但隨着中美於同年 6 月 9 日至 10 日在倫敦舉行閉門經貿磋商，該議題被納入談判範疇，並在一定程度上達成了階段性諒解，為中國留學生赴美提供了有限而關鍵的緩解窗口。這一過程再次表明，中美人文交流的發展始終受制於戰略博弈的總體走向，且易受到美國安全議題政治化的衝擊。但不可否認的是，人文交流作為中美關係的重要社會基礎，其在兩國關係中的穩定器作用不容忽視。即便在競爭態勢強化的背景下，維持人文互動與教育合作，不僅有助於構建長遠互信，也為兩國關係提供了軟性緩衝與重建空間。因此，應在密切關注美國政策動向的同時，強化制度化、常態化的人文交流渠道，防止交流被安全邏輯過度裹挾，為中美關係注入更多理性與建設性因素。

未來人文交流活動的層級是否足以有助於強化中美雙邊關係？譬如，中美是否會繼續包括「社會與人文對話」在內的全面對話機制？這些活動推動了兩國關係的重大議題討論和雙方人文交流。美國收緊移民和簽證政策是否會導致在美學習的中國學生數量的下降？中美之間有意義的戰略對話是否將不僅在兩國政府少數高層領導人之間進行，而且也通過大量的一軌半和二軌對話進行？這些問題的答案將會決定中美關係基礎的牢固程度以及這一雙邊關係推動新合作、克服困難的能力。

第六章　中美軍事關係：利益、挑戰及應對

王　棟　于　瀛*

摘　要

中美關係被視為當今世界最重要的一對雙邊關係，但時至今日，仍無人能對這一獨特而複雜的兩國兩軍關係給出明確的定義。中美兩軍到底是什麼關係？在兩國關係中居於何種地位？發展兩軍關係的利益何在？兩軍關係又面臨哪些挑戰？本章將圍繞上述問題進行分析討論，並對如何使兩軍關係走上穩定健康發展的道路提出建議。

主要觀點

中美兩國的軍事關係經歷了從冷戰到如今美軍推行「印太」戰略等多個時期，雙方關係發展走走停停，之間既有過激烈的鬥爭，也有較為緊密的合作，總體呈現螺旋狀發展態勢。雙方要認識到發展中美兩軍關係有利於推進以協調、合作、穩定為基調的中美關係，有利於維護地區和平穩定，有利於建立互信、促進合作。這不僅是中國發展中美兩軍關係的動因，同樣也符合美國的國家利益。為化解矛盾、發展關係，雙方應當採取有效措施，增進互信，加強合作，管控危機，使兩軍關係走上健康發展的道路，實現合作共贏的最高目標。

* 王棟為北京大學國際關係學院長聘正教授、北京大學中外人文交流研究基地執行主任；于瀛為中國國防大學防務與戰略研究中心助理研究員。

政策建議

・中美兩軍存在衝突和分歧的一個重要原因就是戰略互信的缺失。因此，採取有效措施建立雙方互信是發展兩軍關係的重中之重。為此，美國應調整對華戰略定位，正確看待中國軍力正常的發展，特別是在「軍事透明度」問題上不應把透明度問題當作維護自身主導地位、損壞中國形象的工具，而應當正視彼此在該問題上的分歧，相互尊重彼此所持的立場和關切。

・發展兩軍關係最行之有效的方法莫過於擴大交流、深化合作。廣泛的人員交流，可以加深雙方的了解，更是提升軍事透明度、建立互信的便捷途徑。除了擴大兩軍交流外，兩軍還應大力深化軍事合作，使雙邊軍事關係向更深層次發展。

・鑒於當前中美軍事關係的特殊性，強化危機管控機制是構建雙方良好關係的重要保障。雙方應相互尊重安全關切，不損害對方核心利益。此外，雙方還需完善危機預防和管控機制，強化彼此的戰略互信，了解雙方的戰略意圖，預防危機發生。

冷戰結束後，儘管亞太地區存在一系列歷史遺留的領土爭端，中美軍事關係也多次出現波折，但得益於中國等地區國家的以經濟為重點的和平發展政策，得益於「管理爭端、共同發展」和「不干涉、不使用武力、不急於解決（擱置爭議）」等政策共識，亞太地區成為世界上最和平穩定、最具活力的地區，真正享受到冷戰結束的和平紅利。

然而，自從 2010 年美國提出以軍事為重點的「亞太再平衡」戰略以來，關於南海、東海領土爭端等敏感的傳統安全議題成為國際輿論的焦點，亞太持續 30 餘年的和平、穩定與繁榮局面面臨嚴峻挑戰。關於中美關係處於十字路口、兩軍發生衝突可能性升高的觀點頻頻出現在報端。

在此背景下，兩軍關係成為中美關係發展的關鍵環節。要發展兩軍關係，首先要搞清楚中美兩軍到底是一種什麼關係？在兩國關係中居於何種地位？發展兩軍關係的利益何在？兩軍關係又面臨哪些挑戰？本章將圍繞以上這些問題進行分析討論，並對如何使兩軍關係走上穩定健康發展的道路提供建議。

一、中美兩軍關係發展演變

中美兩軍關係的建立，可以追溯到第二次世界大戰時期。1944 年 7 月美軍觀察組抵達延安，標誌着中國共產黨軍隊正式與美軍開始接觸和交往，從此兩軍關係經歷了冷戰時期、冷戰後期、「9·11」時期、美軍重返亞洲時期等幾個階段，發展歷程非常曲折，猶如逆水行舟。從兩軍關係演變中我們發現，兩國政治關係、台灣問題和偶發事件這幾個因素對兩軍關係有重要影響。兩軍合作可為地區安全提供公共產品安全，兩軍對抗，兩國和地區各國利益則都將嚴重受損。

（一）新中國成立後兩軍鬥爭和對抗階段

新中國成立以後，由於身處冷戰的大背景之下，以及美國對新中國採取的政治打壓、軍事遏制政策，中美兩軍長時期內主要處於鬥爭與對抗的狀態。20 世紀 50 年代到 60 年代，為了維護國家安全，中國人民解放軍先後在朝鮮、越南、老撾等戰場與美軍展開了直接或間接的武力較量。美軍還干涉台灣事務，派遣第七艦隊進入台灣海峽，在台灣設立軍事基地，並對大陸重要目標實施空中偵察，侵犯中國領土主權。

（二）兩軍關係建立與蜜月階段

20 世紀 70 年代開始，為抵制蘇聯戰略擴張，中美兩國找到了共同利益的會合點。以 1972 年尼克松總統訪華為標誌，中美關係的大門自此打開，兩軍關係也開始升溫，出現了一些小規模的對華交流。1979 年中美兩國正式建交後，兩軍關係逐步進入「蜜月」階段。「蜜月」階段的兩軍關係主要從三個方面體現：一是兩軍高層互訪。1980 年 1 月美國國防部長布朗來華訪問，標誌着兩軍高層領導經常性互訪交流的開始。二是功能性交流。從 1984 年起，中美兩軍開始互派軍事技術工作小組進行交流。三是對華武器技術出口。這一時期，美國對華出口了魚雷、大口徑彈藥、火炮定位雷達、新式航空電子設備以及 UH-60 黑鷹直升機等一批武器裝備。[1]

（三）兩軍關係停滯與曲折前行階段

自 1989 年春夏之交北京政治風波之後，美國對華實施全面制裁，兩軍合作受到嚴重衝擊，兩軍關係由蜜月降至冰點，發展基本停滯。海灣戰爭期間，美國為取得中國的合作，兩軍關係有所恢復。從 1994 年隨着美國國防部長佩里來華訪問，以及中國人民解放軍副總參謀長徐惠滋回訪美國，中美兩軍高層互訪恢復正常。但 1995 年由於克林頓政府批准李登輝訪美，導致了台海危機，兩軍關係再度陷入緊張狀態。1996~1998 年兩國防長實現了互訪，兩軍關係得到較快恢復，但 1999 年美國轟炸中國駐南聯盟大使館，又使兩軍關係嚴重倒退。從 2000 年開始，美國國防部每年都向國會提交《中國軍力報告》，渲染中國軍力發展的威脅，製造中國威脅論。2001 年 4 月 1 日美國 EP3 偵察機侵犯中國領空，在南海發生「撞機」事件，使兩軍關係雪上加霜。

（四）「9．11」事件後至美軍重返亞洲之前

2001 年「9．11」事件發生後，美國與中國在反對恐怖主義、防止大規模殺傷性武器擴散等問題上存在共同利益，美國開始謀求與中國開展合作，兩軍關係隨之開始轉好。中美還加強了在反恐情報共享方面的合

---

1 Kerry B. Dumbaugh and Richard F. Grimmett, "U. S. Arms Sales to China," Congressional Research Service, report, no.85-138 F, July 8, 1985, 41.

作，舉行高級別反恐磋商。中美高級防務官員互訪恢復正常，並且在軍事院校、安全事務磋商、人道主義救援等方面加強了合作。經過雙方多年磋商，2007 年，雙方同意建立中美軍事熱線制度[1]，以加強軍事安全領域的溝通。同年，中國還開始派出軍方高級官員和學者參加香格里拉對話，闡述中國防禦性的國防政策。在 2008 年四川地震時，美軍還派遣 2 架 C-17 軍用運輸機在成都降落輸送救援物資。同年，中國決定派出海軍編隊赴亞丁灣，同包括美國海軍在內的多個國家海軍一起，執行打擊海盜的護航任務，部分批次護航編隊在返航時還訪問了美國海軍基地。這一時期，兩軍在反恐、人道主義救援等安全領域合作越來越廣，穩步推進。

（五）美軍重返亞洲後至今

2012 年美國國防部長帕內塔（Leon Panetta）在香格里拉對話中提出將美國海軍 60% 的兵力部署在亞太地區[2]，可以看作是美軍重返亞洲的一個重要標誌。由於這一時期美軍的重返亞洲戰略使美軍強化在亞太地區的軍事部署，加大了亞太地區軍事行動的力度，使得中美兩軍產生摩擦的可能性增加。可見兩軍合作向前發展的之時，相互鬥爭也同時存在。在美軍多次派出飛機艦隻對我周邊進行侵犯襲擾的同時，2013 年還發生過兩國海軍艦隻對峙事件。[3]2013 年 11 月在夏威夷舉行的人道主義救援減災聯合實兵演練中，中國軍隊首次踏上美國領土；2014 年「金色眼鏡蛇」和「環太平洋」演習中，中國軍隊參與了美國與盟國舉行的傳統演習；2015 年 1 月，中

---

1 "China, US 'to Set Up Military Hotline,' " *The Sydney Morning Herald*, June 2, 2007, http://www.smh.com.au/news/World/China-US-to-set-up-military-hotline/2007/06/02/1180205565181.html.

2 Leon Panetta, "The US Rebalance Towards the Asia-Pacific," Remarks by Secretary Panetta at the ShangriLa Dialogue in Singapore, 2 June 2011, http://www.iiss.org/en/events/shangri%20la%20dialogue/archive/sld12-43d9/first-plenary-session-2749/leon-panetta-d67b.

3 Zhao Shenggan, "Pact to Reduce Sea Conflicts," *China Daily*, April 23, 2014, http://www.chinadaily.com.cn/china/2014-04/23/ content_17455623.htm.

美人道主義救援減災聯合實兵演練，兩軍部隊又實現了混合編組、聯合作業。[1]2015 年軍委副主席范長龍訪美，同美方簽署了《中美陸軍交流與合作對話機制框架文件》。這是兩國陸軍近些年簽署的第一份合作協議。美國陸軍參謀長雷蒙德表示，協議的簽署「標誌着中美陸軍的合作與對話，進入了一個新的階段」。[2] 雙方還決定在原《海空相遇安全行為準則諒解備忘錄》中細化兩國空軍相遇時的有關內容，以降低雙方衝突與突發事件發生的可能性。總體來看，美軍重返亞洲以來，雙方在一些問題上有摩擦，但兩軍關係發展總體穩定。美國國防部發佈的《2016 年中國軍事與安全發展態勢報告》也認為「兩軍關係發展保持了積極的勢頭」。[3] 這一階段兩軍關係處於鬥爭與合作並存的狀態。

二、中國發展兩軍關係的利益

從根本上講，中國政府、中國人民、中國軍隊都希望與美國建立良好的包括軍事關係在內的雙邊關係，在這一問題上中國歷屆政府都保持了相當一致的連續性。發展中美兩軍關係有利於構建新型關係，有利於維護地區和平穩定，有利於建立互信、促進合作。

（一）兩軍關係與新型大國關係

2013 年 6 月習近平主席與奧巴馬總統在美國加州進行會晤時，兩國元

---

1 趙小卓：《中美新型軍事關係成為兩國關係新的增長點》，《解放軍報》2015 年 9 月 30 日，第 3 版。

2 "China, US Sign Agreement to Boost Army Cooperation," China Military Online, June 15, 2015,http://eng.chinamil.com.cn/special-reports/2015-06/15/content_6540579.htm.

3 US Department of Defense, *Annual Report to Congress: Military and Security Developments Involvingthe People' s Republic of China* 2016, April 26, 2016, III.

首一致同意建立中美兩國新型大國關係。新型大國關係的核心是「不衝突，不對抗，相互尊重，合作共贏」，不衝突不對抗是底線，相互尊重是交往準則，實現合作共贏是努力目標。[1] 發展兩軍關係對建立新型大國關係起着至關重要的作用，是其重要組成部分。中美建交後，兩國在經濟、文化、科技、教育等領域的合作交流日益擴大，並同時推動兩國總體關係向好的方向發展。雖然發展過程中出現過摩擦和分歧，但兩國總體關係發展趨勢良好。相比之下，由於軍事因素的特殊性，兩軍關係發展長期滯後於兩國總體關係，成為兩國關係發展的短板，處於較低層次。美軍將對外軍事關係分為八個層次，由低至高分別為：高層互訪、參謀情報互換、兩軍召開研討會、軍官赴美受訓及互派觀察員、進行工程和醫療方面的聯合演習、小規模軍訓、聯合軍事演習、多國軍事演習。[2] 雖然在不同時期，兩軍交往涵蓋了上述各個層次和領域，但總體而言，中美兩軍關係仍處於第三、第四層次。兩軍關係的低水平徘徊，一定程度上制約了兩國總體關係的發展。在美國調整其戰略，大幅增加亞太軍事存在的大環境下，中美兩軍出現接觸與摩擦的可能性增加，這種情況下就更需要兩軍擴大交流與合作，構建良好的兩軍關係，為兩國建立新型關係奠定基礎。

（二）維護地區和平穩定

中國是一個發展中國家，同時是一個具有全球影響的亞太地區大國，其對安全的重點關切是維護亞太地區的和平與穩定，為中國和平發展創造良好的外部條件，與此同時，承擔力所能及的大國責任。美國要推行其全球戰略，保持亞太地區平衡和穩定是重要條件。美國在亞太地區開發部署導彈防禦系統、強化軍事同盟關係，對此兩國立場有根本的不同，但雙方

1　南方日報評論員：《中美新型大國關係具有強大生命力》，新華網，2015 年 9 月 26 日，http://news.xinhuanet.com/world/2015-09/26/c_1116686437.htm。

2　尤林等：《新型大國關係框架下構建中美新型軍事關係的必要性與可行性分析》，《海軍工程大學學報》（綜合版）2015 年第 2 期，第 22 頁。

能夠找到的最大利益共同點是希望亞太地區穩定。[1] 在維護亞太地區穩定上，中美兩國有着共同利益。冷戰結束以來，兩軍關係在多次劇烈的波動之後（1996 年台海危機、2001 年南海撞機事件等）最終保持了相對穩定，說明維護亞太地區穩定符合兩國共同利益。而作為兩國關係最具敏感性的軍事關係，推動其平穩向前發展對維護亞太穩定顯然至關重要。

（三）建立互信，促進合作

首先發展兩軍關係有助於建立互信，促進合作。美國經常指責中國缺乏軍事透明度，對與解放軍的交流與合作做出諸多限制，以防其從中提高軍事能力，還經常派出飛機、艦隻對中國周邊地區進行抵近偵察，這都是缺乏互信的表現。這種互信的缺乏，對兩國關係的發展會產生不利影響，甚至會釀成衝突與危機。而加強兩軍溝通與合作，本身就可以使雙方更好地相互了解、建立互信，是增加軍事透明度的有效手段，還是發展兩軍關係的重要途徑。中國致力於通過加強兩軍的交流合作，增進了解，加深共識，建立互信，為兩國關係發展創造良好條件。發展兩國軍事關係，是一種互利共贏的結果，軍事關係作為兩國關係的短板，它的發展還可以帶來兩國總體關係的全面提升。

另外，發展兩軍關係還有助於為地區和全球提供安全公共產品。安全公共產品的供給通常表現為協議承諾、責任共擔、利益共享的相互默契，具體體現為國家政府之間的一種機制化和制度性的安排，既有公共實物表徵，又有制度化的載體雙重特性。[2] 由於中美兩國在地區和全球安全領域具有重要的影響，發展中美兩軍關係，加強相互的交流合作，可以增加兩軍默

---

1 John D. Negroponte, "The Future of Political, Economic and Security Relations with China," TestimonyBefore the House Committee on Foreign Affairs, Washington DC, May 1, 2007.

2 楊魯慧:《中國崛起背景下的中美新型大國關係》,《山東大學學報》(哲學社會科學版)2013 年第 6 期。

契，建立信任制度、合作制度，減少發生摩擦和危機的風險，合作應對各類非傳統安全威脅，為亞太地區和全球提供安全公共產品。

使中美兩國關係成為兩國關係的穩定器、維護地區和平與穩定、建立互信促進合作，這些不僅是中國發展中美兩軍關係的利益動因，同樣也符合美國的國家利益。因此發展兩軍關係，是雙方合作共贏的有效途徑。

三、兩軍關係面臨的主要挑戰

中美兩軍關係歷經曲折、艱難前行的原因主要是兩軍在存在共同利益與合作基礎的同時，雙邊關係還面臨着許多重大挑戰。

（一）政治關係的消極影響

軍事活動應服從政治目的是處理國際事務的基本準則，中美兩軍關係基本隨兩國政治關係的變化而變化，並成為兩國政治關係的晴雨表。兩國政治關係的消極因素，極大地影響了兩軍關係的正常發展。美對華遏制思維。美國雖然公開聲稱歡迎中國崛起，但實質上一直執行在接觸中遏制的政策，美國對華「接觸加遏制」政策在美國國內有堅實的政治基礎[1]，其有「遏制」色彩的行為很難讓國際社會和中國人民信服其真正歡迎中國的發展與強大。《時代》周刊曾發表題為《我們為何必須遏制中國》的文章稱「美國對華政策的基點之一就是同中國的鄰國建立或加強安全關係，以遏制中國影響的擴大」。[2] 甚至有美國學者指出，「美國對華政策並不是接觸與遏制，

1 Aaron L. Friedberg, *A Contest for Supremacy: China, America, and the Struggle for Mastery in Asia* (New York: W. W. Norton & Company, 2011), 115-119.

2 Charles Krauthammer, "Why We Must Contain China," *Times*, July 31, 1995, 72.

所謂的接觸只是另一種遏制的繼續」。[1]1946 年喬治・凱南（George Kennan）的八千字電文和他在 1947 年發表在《外交》雜誌上《蘇聯行為根源》[2]的文章，標誌着美國遏制戰略的形成。冷戰結束後，雖然美國政府一再強調，中國不同於蘇聯，美國不尋求對華遏制政策，但在具體對華政策和行為中，仍有許多當年對蘇政策的影子。美國國防部長卡特 2016 年 5 月 27 日在美國海軍軍官學校發表演講，22 次提及中國，把美國對中國的戰略態勢比喻成「宛如與前蘇聯持續近 50 年的冷戰對峙」。[3]這種觀點顯然不利於建立新型關係。中美在亞太地區擁有廣泛的共同利益，雙方合則兩利、鬥則俱傷。在全球化深入發展的今天，固守冷戰思維沒有出路，也不會有任何效果。

意識形態價值觀分歧。許多美國人認為，雖然中國現在走的是市場經濟道路，但是其社會主義的性質仍未改變。西方流行的理論認為，民主國家之間沒有根本對立的利害衝突，而「社會主義國家經常成為禍根」。美國是反共意識形態根深蒂固的國家，從意識形態上很難容忍中國作為社會主義國家穩固和崛起。[4]美國從來都是在全世界推行美國模式的民主、自由和與美國相似的價值觀，並試圖用美國的價值觀去影響和改造其他國家。而中國一直將意識形態和價值觀歸入國家主權範疇，維護自身社會制度和意識形態的自主性是中國的基本政治利益所在，事關國家主權，不容他國干涉。兩國在意識形態和價值觀上的分歧，構成發展兩軍關係的一大挑戰。

美國國內反華勢力的制約。國會、軍方和其他一些反華勢力，是中美兩國、兩軍關係發展的重大影響和制約因素。由於三權分立的政治體制，

---

1 Christopher Layne, "A House of Cards: American Strategy toward China," *World Policy Journal*, Fall1997, 77-95.

2 "X", "The Sources of Soviet Conduct," *Foreign Affairs*, Vol. 25 (July 1947): 575.164

3 "Foreign Ministry Spokesperson Hua Chunying's Regular Press Conference on May 30, 2016", http://www.fmprc.gov.cn/mfa_eng/xwfw_665399/s2510_665401/2511_665403/t1367853.shtml.

4 王緝思：《「遏制」還是「交往」》，《國際問題研究》1996 年第 1 期。

美國國會在中美關係中扮演了非常重要的角色，而且往往對雙方關係施加負面影響。美國著名中國問題專家邁克．奧森伯格（Michel Oksenberg）曾說「國會常常能從總統手中奪過了對華政策的制定權。只要國會下定決心，那麼它在中美關係中所發揮的作用不但深遠而且巨大」。[1] 美國國會利用立法權，通過相關法案限制中美軍事交流。美國軍方出於維護自身地位和增加軍費等因素，不斷渲染「中國威脅論」。美國國內有些勢力幾乎逢中必反，例如在 TPP 等問題上打造「排華俱樂部」(Anyone But China club)。[2] 這些都對兩國關係的正常發展提出嚴峻挑戰。

缺乏戰略互信，軍力發展猜忌。致使兩軍關係發展緩慢，長期處於低水平徘徊的另一個原因就是兩軍缺乏戰略互信，尤其是美國對中國軍力的正常發展長期持猜忌與防範的態度。有的學者把這種戰略互信的缺乏稱之為戰略互疑（strategic distrust）。[3] 美國還經常通過發佈《中國軍力報告》等途徑渲染「中國威脅論」，這對兩軍關係的發展是一個極大的阻礙。美國應當看到，中國國防力量雖然有了一定的進步，但是同美軍相比還有很大的差距，況且中國一直堅持獨立自主的和平外交政策和積極防禦的國防政策，中國軍力的發展對美國而言不會是威脅，相反，這為兩軍合作提供了契機。

（二）美台不正常關係

按照國際法或國際慣例，美國與中華人民共和國建交後，不應與中國的一部分—台灣保持任何政治和軍事關係。然而，美國視台灣為「不沉沒

1 Michel Oksenberg, "Congress, Executive-Legislative Relations, and American China Policy," in *The President, The Congress, and Foreign Policy*, ed. E. S. Muskie, K. Rush and K. W. Thompson（Lanham, MD:UniversityPress of America, 1986）, 218.

2 David Pilling, "The Anyone But China Club Needs a Gatecrasher," *The Financial Times*, October 12, 2015,http://www.ft.com/intl/cms/s/0/62613e6a-6b5a-11e5-aca9-d87542bf8673.html#axzz48Q6mEYtQ.

3 王緝思、李侃如：《中美戰略互疑解析與應對》，社會科學文獻出版社，2016。

的航母」，對其有重要的戰略價值，一直違反中美三個《聯合公報》，同台灣當局保持着不正常的軍政關係。這對中國的主權和領土完整構成嚴重威脅，並成為發展兩國、兩軍關係的最嚴重障礙。每當美國對台出售武器或插手干預台海事務，向「台獨」勢力發出錯誤信號時，都會嚴重損害中美兩軍關係發展，甚至造成危機。

台灣問題關係到中國的主權統一和領土完整，是中國的核心利益。美台關係，特別是美台不正常的軍事關係，成為中美兩國兩軍關係中最為敏感的破壞性因素。但是美國還是一直同台灣保持特殊性質的關係，企圖達到「以台制陸」的戰略目的。1995 年美國政府同意李登輝訪美，並派遣航母艦隊開進台灣附近海域等干涉兩岸事務的行為，嚴重侵犯了中國主權，直接釀成了台海危機，使當時兩國安全領域的磋商中斷、軍事交流停止，兩國兩軍關係出現了嚴重倒退。美國 2003 財年《對外關係授權法案》中直接把台灣視為「非北約的盟友」(non-NATO ally)[1]，進一步明確了美台同盟關係。此後，美台在尖端軍事技術研發、情報搜集共享、軍事人員訓練、建立對話機制等方面進行了廣泛的合作。

中美關係發展一直起伏不斷、幾經波折的重要原因之一，就是美國對台軍售。中美兩國在 1982 年簽署的《8・17 公報》中明確指出「美國政府將逐步減少對台灣的武器出售，並經過一段時間導致最後的解決」。[2] 但冷戰結束以後，美國政府屢次提升對台軍售水平，嚴重違反《八一七公報》的承諾，阻礙了中美兩國兩軍關係的正常發展。1993 年美國參議員佛蘭克・

---

1 *Foreign Relations Authorization Act, Fiscal Year 2003* states that Taiwan shall be treated as thought were designated a major non-NATO ally (as defined in section 644 (q) of the Foreign AssistanceAct of 1961 (22 U. S. C.2403 (q)), see *Foreign Relations Authorization Act*, Fiscal Year 2003,Public Law 107-228, 107th Congress, September 30, 2002, https://www.congress.gov/107/plaws/publ228/PLAW-107publ228.pdf.

2 For a text of the Joint Communiqu , see "Joint Communiqu of the People' s Republic of China and the UnitedStates of America," August 17, 1982, http://www.china-embassy.org/eng/zmgx/doc/ctc/t946664.htm.

麥考斯基（Frank Murkowski）提出修正案，規定「美國政府與台灣地區的關係應遵守《與台灣關係法》，而不是1982年的中美《8．17公報》」。[1]該修正案最終於1994年被美國國會通過形成法律，成為美國對台軍售的法律依據，使美國對台軍售的水平日益提高。奧巴馬總統執政後僅在兩年多時間內，美國對台軍售金額就高達約122億美元個，[2]掀起了美國對台軍售的新高潮。美國不斷提升對台軍售水平和規模，勢必加劇中美間戰略互疑，對兩國間本就脆弱的互信雪上加霜。在當今美國大幅增強印太地區軍事力量的情況下，這可能會導致兩國間的軍備競賽，甚至由於某些偶發情況爆發危機，嚴重威脅了地區的和平穩定。

（三）軍事透明困境

軍事透明好比一把雙刃劍，一方面有利於展現誠意建立互信防止誤判；另一方面也可能成為一種博弈工具。中國「軍事透明」問題一直是困擾中美軍事關係發展的一個焦點。中國一直高度重視「軍事透明」的有關工作，並且已經做出了很大努力提高中國軍事透明度。但美方還是一直強調中國軍事透明度低，其關鍵因素之一就是兩國對透明的理解不同。美國強調能力透明，着重希望公開與軍隊能力有關的數據和信息。但中國一直強調意圖透明，認為雙方如果沒有利益衝突、互不抱有敵意，那麼無論具有怎樣的能力，都不會對對方產生實質威脅。況且，許多美國學者也認為「中國的軍事透明度正在發展，不僅是意圖上的透明，而且也有能力上的透明」[3]。

1 "Donald Trump's Interview with the Washington Post," *The Washington Post*, March 22, 2016,https://www.washingtonpost.com/news/the-fix/wp/2016/03/22/donald-trumps-interview-with-thewashington-post-is-totally-bananas/?utm_term=.784413067b81.

2 趙穎哲：《奧巴馬政府對台軍售研究》，碩士學位論文，外交學院2015年。167

3 David Shambaugh, "China Engages Asia: Reshaping the Regional Order," International Security, Vol.29, No. 3 (Winter 2004): 64-99.

美國觀點一般認為透明度有固定的判斷標準，[1]是絕對的，並且把它自己的標準施加到其他國家上。中國認為透明度的判斷標準是相對的，應根據自身安全環境的特點、維護安全的需求以及國際共識，明確透明尺度。

有一種觀點認為，美國追求軍事透明度表面上是為了建立開放的信息機制，加強軍事互信，實際上長期以來美國把軍事透明作為工具而非目標，軍事透明成為一種獲取軍事情報和向對手進行政治打壓的有效手段。其作用機理是：通過實力和國際輿論優勢，為對手製造「透明困境」，迫使對手在「透明」博弈中拒絕等方式，從而達成妖魔化對手的目的。換句話說，相對弱勢的一方如果按同一標準透明將使國家安全面臨威脅，如果拒絕，則被指責缺乏透明度。有學者直接坦言，在推動建立信心措施名義下的軍事透明，已成為美國與其心目中的對手之間進行強權政治博弈的政策工具。[2]美國《國家安全委員會 112 號文件》為美國軍事透明政策設置了主基調，即將軍事透明作為工具而非目標。[3]軍事透明政策源自冷戰時期，美國通過對蘇聯發動「透明攻勢」，進行政治打壓，爭取戰略主動，渲染共產主義威脅，妖魔化蘇聯的國際形象。從某種角度講，對蘇軍事透明政策是美國遏制戰略的重要一環，為贏得冷戰勝利發揮了不可替代的作用。這才是美國透明政策背後的「最大政治回報」。[4]冷戰結束至今，美國的對華軍事透明政策有許多當初對蘇政策的痕跡，利用其強大的輿論工具，渲染中國軍事不透明，製造中國威脅論，維護對華政策主導權。

---

1 〔美〕馬偉寧（Brendan S. Mulvaney）：《中美軍事關係中的透明度問題》，《現代國際關係》2005 年第 10 期。

2 James J. Marquardt, *Transparency and American Primacy in World Politics*, Politics（Surrey: Ashgate Publishing Limited, 2011）, 93.

3 徐輝、韓曉峰：《美國軍事透明政策及其對中國的影響》，《外交評論》2014 年第 2 期。

4 徐輝、韓曉峰：《美國軍事透明政策及其對中國的影響》。

（四）過度的航行自由

長期以來，美軍為保持自身的軍事行動的自由，一直以航行自由的名義派軍艦、飛機對中國沿海及周邊地區進行頻繁的抵近偵察和襲擾。美軍飛機對中國的抵近偵察一年可達 500 架次左右，且每次偵察留空時間相當長，超過 10 小時。[1]2001 年 4 月美軍 EP-3 偵察機對華實施抵近偵察，最後釀成撞機事件就嚴重影響了兩軍關係的正常發展。近來，美軍加大了對我南海島嶼的抵近偵察力度，2013 年美軍「考彭斯」（Cowpens）號巡洋艦和中國「遼寧」號航母在南海對峙。2015 年 11 月美軍還派出 B-52 轟炸機飛臨中國南海島礁上空挑釁。2015 年 10 月以來，美軍就已有「拉森」號、「威爾伯」號和「勞倫斯」號導彈驅逐艦分別駛入南海中國島礁附近水域。[2] 近十年，美國加强對華軍事威懾，在南海及周邊海域進行高强度的抵近偵察、穿越台灣海峽、前沿存在、戰略巡航、演習演訓和戰場建設等行動。2024 年，美軍大型空中偵察機的空中抵近偵察約 1000 架次，海洋監視及測量船累積活動 706 個艦日，較 2023 年顯著增加；航母打擊群 8 次進入南海，全年至少有 10 艘攻擊型核潛艇、2 艘巡航導彈核潛艇和 1 艘戰略導彈核潛艇先後出現在南海及周邊地區。[3] 有學者指出，美軍在南海用力過頭，過度的航行自由已構成對中國的羞辱，從而迫使中國加力反擊。從此，南海緊張局勢或步入螺旋上升，中美衝突可能性大增。這已危及東亞和平、穩定與發展。[4]

---

1 《美軍機對中國偵察每年約 500 架次，每次留空超 10 小時》，人民網，2014 年 8 月 27 日，http://world. people.com.cn/n/2014/0827/c1002-25545168.html.

2 Valerie Edward, "US Navy Destroyer Illegally Sails Near Disputed Chinese Island Damaging 'Regional Peaceand Stability," *The Daily Mail*, May 10,2016, http://www.dailymail.co.uk/news/article-3583640/US-Navydestroyer-illegally-sails-near-disputed-Chinese-island-damaging-regional-peace-stability.html.

3 南海戰略態勢感知計劃：《2024 年美軍南海軍事活動不完全報告》，available at http://47.239.206.152/sites/default/files/reports/2024nian_mei_jun_nan_hai_jun_shi_huo_dong_bu_wan_quan_bao_gao__0.pdf.

4 薛力：《致奧巴馬的一封信》，FT 中文網，2016 年 5 月 19 日，http://www.ftchinese.com/story/001067611?full=y。

需要指出的是，中美兩國為防止海空意外，建立了一系列海空相遇的戰術技術規則。然而，不可否認的是，戰術技術規則雖然很重要，但只能解決戰術技術問題，而美國頻繁高調的海空抵近偵察行為，發送的卻是戰略信號，後果很嚴重。往輕裡說，讓對方感受到來自美國的敵意和威脅；往重裡講，很可能導致衝突和戰爭。是美國政府對此進行反思的時候了。

（五）對盟友的過度承諾

奧巴馬總統曾明確表示「我們將關注中國的軍事現代化並做好準備，以確保美國及其地區和全球性盟友的利益不會受到負面影響」。[1] 美國在 2012 年 6 月的香格里拉對話上重申了亞太再平衡戰略（The US Rebalance towards the Asia-Pacific），並強調其會加強與美國傳統盟友的關係，強化在亞太的軍事部署。[2] 美國對盟友的安全承諾，經常表現為在爭端中不問是非一味袒護盟國，損害中國的合法權益。例如，美國雖然多次表示在中日釣魚島爭端中不持立場，[3] 但是又多次重申釣魚島適用於《美日安保條約》。[4]2012 年 4 月發生中菲黃岩島對峙事件後不久，美國又宣佈強化美菲安全和戰略領域關係。[5] 美國對其盟友的安全承諾，不能以犧牲中國等第三方國家的利益為代價，應從有利於維護亞太地區的和平與穩定出發，不應發出錯誤的信號鼓動其盟友做出挑釁動作，破壞地區穩定。但事實卻並非如此，有了美國

1 The White House, "National Security Strategy," May 2010, 43, https://obamawhitehouse.archives.gov/sites/default/files/rss_viewer/national_security_strategy.pdf.

2 Leon Panetta, "The US Rebalance Towards the Asia-Pacific," Remarks by Secretary Panetta at the ShangriLa Dialogue in Singapore, June 2, 2011, http://www.iiss.org/en/events/shangri%20la%20dialogue/archive/sld12-43d9/first-plenary-session-2749/leon-panetta-d67b.170

3 《美國稱在釣魚島爭端上"不持立場"，希望中日和平解決》，國際在線，2012 年 8 月 16 日，http://news.163. com/12/0816/16/891SCDCF00014JB5.html。

4 《美國再確認釣魚島屬美日安保條約適用範圍》，人民網，2014 年 4 月 6 日，http://military.people.com. cn/n/2014/0406/c1011-24837748.html。

5 德永健：《美菲將舉行首次「2+2」磋商，菲防長將訪五角大樓》，中國新聞社，2012 年 4 月 27 日，http://www.chinanews.com/gj/2012/04-28/3853011.shtml。

的支持，日本首相安倍晉三在 2013 年就曾發表文章呼籲亞太各國和中國抗衡。[1] 美國還強化了同印度、越南、蒙古國等非傳統盟國的關係，並在軍事領域開展了軍事貿易、軍事演習、人員交流等較為深入的合作，試圖拉攏中國周邊國家以抗衡中國的發展，這更使中美兩國以外的第三方因素干擾中美關係發展的形勢複雜化。有美國學者建議美國政府以捍衛盟友利益的名義，對中國軍力的發展加以防範或反制[2]，這等於把中美兩軍關係的穩定建立在犧牲中國的核心利益的基礎上，這是中國無法接受的。這充分表明，美國對盟國的袒護，損害了中美兩軍關係和地區和平，可能會使兩國因第三方因素捲入衝突，嚴重破壞中美互信。

四、應對兩軍關係面臨的挑戰

通過對中美兩軍關係的發展演變和當前面臨的現實問題的梳理與分析，我們可以發現，為了有效應對發展兩軍關係面臨的諸多挑戰，建立有利於兩軍關係長期健康發展的有效機制，雙方應着重加強提升互信、深化合作、危機管控等方面的工作。

（一）建立雙方互信

建立互信的目的在於降低因誤判而導致衝突的可能性[3]，而要建立雙方的互信、增進相互了解、減少戰略誤判，首先是美國要有正確的對華戰略定位。美國對華戰略定位也是隨着兩國間關係的發展而不斷的調整，冷戰結

1 《簡氏防務周刊：安倍籲組「民主安全菱形」抗衡中國》，中國網，2013 年 1 月 12 日，http://www.china. com.cn/international/txt/2013-01/12/content_27666947.htm。

2 傑弗里．貝德：《美國對華政策框架》，布魯金斯學會．華盛頓，2016 年 5 月，第 10 頁，https://www.brookings.edu/wp-content/uploads/2016/03/us-china-policy-chinese.pdf。

3 徐輝：《中美軍事互信為何難以建立？》，《外交評論》2010 年第 2 期。

束之初，美國對華戰略一直在接觸與遏制之間搖擺不定。1997 年的《中美聯合聲明》提出「共同致力於建立中美建設性戰略夥伴關係」；2000 年小布什政府上台之初，把中國視為挑戰者，2005 年，小布什政府又提出「負責任的利益攸關方」概念；2011 年的《中美聯合聲明》中把兩國關係定位為「共同努力建設相互尊重、互利共贏的合作夥伴關係」，[1]2013 年習近平主席與奧巴馬總統在會晤時明確了中美新型大國關係，又進一步確定了兩國的戰略定位。[2] 有了正確的戰略定位，才能有效建立雙方的互信，為兩軍關係的良性發展奠定良好基礎。

雖然中國一直以來在多種場合都強調要走和平發展的道路，不會謀求世界霸權，但許多美國領導人，特別是軍方領導人仍然把中國軍事力量的正常發展看作是對美國的威脅，每年五角大樓都要向國會提交《中國軍力報告》，鼓吹中國軍事威脅。美國擁有全世界最強大的軍隊，中國軍隊雖然近幾年有了一定的發展，但是同美國相比還有巨大的差距。況且中國秉持防禦性的國防政策，根本沒有同美國爭霸的意圖。所以無論是從意圖上，還是從能力上，美國都應正確看待中國的發展，不應把中國的正常發展當作威脅。基辛格（Henry Kissinger）曾指出「中國經濟力量和政治影響力的增長是一個客觀現實，美國必須適應之而不是妖魔化中國」[3]。還有美國學者指出「中國在東海和南海未攻擊過任何其他聲索國佔領的島嶼，並堅稱無意挑戰美國的全球領導地位」。[4] 美國需要正確看待中國軍事力量的發展，中國維護正常合法權益的行為並不等於要把美軍趕出亞太，更不是要消除美國影響，而是希望美國尊重中國核心利益。

此外，雙方應當正確認識彼此在軍事透明度問題上的分歧，相互尊重

1 王鴻剛：《中美「合作夥伴關係」新定位評析》，《現代國際關係》2011 年第 2 期。

2 王緝思：《中美關係如逆水行舟》，《中國企業家》2013 年第 15 期。

3 Henry Kissinger, "The Future of U. S. -China Relations: Conflict Is a Choice, Not a Necessity," *Foreign Affairs*, March /April 2012.

4 貝德：《美國對華政策框架》，第 3 頁。

彼此所持的立場和關切。特別是美國不應當把透明度問題當作維護自身霸主地位、打壓中國的工具，應看到中方為增加軍事透明度所做的巨大努力。中國從 1998 年開始發佈第一部國防白皮書，美國學者也稱之為「中國軍隊走向開放的重要一步」[1]，國防白皮書之後定期每兩年發佈一次，介紹中國軍事力量建設方針、發展情況等。2008 年中國國防部設立發言人制度，2009 年設立國防部官方網站，2013 年年底，解放軍和武警 7 個大單位設立新聞發言人，主要擔負對外發佈本單位重要活動的權威信息，回應輿論關切，回答媒體求證和提問等職責。[2] 這都說明中國軍事透明水平不斷提升，為增強互信、擴大交流創造了良好條件。

（二）擴大交流，深化合作

擴大交流和互訪的層次和範圍是增進兩軍關係的重要途徑。通過廣泛的人員互訪交流、參觀軍事單位、交換彼此的軍事思想與防務政策、考察軍事力量建設情況，可以加深雙方的了解，這種雙方軍事人員切身經歷的實地考察，更是提升軍事透明度行之有效的方法。長期以來，兩軍交往較多地停留在高層互訪會談層面，交流範圍較窄。自從 2013 年兩國元首一致同意建立中美新型大國關係以來，兩軍交流明顯提升。僅 2015 年兩軍就開展了高層互訪 4 次、高層多邊會議 3 次、經常性交流 6 次、學術交流及功能性交流 10 次[3]，交流內容有了較大拓展，務實性顯著增強。美軍學者馬偉寧

---

1 Kenneth W. Allen, "China's Approach to Confidence-Building Measures," in *Investigating Confidence-Building-Measures in the Asia-Pacific Region*, ed. Ranjeet K. Singh, The Henry Stimson CenterReport No. 28, May 1999, https://www.stimson.org/wp-content/files/file-attachments/Investigating%20Confidence-Building%20Measures%20in%20the%20Asia-Pacific%20Region.pdf.

2 《向世界講好中國軍隊故事》，中國國防部官網，2014 年 12 月 28 日，http://news.mod.gov.cn/headlines/2014-12/28/content_4561033.htm。

3 U. S. Department of Defense, *Annual Report to Congress: Military and Security Developments Involvingthe People's Republic of China 2016*, 103-104.

(Brendan S. Mulvaney)指出:「軍事交流活動不會對國家安全構成威脅,也不可能增加一個國家的戰鬥力。相反,雙方通過交流進一步了解了對方的安全戰略,這有助於防止誤判導致的衝突。」[1]

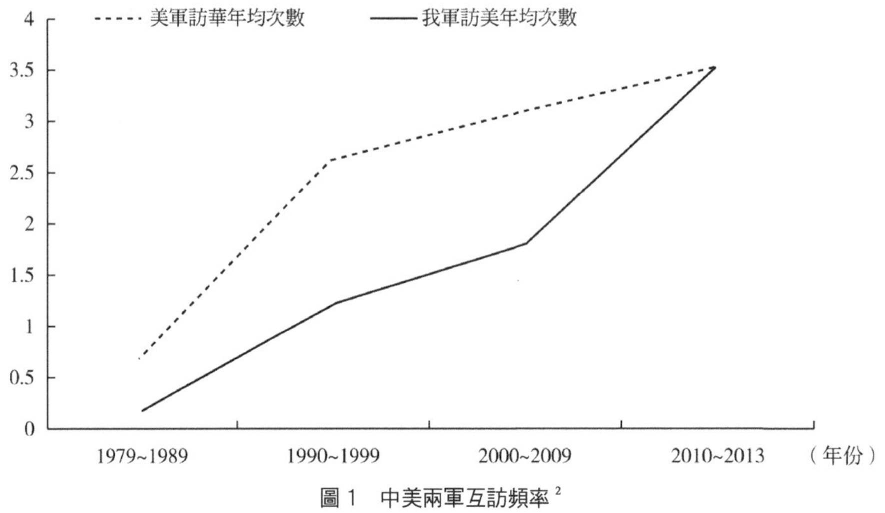

圖 1 中美兩軍互訪頻率[2]

除了擴大兩軍交流外,兩軍還應大力深化軍事合作,使雙邊軍事關係向更深層次發展。兩軍關係在美軍對外關係八級分層中,長期在第三、四層級徘徊。但從 2013 年雙方同意建立新型大國關係後,雙方開始組織一定規模的聯合演習,合作向更深層次發展。2013~2015 年,中美兩軍聯合演習頻率大大增加,3 年間聯合演習已達 12 次並在許多領域實現了歷史性突破(見圖 2)。另外,當今恐怖主義等非傳統安全威脅已成為世界各國需要應對的一個重要問題,中美兩軍在反恐、打擊海盜、救援減災等非傳統安全領域具有廣泛的共同利益,這為兩軍強化非傳統安全領域合作提供了良好機遇與寬廣空間,有助於雙方建立互信,深化合作。

---

1 〔美〕馬偉寧(Brendan S. Mulvaney):《中美軍事關係中的透明度問題》。
2 張芳:《中美新型軍事關係的內涵與建構路徑》,《美國問題研究》2014 年第 1 期。

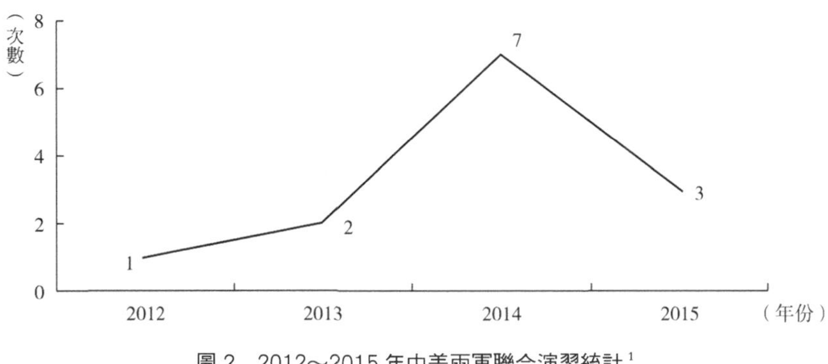

圖 2　2012～2015 年中美兩軍聯合演習統計[1]

（三）注重危機管控

首先要相互尊重安全關切，不損害對方核心利益。長期以來，中美軍事關係在曲折中艱難發展，每次雙邊關係正常發展中斷的具體原因各不相同，但共同點都是美國損害了中國重大安全關切和核心利益。無論是「台海危機」、「炸館事件」還是「撞機事件」等，都是美國主動挑釁，損害中國核心利益。美方試圖在損害中方重大利益或迫使中方在核心利益上妥協，以維護其主導地位，或迫使中方接受這種不平等現狀，這是兩軍關係問題不斷的根源。要真正建立成熟的建設性關係，美方有必要對己方相關政策做出根本調整，切實尊重中國的核心利益，這也是共同推進以協調、合作、穩定為基調的中美關係的關鍵所在。

其次要追求有限目標，擺脫零和困境。中美雙方雖然在戰略目標上有一定的分歧和矛盾，但是從發展雙邊關係的大局和維護地區和平穩定的角

---

1 U. S. Department of Defense, *Annual Report to Congress: Military and Security Developments Involvingthe People's Republic of China 2013*, May 7, 2013, 69; U. S. Department of Defense, *Annual Reportto Congress: Military and Security Developments Involving the People's Republic of China 2014*, April 24, 2014, 71; U. S. Department of Defense, *Annual Report to Congress: Military and Security DevelopmentsInvolving the People's Republic of China 2015*, April 7, 2015, 74; U. S. Department of Defense, *Annual Report to Congress: Military and Security Developments Involving the People's Republic of China 2016*, April 26, 2016, 104.

度出發，雙方都應該在戰略上追求有限的目標，注意保持克制，尤其要保持對敏感軍事要素參與危機的高度控制，以免產生不必要的對抗升級，例如近期中國在南海島礁建設中就使用民用船隻和人員，以避免產生直接的軍事對抗。[1] 通過雙方互諒互讓，使兩國擺脱零和遊戲的困境，創造互利共贏的良好雙邊關係。特別是美國，作為當今世界唯一超級大國，應充分考慮到中國政府和人民在台灣等核心利益上的立場和態度，這不僅有利於擴大兩國在地區和全球安全問題上的合作，也符合美國自身利益。[2]

最後要強化危機防範機制，防止戰略誤判。有效的危機防範機制能加深彼此的戰略互信，了解雙方的戰略意圖，預防危機發生，尤其可以在緊急情況下實現雙方信息的快速溝通，準確把握彼此的心理預期，降低戰略誤判的可能性。目前，兩軍建立了國防部防務磋商、戰略安全對話、雙方軍事熱線、國防部工作會晤、海上軍事安全磋商等機制。下一步，應不斷完善雙方軍事交流與危機防範機制，建立積極的軍事合作制度，以更好地應對偶發事件或戰略誤判對雙邊關係的挑戰。

五、結論

2017 年 1 月 20 日唐納德・特朗普（Donald Trump）在美國華盛頓國會山正式宣誓就任第 45 任美國總統。特朗普從競選之初到最後當選就任一直都是一位極具爭議性的人物，他屢屢打破常規，發表爭議性言論，大肆批評美國的對外方針、移民政策、政治時弊等，而中國也是特朗普非常喜歡攻擊的目標之一，但其在對中國的態度上又具有複雜多面性。兩國關係可

---

1 賈宇、張小奕：《中國在南沙群島的島礁建設有理有據》，《人民日報》，2015 年 6 月 5 日。

2 徐輝：《中美軍事互信為何難以建立？》。

以視為兩軍關係的晴雨表，在政治領域，特朗普當選後美國總統後在 2016 年 12 月 11 日接受媒體採訪時曾公然宣稱「美國沒有必要被『一個中國』政策束縛住」[1] 此前還曾接聽台灣地區領導人蔡英文祝賀其當選的電話，這打破了中美建交以來的外交慣例，嚴重損害了中美雙邊關係的基礎。但在 2017 年 2 月 10 日特朗普總統與習近平主席通電話時又明確表示「美國政府堅持奉行一個中國政策」。[2] 從克林頓執政開始，歷經克林頓、小布什、奧巴馬幾位總統在過去十幾年中每逢中國農曆春節都會表達春節祝福拜年，特朗普打破了這十餘年來的慣例，在 2017 年就任總統的第一個春節並沒有向中國及華人社會致以新春祝福。但特朗普又在農曆正月初五（2017 年 2 月 1 日）派長女伊萬卡出席了中國駐美使館的新春活動，為中美關係釋放出積極信號。在軍事領域，特朗普在 2016 年 3 月 21 日接受《華盛頓郵報》採訪時曾表示，美國在歐洲、亞洲、中東等地區耗費了大量的精力與財力，美國應轉而更加關注國內問題，這一表態無疑與奧巴馬的亞太再平衡戰略並不相符，對美國在亞洲保持姿態提出了質疑，暗示美國應在某種程度上戰略收縮。[3] 但特朗普在 2016 年 9 月 7 日費城所發表其軍事政策的演講中又明確表示，要大幅增加美國的軍費預算，擴充海陸空三軍及陸戰隊兵力。[4] 美國海軍 2017 年 2 月 18 日宣佈，卡爾文森（Carl Vinson）號航母戰鬥群開始在中

---

1 Eric Bradner, "Trump: US Doesn' t 'Have to be Bound' by 'One China' Policy," CNN, December12, 2016, http://edition.cnn.com/2016/12/11/politics/donald-trump-china-taiwan/index.html.

2 《外交部就習近平主席與美國總統特朗普通電話等答問》，中國外交部官網，2017 年 2 月 10 日，http://www.gov.cn/xinwen/2017-02/10/content_5167146.htm#1。

3 "Donald Trump' s Interview with the Washington Post," *The Washington Post*, March 22, 2016,https://www.washingtonpost.com/news/the-fix/wp/2016/03/22/donald-trumps-interview-with-thewashington-post-is-totally-bananas/?utm_term=.784413067b81.

4 " Donald Trump Says of Hillary Clinton: She' s Trigger-Happy and Unstable," CBS News, September 7,2016, http://www.cbsnews.com/news/donald-trump-calls-for-more-defense-spending-outlines-defensepolicy/.

國南海進行巡邏行動，[1] 這一舉動無疑會惡化南海地區局勢。2017 年 11 月，美國總統特朗普提出「印太戰略」(Inde-Pacific Strategy)。2017 年 12 月和 2018 年 1 月，美國先後發佈《國家安全戰略報告》和《國防戰略報告》，對「印太戰略」作了進一步闡釋，標誌着這一戰略正式出台。美國「印太戰略」刻意渲染印太地區安全威脅，挑唆對華圍堵，給地區的和平、穩定帶來巨大的不確定性風險。

拜登政府時期，美國繼續强化「印太」軍事威懾。美國國防部長奧斯汀（Lloyd James Austin III）在 2021 年 4 月 30 日在夏威夷舉行的「印太」司令部指揮權交接儀式上宣稱，美國將與盟友和夥伴攜手，加强「一體化威懾」。隨着特朗普於 2025 年 1 月 20 日重返白宮，美國對華軍事戰略又發生重大調整。當前，特朗普第二任期伊始，美國對外戰略重在通過關税戰脅迫各國降低對美關税、推動製造業回流、實現美國對外貿易平衡、減少債務和赤字風險。在對外軍事戰略上，特朗普政府的重心仍然是推動俄烏衝突和巴以衝突的解決，但也强調對「印太」的軍事威懾，如 2025 年 5 月 31 日，美國國防部長海格塞斯（Pete Hegseth）在第二十二屆香格里拉對話上將中國定位為「印太」地區「迫在眉睫的威脅」，並宣稱美國正重新調整方向以維持對華威懾。儘管美國仍然延續着既往對華軍事威懾戰略，尤其將對台軍售、在台海和南海開展戰略巡航、與菲律賓等國家加强軍事戰略合作等作為對華軍事威懾的常規手段，中美軍事關係面臨更大不確定性，但是中美兩軍之間仍然保持了一定的機制性對話，如 2025 年 4 月 2 日至 3 日，中美兩軍在上海舉行 2025 年度中美海上軍事安全磋商機制工作小組會。雙方機制性的磋商和交流，有助於減少戰略互疑，降低誤判風險。

中美軍事關係歷經幾十年的發展，中間有過鬥爭、停滯，但總體上是在曲折中前進，隨着兩軍交往的日益增多，雙方對兩軍關係的處理也日趨

---

1 "US Carrier Group USS Carl Vinson Patrols in South China Sea," *The Straits Times*, February 19, 2017, http://www.straitstimes.com/asia/us-carrier-group-patrols-in-south-china-sea-us-navy.

成熟。構建良性發展的兩軍關係對推進中美關係健康、穩定、可持續發展，維護地區和平穩定、增進雙方互信合作都大有裨益，這也同時符合中美兩國的共同利益。中國秉承防禦性的國防政策，不會與美國爭奪世界霸權。但中國會堅決採取有效措施保證自身核心利益的安全。中國現在正在建設一支符合國家安全需要和與自身情況相稱的現代化的軍事力量，美國應當對此以及在此基礎上發展兩軍關係有正確的理解，而不是在中國周邊地區頻繁地進行挑釁性軍事行動，加劇地區緊張形勢。中美兩軍應在相互尊重、互信互利的基礎上，深化合作交流，採取有效管控機制，避免衝突與危機的發生，這不僅有利於雙方合作共贏，而且有利於地區和平穩定。

第七章
中美兩軍關係：美國視角

甘浩森（Roy Kamphausen）
傑西卡·德蘭（Jessica Drun）*

摘要

本章主要研究中美軍事關係，意在為加強兩軍在共同利益領域內的合作提供建議，同時提出兩軍在利益衝突領域內的危機管理機制。

主要觀點

冷戰期間，中美兩軍關係發展伊始就經歷着合作與衝突。兩軍關係的狀態主要取決於兩國整體雙邊關係，雙方30年的交往不僅揭示了彼此之間的意外風險及其間的一些不足，還顯示出了雙邊在維護亞太地區穩定以及捍衛美國利益方面的實用性與重要性。與此同時，兩軍間的交流互動也加深了對中國利益的理解—凸顯了其與美國間的利益的匯合點與分歧點。認清這些局限與分歧能夠為進一步發展更加成熟的兩軍關係鋪平道路。在未來，只要兩軍兼容並包、共享目標、避開羈絆便能夠共同構建一個更加高效的兩軍關係，這對雙方都是一個理想的結果，並能為中美交往提供一個全新的模式。

* 甘浩森為全美亞洲研究所主席；傑西卡·德蘭為全美亞洲研究所布里奇獎研究員（Bridge Award Fellow）。

政策建議

• 中美兩軍關係逐年走向成熟，這也使得兩軍更加認識到維護雙邊關係的重要性（對於中止兩軍關係的行為應給予更多限制）以及適應戰略環境不斷發展變化的重要性。這種初現的適應能力表明存在一個機遇窗口，它能構建更加穩健的兩軍關係—這一關係還有助於加強地區穩定與國際安全。

• 加強雙方間的溝通交流機制建設。例如，共同決定雙邊軍事活動或者是向對方闡明己方利益所在，以減少誤判、消弭分歧。

• 中美之間在地區與國際體系中相互對立的本質決定了它們之間存在與生俱來的利益衝突。以現實觀點來審視兩軍關係使得我們需要對其持謹慎的預期。

中美兩軍關係是中美兩國整體關係中的傳統組成部分。近年來，華盛頓與北京之間的關係既有日益加強的合作也有不斷加劇的競爭。推動中美兩國整體關係發展的關鍵因素是減小從競爭走向合作所帶來的外溢影響。因此，全美亞洲研究所（NBR）攜手北京大學中外人文交流研究基地開啟了為期兩年的研究項目，旨在明確雙方關鍵戰略領域內的挑戰，並為如何最好地進行危機管理、提升雙邊關係提供實用的政策建議。

鑒於亞太地區最近的發展狀況，中美兩國軍事領域的重要性達到了前所未有的高度。持續提升的地區軍事化程度和中國通過軍隊與准軍事艦隻進行島礁建設、巡邏巡航等旨在宣示其在南海主權的行為，都凸顯了兩軍加強聯繫以緩解局勢、確保穩定、溝通各自目標與利益來避免誤判的迫切性。隨着中國不斷地加強地區軍事存在，着手處理兩軍關係存在的隔閡在未來幾年中將顯得尤為重要。

本章圍繞中美兩軍關係的理想模式展開討論。我們將從不同的角度展開論述。基於對現有的關於兩軍關係的文獻進行分析，我們發現，雙方能夠就降低風險、管理危機領域達成共識。但為了保護美國的實力和國家利益，一定的障礙與限制也有其存在的必要性。正如庫爾特・坎貝爾（Kurt Campbell）與理查德・韋茨（Richard Weitz）所強調的，兩軍交流的前提條件在很大程度上取決於兩國整體雙邊關係，兩軍關係取得的任何進展都取決於兩國關係的提升，這是許多專家的一致意見。詹姆斯・諾蘭（James Nolan）認為，人員往來既沒有實踐價值也無益於建立互信，但是在外交與181 威懾方面仍有些許益處。凱文・波爾（Kevin Pollpeter）對待兩軍關係主張使用安全管理取代安全合作，這種方式能夠降低雙邊關係中透明度和互動性不平衡所帶來的風險。[1]

學者們還認為中美兩軍關係存在着內在結構和文化限制。尤其是面對雙方不同的世界觀以及制度性障礙，人們必須有所認識，這樣才能有效處理雙邊關係的預期並重點關注雙方有最大合作空間的領域。斯科特・哈羅德（Scott Harold）提議用一種雙向法進行接觸，在這一方法中，既有由上至下也有由下至上的交流。這樣做一方面是為了應對挑戰，同時也是為了提高中國中斷兩軍交往的成本，因為北京方面在表達對雙邊關係中諸多因素不滿時已習慣如此。最後，楊宇淳（Christopher Yung）呼籲中美雙方應在應對非傳統安全威脅問題上加強合作，並以此為契機進一步擴大雙邊關係的合作交流與長遠發展。[2]

現階段的研究把中美兩軍關係的差異看作是一種根本矛盾，而去尋求在共性較低的領域內合作，也應適當考慮中國的想法。本章試圖從諸多方

---

1 Kurt Campbell and Richard Weitz, "The Limits of U. S. -China Military Cooperation: Lessons from 1995—1999," *Washington Quarterly* 29, no.1（2005-6）: 169-86; James P.Nolan, "Why Can' t We BeFriends? Assessing the Operational Value of Engaging PLA Leadership," Asia Policy, no.20（2015）: 45-79; and Kevin Pollpeter, U. S. -China Security Management: Assessing the Military-to-Military Relationship（SantaMonica: RAND Corporation, 2004）.

2 Scott W. Harold, "Expanding Contacts to Enhance Durability: A Strategy for Improving U. S. -ChinaMilitary-to-Military Relations," Asia Policy, No.16（2013）: 103-37; and Christopher D. Yung, "Continuity and Change in Sino-U. S. Military-to-Military Relations," in *Conflict and CooperationinSino-U. S. Relations: Change and Continuity, Causes and Cures*, ed. Jean-Marc F. Blanchard and SimonShen（New York: Routledge, 2015）.

面為中美關係研究開闢一個全新視角，並對這本戰略領域的中美關係研究合輯中的其他合著論文加以補充。在論述美方的觀點時，本章綜合了數十年來與中國政府以及官員的互動與討論的內容。這些觀點與研究內容相互交織（與合著的論文有着相似的文章結構），這樣對於傳達那些長期性且適應性的觀點來説是有建設性的，有益於展示出兩軍關係是如何演變而來的。

本章首先對自 1989 年以來的中美軍事關係進行了綜述。其次，對兩軍關係之於兩國整體關係、美國國家利益以及美國對待中國國家利益的立場的重要程度進行了評估。隨後部分分析了雙邊利益的交匯點，並為不斷加強的合作提供了意見建議。最後，本章明確了雙方之間存在利益分歧部分，並為雙方降低風險、緩解緊張局勢提出相應對策。

一、兩軍關係的演進

（一）歷史背景

冷戰時期，為了利用中國不再一邊倒向蘇聯這一有利戰略機遇，早期的中美軍事關係呈現出了一個很重要的一面，即為雙方的戰略利益服務：在整個 20 世紀 80 年代，美國提供了防務合作項目，幫助了中國早期軍事現代化建設，中國所做的就是不再支持曾經的共產主義盟友，並且在冷戰結束時進一步孤立蘇聯。總之，當時的中美軍事關係十分成功，以致其成為那個時期中美整體雙邊關係的重要組成部分。[1]

---

1 美國出售了魚雷和大口徑彈藥，提供了炮兵瞄準雷達，並升級了中國戰鬥機的航空電子設備。美國還通過直接商業管道向中國出售了民用 UH-60 黑鷹直升機。Kerry B. Dumbaugh and Richard F.Grimmett, "U. S. Arms Sales to China," Congressional Research Service, Report no. 85-138 F, July 8, 1985,41, http://www.disam.dsca.mil/pubs/Vol%208-1/Dumbaugh%20&%20Grimmett.pdf。

這一階段的雙邊關係因 1989 年春夏之交的北京政治風波而終止。那次危機發生後，老布什政府迅速取消了既有的軍售計劃，終止了針對中國的人員與設備輸送並且取消了正在進行的訓練項目。直至 1993 年美國助理國防部長查爾斯·弗里曼（Charles Freeman）訪問北京，才開啟了兩國關係恢復正常的緩慢步伐，而在此之前，兩國關係一直處於休眠狀態。

自 1993 年雙邊軍事活動重啟之後，中美關係又因 1995～1996 年台灣領導人李登輝出訪美國引起了中國大陸方面的激烈反應而再次觸礁。出於對美國方面支持「台獨」這一挑釁行為的回應，中國人民解放軍向台灣島北部、南部海域分別進行了導彈試射，並且在台灣海峽的大陸沿岸進行了大規模的兩栖登陸作戰演習。北京方面的這一系列舉動都被視為是意在影響 1996 年台灣地區領導人選舉的強制措施。美國的反應則是在台灣海峽附近部署了兩艘美海軍航空母艦，這引起了解放軍的強烈反應。[1]

緊張的氛圍在一次小型危機之後有所減緩，但是有兩個重要趨勢至今仍非常明顯，這也為我們了解從那時到現在的中美軍事關係提供了可能。首先，中美兩國軍方領導人都開始認識到台海軍事危機極有可能導致中美兩國的直接衝突。1995～1996 年，美國對於直接運用武力達成政治目的這樣一種直白的做法還感到有些吃驚。從這個層面來講，中國對美方的反應同樣感到驚訝，不過這卻使得美國在如今對待「台獨」問題時得以謹慎行事。[2] 情報活動持續不斷地支援作戰軍事計劃，其中許多關注解放軍的非政府機構所進行的研究和情報活動主要集中於解放軍的軍事現代化建設領域，以便於為美國制定政策、制定作戰計劃提供情報信息。[3]

---

1 Richard C. Bush, *Untying the Knot: Making Peace in the Taiwan Strait*（Washington, D. C.: BrookingsInstitution Press, 2005）, 183.

2 一名解放軍情報軍官在 1998 年聲稱，中方「樂於看到美方已經收到信息」。Author interview,Boston, September 1998。

3 Roy D. Kamphausen, "Developments and Digressions in PLA Studies Since 1989"（unpublished conferencepaper, 2006）.

然而，在政策層面所採取的方式方法則大相徑庭。1997 年初兩國關係回歸正常後，美國開始尋求一種被概括為「接觸式威懾」的方式。這種方式的邏輯在於，一旦解放軍的高級將領充分認識到了美軍的軍事實力，他們將不惜一切代價地避免衝突。並且這種方式認為能夠讓中國方面了解到美國軍力的最好途徑就是在解放軍高級將領訪問美國的時候直接向其展示美國各項軍事實力。因而，1997～2000 年，中國的最高軍事機構—中央軍委的 7 名成員中有 6 人都因此而應邀訪美。[1] 美國尋求高層接觸，主要是為了應對衝突發生的可能性，從而實現「接觸威懾」。[2]

這兩種動機（利用高層相互接觸為應對衝突做積極準備以避免衝突的發生）雖然並非是中美關係所獨有的，卻是當代軍事關係領域的一個基本因素。第三方面，美國國會的角色直接取決於以上兩種觀點的張力。在 20 世紀 90 年代末，美國國會對於達成《2000 年國防授權法案》持否定態度。國會表現出了對於「接觸威懾」政策的不贊同，認為「接觸」極有可能直接或不經意間導致解放軍自身軍事現代化建設的加強以致對台灣產生威脅。

時至 90 年代末，由於上述三種因素在發展兩軍關係中不斷相互影響（至少從美國角度來看是這樣的），其他諸如功能訪問和教育交流的雙邊軍事活動也隨之呈明顯增加趨勢。時至比爾・克林頓（Bill Clinton）總統於 1998 年 6 月對中國進行了破天荒的長達 9 天的訪問，兩國軍事領域關係也發展成為兩國整體雙邊關係中的主導性因素。然而僅僅 11 個月之後，北約 1999 年 5 月 8 日轟炸中國駐南斯拉夫貝爾格萊德大使館，作為回應，中國取消了已計劃好的活動並且終止了其他正在進行中的項目，自此雙方軍事領域的活動再次成為兩國關係的阻礙。[3] 雙方軍事關係持續跌入冰點，直至

1 Shirley A. Kan, "U. S. -China Military Contacts: Issues for Congress," Congressional Research Service,CRS Report for Congress, RL32496, October 27, 2014, 57-64.

2 Campbell and Weitz, "The Limits of U. S. -China Military Cooperation," 169-70.

3 Kan, "U. S. -China Military Contacts," 61.

1999 年 11 月下旬，禁令才被解除，一些活動得以重新恢復。[1]2000 年中期，雙方軍事活動幾近重新回到「炸館事件」之前的水平。當年年末，美國參聯會主席亨利·希爾頓（Henry Shelton）上將對中國進行了正式訪問。[2]

2000 年末至 2001 年初，在美軍對東海、南海上空的國際空域進行了數月的近距離甚至危險的偵察飛行後，一架中國殲 -8 Ⅱ型噴氣式飛機與一架美國 EP-3 型螺旋槳偵察機於 2001 年 4 月 1 日相撞。[3] 中國飛行員—海軍少校王偉殉職，EP-3 飛機 24 名機組成員緊急降落海南島，在那裡被扣留了 11 天。在這個關鍵節點上，美國新任國防部長唐納德·拉姆斯菲爾德（Donald Rumsfeld）認為中美軍事關係鑒於危機管理時的互助，沒有產生預期的結果。隨之，美國取消了所有的交流活動，除非這些活動被重新評估和批准。對美國來說，雙邊軍事活動在那次事件後進入了一種高強度審查和嚴格監督的狀態。雙邊關係直至 2003 年 10 月才有了進展，拉姆斯菲爾德在五角大樓 7 年來首次會見了中國國防部長—曹剛川上將。[4] 拉姆斯菲爾德本人也於 2005 年以國防部長身份對中國進行了訪問。羅伯特·蓋茨（Robert Gates）任美國防部長的初期，雙邊的軍事活動無論是從數量上還是質量上都有所提升，這其中就包括蓋茨部長本人於 2007 年對北京進行的訪問。

出於對美國 2008 年 10 月聲稱要對台灣進行大規模軍售的不滿，解放軍再次使雙邊軍事關係發展止步，直至數月後奧巴馬（Barack Obama）總統入

---

1 涉及兩國軍事關係和全面雙邊關係的內在聯繫，一旦中美兩國就中國加入世貿組織問題達成協議，則雙邊軍事關係得以恢復。

2 Kan, "U. S. -China Military Contacts," 62-64,185

3 Shirley Kan et al., "China-U. S. Aircraft Collision Incident of April 2001: Assessments and Polic yImplications," Congressional Research Service, CRS Report for Congress, RL30946, October 10, 2001, 14.

4 "Cao Gangchuan Meets with Rumsfeld," China Daily, October 29, 2003,http://www.chinadaily.com.cn/en/doc/2003-10/29/content_276702.htm; and "China's Military Diplomacy in 2003," China InternetInformation Center, 2003, http://www.china.org.cn/english/en-shuzi2004/dwgx/dw-js.htm. 曹上將是一位 80 年代曾深度參與兩軍交流的資深人士，他曾在俄克拉何馬州錫爾堡參與過炮兵的訓練項目。

主白宮才得以再次重啟。[1]2010 年 1 月也由於美方宣稱對台軍售，雙方的軍事關係發展又一次中止。

（二）近期發展

自 2010 年 1 月中美軍事關係重啟以來[2]，中美雙方的互動方式類型更加多樣、形式更加複雜。新型互動方式包括中國參加「環太平洋軍演 2014」，以及受邀參加「環太平洋軍演 2016」；2013 年的第一次跨艦直升機起降海軍演習；2014 年在美國夏威夷舉行兩軍聯合災害管理訓練，以及 2015 年在中國海口與美國西雅圖進行的雙邊人道主義救援與救災演習。重要的是，重大軍事活動通告機制於 2015 年得到加強，一項為保證海上、空中相遇安全行為規範的附加條款也於同年完成。[3] 不僅如此，於 2015 年 6 月舉行的雙邊陸軍參謀對話機制為加強高層的戰略對話提供了平台。[4] 中美雙方雙向的高層交往已經幾次創歷史新高，其中的一個縮影就是美國海軍作戰部長喬納森·格林納特（Jonathan Greenert）在 2015 年 9 月退休前與中國人民解放軍海軍司令吳勝利上將在 3 年內進行了 5 次會面。[5] 未來的雙邊關係也許是向好的，雙方已然找到了發展雙邊關係的方式，儘管這其中存在着緊張因素。例如，美國拉森號（Lassen）驅逐艦在南海實施「自由航行」僅僅數天之後，

---

1 "U. S., China to Resume Military Contacts," Voice of America, November 2, 2009, http://m.voanews.com/a/a-13-2009-07-28-voa45-68819637/413372.html.

2 "U. S. and China Resume Military Ties," BBC, September 29, 2010, http://www.bbc.com/news/world-us-canada-11437758.

3 Zhou Bo, "2015 Sino-U. S. Military Relationship and Beyond, " China-U. S. Focus, January 8, 2016;and U. S. Department of Defense, *Military and Security Developments Involving the People' s Republicof China 2015*（Washington, D. C., 2015）, 75.

4 Li Bao, "U. S., China to Establish Military Dialogue," Voice of America, June 13, 2015, http://www.voanews.com/content/united-states-china-sign-deal-on-military-dialogue/2820468.html; andDean Cheng, "China' s Big Military Reforms," Daily Signal, January 11, 2016, http://dailysignal.com/2016/01/11/chinas-big-military-reforms.

5 2016 年 3 月，退役海軍上將格林納特（Greenert）接任了全美亞洲研究所約翰·沙利卡什維利（John M. Shalikashvili）講席研究員的職務。

美國太平洋司令部指揮官哈利・哈里斯（Harry Harris）海軍上將便於 2015 年 11 月對北京進行了訪問，並與解放軍的領導舉行了高級別會談，其中就包括中央軍委副主席范長龍上將。[1] 倘若是在早年，在如此的緊張態勢下，這樣的訪問一定會被推遲。這也表明了中美兩軍關係已經步入了一個更加成熟的階段，或者説雙方對於處理兩軍間的危機態勢有了全新的認識。

然而，能夠打斷雙邊軍事互動交往的未知因素依然存在，這種「走走停停」的歷史也反映出了一系列現實因素。首先，中美整體雙邊關係涵蓋了不同類型的合作與對抗，雙方的軍事接觸往往與中美雙邊整體關係的質量息息相關。中美軍事關係不可能不受到中美整體關係走向的影響，並且在一些情況下，雙方的軍事互動確實成為誘發中美緊張態勢的關鍵因素。其次，正如前文所述，中美兩國中那些實施意義重大的雙邊軍事活動的機構同時在某種程度上將是，也必然是，如果在國家指揮當局一聲令下，它們便會隨時準備開展針對對方的軍事行動。這並非是一個全新的現象，可以肯定的是，在冷戰進行得如火如荼的那段歲月裡，美國與蘇聯就曾面臨過類似的難題。然而不要忘了，那時兩軍都深知這一問題的嚴重性，這種認知也就不可避免地影響着美蘇之間的互動。最後，儘管中美政治關係常常存在不確定性，但中美雙方都展現出了一定的調整能力。例如，1989 年春夏之交北京政治風波後雙方最終都適應了新的國際環境。另外，1995～1996 年的海峽兩岸緊張對峙、1999 年的轟炸中國駐南聯盟貝爾格萊德大使館、2001 年的南海撞機事件等隨着時間的推移都逐漸平息。而且在美國聲稱對台出售武器後，中美軍事關係在中美兩方都沒有對政策進行根本調整的情況下仍得以重新走上正軌。這説明中美軍事關係有一定的韌性，現階段的阻礙都有可能被解決。在美國與其他國家的雙邊軍事關係中也可以看到「走走停停」模式，例如與印度尼西亞以及菲律賓同樣也是先停滯隨後回歸正

1 Jane Perlez, "U. S. Admiral, in Beijing, Defends Patrols in the South China Sea," The New York Times, November 3, 2015.

常關係。需要加以說明的是，中美關係中的這種模式能夠轉變為一種貫穿始終的方式。

二、中美雙邊軍事關係的重要性

（一）避免衝突

華盛頓與北京方面都已認識到中美關係對於維護亞太地區穩定的重要性。事實上，更有人認為中美關係是 21 世紀最重要的雙邊關係。[1] 從這種意義上來説，中美軍事關係的穩定對於維持兩國軍事領域內的穩定關係是極其重要的，很顯然每一方都想避免軍事對峙或者武裝衝突，因為他們認識到武裝衝突無論是對於兩國來説還是對於地區安全來説都意味着災難。為了實現這個目標，中美兩國都需要將戰略誤判的可能性降至最低，並且要探討防止衝突升級的方法。簡而言之，一個有效的雙邊軍事機制能夠避免衝突。

奧巴馬總統與習近平主席共同倡議要在中美之間建立一個更加成熟、健全的雙邊軍事關係。的確，在奧巴馬總統於 2014 年 11 月對中國進行國事訪問時中美雙方都贊同將增強軍事互信機制提上日程，這一機制包括主要軍事行動通報（附加條款是要對政策及戰略發展進行通報，並且對軍事演習進行監控），為確保空中及海上相遇安全的行為規範（附加條款對雙方海

1 "The Summit," *The Economist*, June 8, 2013, http://www.economist.com/news/leaders/21579003-barack-obama-and-xi-jinping-have-chance-recast-centurys-most-important-bilateral; "Xi' s U. S. VisitClear Sign of China' s Commitment to Cooperation—Expert," *Global Times*, September 8, 2015, http://www.globaltimes.cn/content/943246. shtml; and Mark Kirk, "Kirk, U. S. -China Working Group EmphasizeImportanceof U. S. China Bilateral Relationship," U. S. Senate website, November 20, 2014,http://www.kirk.senate.gov/?p=press_release&id=1252.It is noteworthy that as a representative Kirkco-founded the House of Representatives' U. S. -China Working Group in 2005.

面航行器相遇時的行為規範及參考進行了規定）。[1] 習近平主席在 2015 年 9 月訪問了華盛頓，這次訪問使中美兩國對互信機制的建立進一步達成共識，提出了要對對空安全以及危機交流方面增加新的附加條款，並且雙方在主要軍事行動方面達成了一系列新的協議。不僅如此，奧巴馬總統和習近平主席還發表了關於雙邊致力於共同維護國際和平、加強新型領域合作的友好聲明。[2]

（二）降低風險

雙方軍事接觸同樣也能夠降低兩國整體雙邊關係中出現的風險，尤其是在那些面臨共同威脅的薄弱領域。加強兩軍關係的相互支持，促進兩軍在例如反恐、打擊海盜、搶險救災以及最近的環境變化等問題上進行更廣泛的合作。中美之間的合作有益於確保亞太地區的繁榮穩定，並且有助於為整個區域內的共同利益提供公共產品。

（三）危機管理

有效的兩軍關係能夠在雙方無法達成共識以及任何一方都無法進行讓步的問題上控制危機態勢，但前提是雙方至少要能夠互相了解。例如，美國在亞太地區有着廣泛的盟友關係，即使是為了促進中美關係也無法將其割捨。一個研究危機管理課題的高級顧問曾就該問題舉出過一個例子，即中國願意就各種涉及「美國＋美國亞洲盟友＋中國」這樣一種模式的安全問題採取三邊對話的方式予以解決。就中國方面來說，北京堅稱有權「崛

---

1 "President Obama's Visit to China," Office of the Press Secretary, The White House, Fact Sheet,November11, 2014, https://www.whitehouse.gov/the-press-office/2014/11/11/fact-sheet-presidentobama-s-visit-china.

2 "President Xi Jinping's State Visit to the United States," Office of the Press Secretary, The WhiteHouse, Fact Sheet, September 25, 2015, https://www.whitehouse.gov/the-press-office/2015/09/25/fact-sheet-president-xi-jinpings-state-visit-united-states.

起」並且有權追求國家安全目標（例如捍衛主權與領土完整），這將有利於在現有框架下推進現代化發展。北京經常認為美國在中國周邊區域的活動意在通過遏制中國來達到阻止中國發展的目的，並且認為這一行為威脅了其安全目標的實現。因而，美國為了消除中國在這一問題上的疑慮的行動和言論都是出於一個更大的目的，即危機管理。

相互衝突的國家利益的現實常伴隨着錯誤知覺和單邊行動，這些都將進一步加劇中美關係之間的不信任。奧巴馬政府的「重返亞太」戰略成為華盛頓方面的優先戰略選擇。然而，這一「亞太再平衡」戰略卻被北京方面認為其主要是軍事方面，尤其是在北京看到了美國增加了在中國周邊的軍事行動之後更是如此。相反，美國也擔心中國正在快速發展的軍隊、海岸警衛隊以及其他安全力量，並正在加強其在南海及其他地區的軍事存在—很顯然，尋求改變現狀使之符合中國的利益。這不僅會威脅美國在該地區的領導權，也會導致美國盟友對其曾提出的安全承諾產生質疑。雖然並沒有真正發生武裝衝突，但美國在東亞地區無以匹敵的軍事力量卻受到了潛在限制。然而，華盛頓方面對其盟友以及安全夥伴的承諾依然堅固，一旦需要，美國武裝部隊將會立即執行應急方案以捍衛同盟關係。加強軍事領域的接觸有益於降低由於誤解引發的風險，並貫穿建立信任、緩解安全緊張局勢的全過程。雙方也將由此緩和危機態勢。考慮到財政限制、大量人力和財力的投入以及對雙方本土以及周邊地區將會帶來不可估量的影響，中美雙方沒有任何一方想要捲入戰爭。一場中美之間的衝突極有可能引發無法想像的損失，不但給兩國同樣也將給整個亞太帶來災難。

三、中美軍事關係中的利益與挑戰

基於中美兩國關係充滿變數這一事實，兩國關係將因此面臨巨大的挑戰。美國是一個現存大國，而中國是一個新興大國。兩國軍事關係反映了由權力轉移而引發的挑戰。儘管兩軍沒有相互進行軍備競賽，但兩國的領導人都不敢忽視這種可能性。可以肯定的是，中美兩軍都不可能改變兩國關係間存在變數這一事實。因而，一旦進行接觸，雙方會更加重視結果。

（一）管控安全挑戰

美國在中美軍事關係中主要利益的實現要通過避免衝突，降低風險，管理現實及潛在安全挑戰的方式避免安全困境的產生；保證美國的軍事特權或者軍事態勢不被破壞以及保證美國在亞太地區的未來潛在機遇不受限制。[1] 達成這些目標勢必會有助於中美更廣泛的雙邊關係實質性的發展。此外，加強與中國的軍事互動也是十分必要的，因為中美兩軍對於地區安全來説都十分重要。倘若華盛頓方面單獨行動則會造成地區的不穩定，而且還會遭到其夥伴與對手的強烈抵抗。

美國認為中國在規避衝突、降低風險以及危機管理方面有着相似的利益，只不過表達的方式不同罷了。例如，中國將管理事關雙邊事務的基本框架表述為「建立新型大國關係」。在這一過程中，他們強調解決問題的框架比結果本身重要。

不僅如此，美國深知中國堅決反對美國在中國海岸線附近的空中、海上實施軍事行動，除非是在中國領海以外。美國知道中國一直聲稱這樣的軍事行動是美國對中國進行戰略遏制的手段之一，但仍然堅信在過去 40 年的時間裡（經歷了六屆美國政府）中國的觀點無論是從政策還是實踐來説始終是錯誤的。最後，美國領導人懷疑中國歷史上的國家安全防禦方向（由安全學説、地理位置以及發展情況構成）是否會隨着一系列已發現的新動向（如南海填海造島）以及新的武器系統（如反艦彈道導彈）的上線而發生變化。

1　U. S. Department of Defense, Military and Security Developments Involving the People's Republic of China 2015, 63.

（二）增進整體雙邊關係

美國的次要利益所在是要在積極推進中美軍事關係發展的同時使美國與其盟友之間的關係不被削弱。可以肯定的是，中美雙邊軍事接觸的主要目的就是處理雙邊事務，以避免衝突、降低風險、管理緊張態勢。然而，與之密切相關的是是否以及如何與此同時加強美國與其盟友之間的關係，反過來說，就要是避免這些重要的關係有所退化。例如，中國加緊在東海以及南海地區的行為極有可能在與美國的確保航海自由以及保護海上交通線的利益相左的同時也與美國在對其盟友進行安全承諾、緩和地區緊張態勢方面有所衝突。

美國認為中國在其單方提出的消極聲明中的對於美國盟友的認知顯然是錯誤的。中國的談判人員在這一問題上經常宣稱美國對其盟友給予了過分的強調與過度的允諾。中國認為美國在爭議地區不對任何特定一方進行支持實際上就是在支持其盟友，並認為這是一個強大的美國為其弱小的盟友在處理與中國的關係時壯膽。可以確定的是，美國在亞洲的盟友偶爾會通過例如牽絆（entanglement）與拋棄（abandonment）的方式歷史性地改變其戰略意圖。但是對盟友的管控是一門藝術，而不是科學，美國一方認為中國對於美國與其盟友之間互動的評判有些言過其實，認為中國只是強調了其所關注的領域而低估了美國為了維持這樣一種關係而付出的代價，尤其是低估了美國在處理與盟友間關係的同時在普遍意義上對維護地區穩定所做的付出。

（三）減少不信任

美國的第三個利益所在就是減少中美兩軍高層間的不信任，這同時也是一項更廣泛意義上的利益，能夠用來支撐更大利益目標的達成。減少不信任源於兩軍之間複雜的雙邊軍事互動歷史，兩軍間的互動在歷史上曾經多次到達過冰點。正如前文所言，1989 年雙方終止了防務合作項目；1999

年 5 月美國意外轟炸了中國駐貝爾格萊德大使館；2001 年 4 月美國 EP-3 偵察機與中國殲擊機在南海相撞。這些都對中美軍事關係有着深遠的影響。新 193 近發生的事件也很多，比如美軍出現在中國專屬經濟區。這些事件使得中國在與美國進行軍事接觸時變得更加小心謹慎，更重要的是這些事件都表明了美國意在指向中國。

美國同樣隱藏了不信任，但是不信任的起源卻是不同的。美國認為正是其在二戰以及戰後的安全承諾保證了亞洲（包括中國）的經濟繁榮，並營造了有利的安全環境。這一觀點深深地嵌入在美國亞洲政策的「普遍共識」的認識當中。挑戰美國所扮演的或者是聲稱所扮演的良性霸權角色的行為造成了美國方面的不信任，這是因為中國所提出的對秩序做根本性改變的提議將美國長久以來的地區政策以及地區承諾置於了危險境地。除此之外，美國擔心中國想要通過增強實力改變現狀，認為中國使用不引人矚目的方式（也就是所謂的「切香腸」戰術）避免了美國方面的直接軍事反應。美國擔心這樣的舉動會降低其在該地區國家中的權威，尤其是對於那些既定的盟友與夥伴來說。

然而，需要注意的是，不信任並沒有對已經加強了的軍事關係產生實質性的阻礙。事實上，雙方都認識到信任並非是一個必要前提，其實信任是可以在相互關係不斷發展的過程中逐步建立的。中國的一位著名安全問題專家閻學通曾說：「國家之間的互信究竟意味着什麼至今仍不明確。在歷史上有着不勝枚舉的關於主要大國進行合作的例子，但大國間的所謂互信仍少有之。事實上，信任的缺乏在國際關係中是十分普遍的。」[1] 確實，正如諾蘭（Nolan）在上文中所提到的那樣，從廣泛的意義上來說，美國領導人並不信任他們的對手。[2]

1　Yan Xuetong, "The Problem of 'Mutual Trust,' " *The New York Times*, November 15, 2012.

2　Nolan, "Why Can't We Be Friends?"

（四）在全球層面加強合作

美國的第四個利益，也是一個較為有限的利益就是其對於推進全球共同安全問題的合作，亞丁灣巡航就是其中的典型事例。這樣的利益並非意味着美國把「G2」的形式看作是理想的或者是滿意的。它其中的意義在於兩個大國之間能夠在軍事領域實現高度能力互補。如果行之有效，無疑將會對國際安全做出貢獻。當然，風險在於每一方都要認識到與對方的安全接觸將會對雙邊關係產生鏡像般的影響。這也將促成雙方會針對更廣泛的潛在利益付出潛在合作的努力。

即便美國認為全球公共安全利益對於中國的重要程度與日俱增，但並不一定會因此產生多麼嚴重的後果。從某種程度上來說，這與中國的軍隊現代化建設在全球仍處於初級階段這一事實有關。另外，中國忍受了在亞洲區域外進行單邊軍事行動的過多譴責（例如，在西印度洋發展海軍基地以及其在非洲的軍事行動），以至於很難再承受過多的指責。美國也認識到中國的互不干涉原則在解放軍因處理安全問題而進行區域外部署時仍發揮着重要作用。[1]

（五）管控國內限制

最後，美國必須要對國內方面針對中美軍事關係的限制加以管控，尤其是在被國會所牽制時。除非國防部長認為所暴露出的風險是可控的，否則《2000 年國防授權法案》（2010 年進行了修訂）將限制美國所追求的美軍與中國人民解放軍在諸多領域的相互接觸。國會對中美軍事接觸進行了積極的監督，以確保其符合法案的要求，並且因種種理由，國防部必須對國會的擔心有所回應。

---

1 Mathieu Duchâtel, Oliver Bräuner, and Zhou Hang, "Protecting China's Overseas Interests: The SlowShift Away from Non-interference," SIPRI Policy Paper, June 2014, http://books.sipri.org/files/PP/SIPRIPP41.pdf.

美國方面認識到中國將國會的干預認為是給雙邊軍事關係造成的巨大阻礙。這一判斷是隨着時間的遷移而改變的，解放軍曾將國會的介入視為是規避或避免進入一個更加微妙狀態的因素。這一趨勢也說明美國當局應更加有效地控制國會因素而非將進一步推進兩軍關係的失敗歸咎於國會的監督。

四、雙邊軍事領域的利益交叉

制定切合實際的期望。在對雙方的高級軍官或政策制定者進行大量採訪後我們發現了一個在執行兩軍任務中逐漸顯現出的普遍趨勢，即最佳的雙邊軍事行動計劃一定要認識到上文所提到的挑戰以及避免在雙邊關係問題上發生大幅度搖擺。這就需要採取較為溫和的步驟（雙方都主張），即使雙邊軍事關係已經長達 40 年之久。第一個利益交叉點便是在推進符合共同利益的兩軍關係時應保持適度的期望。

證明持久的兩軍關係的價值。第二個利益交叉點是出於一種判斷，通過這一判斷可以使中美軍事關係的效用得以延長。這種判斷認為一方應該因對方的政策決定或軍事發展而取消雙邊軍事行動以表達不滿。正如前文所述，雙方都曾在過去運用過這種做法。這是因為雙方都認為取消雙邊軍事行動的代價較小的緣故。慶倖的是，雙方如今都認識到為中止雙方軍事接觸設一個較低的門檻不僅不符合雙方的國家利益，而且還有損於地區利益。現在一個更高的標準更被人們所接受，那就是不取消雙邊軍事行動。實際上，在最近美國決定向台灣當局出售大量武器之後，中國大陸決定不再取消雙邊軍事行動，這也顯示出了一種進步。[1]

1　很顯然的是，中國通過一些替代性的方式來表達出其不滿，比如威脅對向台灣出售裝備材料的美國公司實施制裁。有關詳情，見 Bo, "2015 Sino-U. S. Military Relationship and Beyond."

為中美兩國關係建立參考。鑒於兩國在軍事領域的接觸，第三個利益交叉點是雙方在定義、劃定中美之間的新型關係方面存在着共同利益，而且這一共同利益也將涵蓋兩軍交往。這其中有幾個維度。第一個維度是對雙方關係走向的聲明以及中心目標的確定，無論是促成基於新興關係基礎上第四份《中美聯合公報》的簽訂還是促成日漸頻繁的兩國元首之間的互訪。第二個維度是兩國分別澄清對亞太地區的戰略意圖。中國希望美國能夠繼續公開承認不尋求遏制中國的崛起，並且尊重中國的主權、領土完整以及政治制度。美國，就其本身而言，除了其他方面，希望中國不要尋求終結美國在亞太地區的軍事存在，美國與其盟友以及重要夥伴（包括中國台灣地區）的關係將會因此免遭威脅；並且希望其在國際空域及海域行動的自由能夠得到保障。這一利益交叉點的最後一個方面在於談論兩國軍隊如何能夠有效地一起執行任務以加強現存國際秩序。

確定一個適當的雙邊軍事行動方式。第四個利益交叉點是雙方需要竭力尋找一種聯合的雙邊軍事行動，並以此給予中美新型關係一個恰當的定義。這其中有着許多的機會，不論是提升年度戰略與經濟對話中軍方成員的層級；建立兩軍參謀軍官之間的新型對話機制；加強現有戰略對話；增進人員交流甚或是其他一些措施。

從某種程度來説，對於軍事互信機制的共識促成了雙方首腦間的高層互訪。這也為將來尋求適當的雙邊軍事行動方式提供了範例。這些互信機制主要是用於處理雙邊共同關注的問題，包括中國對於美軍抵近中國海岸線的擔憂；美國對於其飛機與艦船執行任務的安全的關切，尤其是在接近解放軍的時候。它同樣還能夠幫助兩國更多地了解對方的政策及立場。

然而，這些只是基本的第一步。事實上，互信機制的共識還暗示了雙方都可以通過有限方式取得成功，也就是「得到自己所需」，而不論是否能夠在更好的方面達成目標，這也是自我指涉關係的縮影。從根本上講，有效的兩軍關係只對解決中美之間政治與安全方面的核心問題起着有限的作用，對於判斷兩國整體關係來説可能是一個錯誤的衡量標準。新興大國與現存大國之間存在着結構性挑戰，僅通過軍事途徑必定是無法解決的。雙方貿易關係的程度與提升，雙方基於應對全球對外政策挑戰的外交合作以及雙方人文交流的深化都對管控權力轉移的全過程發揮了重要作用。

未來之路。在未來，中美雙方的合作不斷取得進展將使得雙方能夠在更廣泛的問題上獲得安全收益，雙方將因此能夠在一些重要領域增進安全、加強聯繫。這樣説來，這些類型的行動幾乎可以確定將從亞洲以外的地區展開。亞丁灣打擊海盜的行動為此提供了一個有意義的先例：地緣領域面臨的共同威脅，由於沒有引發中美雙方之間的挑戰並且沒有觸及雙方核心利益，因而不存在致命風險。但是其他領域這樣的合作是否存在，或者説亞丁灣的打擊海盜行動只是一次孤立事件，仍然有待觀察。雙方致力於提高維護和平的努力開闢了一個全新的領域。中美之間避免彼此限制並且共同應對現存挑戰的軍事協作框架仍然還有發展空間，加強這樣的行動有益於增進地區和全球安全。

五、利益分歧領域以及危機管理機制

中國方面認為美國國會的干預、美軍在中國東部海岸附近的國際空域及海域的偵察行動、美國的亞洲盟友以及美國對台軍售都是中美兩軍關係順利發展的障礙。美國方面認為中國支持朝鮮；給台灣當局施壓；在亞洲沿海地區有着不明確的領土意圖都構成了中美雙方的利益分歧領域。為了有效地管控與降低這些領域所存在的緊張局勢，本文提出如下建議：

1. 涉及國會。美國應繼續加強國會的相關角色；作為政權的組成部分，不能因為別人不想讓它參與就被簡單地排除在外。更為重要的是，應該在兩軍相互交流的時候更加積極地與國會溝通。國會的主要成員及其團隊應該比現在更加積極地參與整個過程當中。一旦國會議員有充足的機會訪問中國，就應積極地鼓勵他們投身於日常的雙邊軍事活動當中。還有一些其他潛在機會，如國會代表參加防務磋商會談、國會成員參與重要的雙198邊軍事演習、國會軍事委員會定期參與進程、甚至是與中方的全國人民代表大會代表進行交流。一旦一項雙邊軍事活動被拒，國防部應給出一個合適的理由而不應拿國會當藉口。

2. 考慮改變偵察模式。長期以來，中國本能地反對美國的偵察監視活動，但這只是從中國的角度來看。簡而言之，這些行動被認為是「不友好」的，因為它們發生在中國周邊並且被認為「瞄準」中國的能力和意圖。就這一點而言，中國方面經常質問美國，如果中國的艦船和飛機在加利福尼亞海岸線以外的13海里處，即剛剛出美國領海範圍的地方活動，美國會有怎樣的感受。[1] 這一系列問題意味着美國之所以這麼做是因為有這個能力。典型的美國高級官員的回應（儘管美國不喜歡事態像這樣發展，但只要中國堅持國際法慣例，美國也不會反對）對於中方來說並不具有說服力。可以確定的是，由於中國方面持續不斷的關注，美國將會對其偵察模式予以改變，儘管放棄一個國際法賦予的權力具有內在風險。但是對於美國方面來說，即使是醞釀這樣一種考慮對於穩定地區安全形勢就已經是具有建設性意義的了。

3. 尋求三邊安全對話。美國與亞太地區盟友之間的關係是構成地區安全結構不可分割的因素。美國為其盟友花費了大量的資源、付出了諸多承諾，並且美國領導人給予了超常的政策關注，而這些盟友為實現重要的安全目標以及加強經濟貿易合作發揮了重要作用。中國沒有與之相似的關係。中國認為美國強化同盟意在遏制中國在美國看來是一種沒必要的想法，而且中國削弱這些聯盟關係的行動已幾近「自我實現」的預言。的確，他們只是強化了這樣一種觀念，即盟友的作用意在遏制中國。關於探討加強中國與美國及其盟友進行多樣化的三邊安全對話的建議值得認真考慮。這樣一種能夠消除彼此意圖之間誤判的做法能夠使各方從中獲得巨大的收

---

1 這種情況已不再是一種假設。

益（或許通過共享管理盟友所需花費的信息以及對真正的聯盟網絡進行建議都能夠為維護地區安全做出貢獻）。[1]

4. 應對常規挑戰。從長遠來看，在加強地區與全球安全問題方面，中美軍事關係將會變得更加持久、更加有效。即使是在應對兩國所面臨的日常挑戰或者是新出現的國際安全挑戰時也會如此。一個對地區及全球安全帶有影響力的常規挑戰的例子就是在朝鮮半島出現的危機情形。各方在朝鮮半島無核化問題上有着共同的利益，即使解決問題的時間軸有所不同。但是當這一危機涉及政權穩定性的時候卻幾乎沒有了討論的餘地或者化解衝突的可能性—從根本上保證北方戰略設施的安全。不難想像這樣一個場景—中美兩國的特種部隊危機期間在朝鮮執行行動，但是雙方之間無法相互協調。倘若這樣，雙方的特種部隊的安全必將面臨危險並且雙方的軍事行動也很難再達成更為廣泛的安全目標了。從這個方面來說，兩國的專家均建議謹慎對雙邊軍事接觸提出建議。他們意識到了中國內部圍繞中朝雙邊關係問題存在着政治與戰略不確定。當然這在美國與其盟友的關係中也同樣存在。應對主張謹慎和限制的觀點給予更多關注。值得注意的是，在中美軍事接觸的早期，雙方也同樣充滿了對戰略不確定的擔憂。然而，當時中美兩軍卻找到了充足的共識去促進兩軍關係的發展。

一種新興的安全挑戰包含了對於太空或者網絡空間以及核戰略安全領域互動的認識。[2] 儘管這一方法所涉及的問題超越了兩國軍事領域，但兩國在重要軍事領域仍能就這些問題適當地、富有成效地達成一致。另一個關於新型安全挑戰合作的例子是在關於人道主義救援、搶險救災方面。可以肯定的是，自然災害並不是新問題，並且亞太地區相較其他地區來說這一問

1　發生在 2004 年節禮日海嘯的區域反應是美國盟友及相互關係作用模式的一個完美例證，它是國際社會應對巨大自然災害迅速有效反應的不可或缺的一部分。

2　全美亞洲研究所正在從多邊角度探尋這一問題，這可能會對美中特別關係有所裨益。它試開發一個關於空間、網絡與核戰略穩定的術語與理念的詞庫。它還進一步探尋了對擴張、彈性、延伸威懾的影響，以及其他空間、網絡棱鏡的戰略理念。

題更加嚴重。些許的不同就是如今有了合作的前景。中美兩國軍隊有着互補的能力。例如，美國空軍的投送能力可以用來將中國的重型裝備部署至受災害侵襲的地區。

六、結論

自 20 世紀 80 年代早期開始，中美兩國關係中就始終蘊含着衝突與合作的因素。此外，兩國關係的歷史揭示出兩國政治領域始終與軍事作戰行動領域有着深刻的聯繫，因而這也使得兩軍活動計劃的實現變得更加複雜。這部分地反映了中美兩大國關係中存在不穩定這一重要因素，即雙方並不總是存在共同利益但也並非絕對敵對。可以肯定的是，一旦沒有了政治限制，「一切美好」都將是一廂情願；中美兩軍關係的複雜性既製造了挑戰也創造了機遇。

本章認為，中美雙方關係確實有着利益交叉領域，這其中就包括保持適度期望；相互承諾不會武斷取消雙邊軍事行動；或者是終止軍事交往。對中國的崛起所取得的成就（從高級政策層面到戰術性軍事行動）所處的時代進行評估，會有益於在一個全新的時期更好地理解演變中的雙邊關係。中美雙方同樣認為在新的時期必須繼續努力尋找一種雙邊軍事行動的最優形式以定義新型關係。本文提出了在中美兩軍互動的過程中建立戰略決策程序的建議。總之，所有的這些利益交叉領域為加強中美整體雙邊關係提供了機遇。

本章還明確了利益分歧領域，這也是製造危機的源頭。值得注意的是，中國強調國際媒體對於新興大國與現存大國之間的危機態勢的敍述程度使中美雙方的互動更加豐富多彩。然而，事實上，這也説明了兩國軍隊並沒有被這一元敍述所限制，文章中的幾處資料也顯示對於兩國關係的調整也在進行中。例如，美國太平洋司令部司令哈利．哈里斯（Harry Harris）

海軍上將以及美國太平洋艦隊司令斯考特．斯威夫特（Scott Swift）海軍上將在拉森號（Lassen）驅逐艦於 2015 年 10 月剛剛在中國南海地區巡航不久後的 11 月便對中國進行了訪問。他們對於預先計劃的貫徹執行反映出兩軍關係逐漸走向了之前從未有過的成熟期。在 2016 年下半年，通過美國海軍作戰部長約翰．理查森（John Richardson）海軍上將、陸軍參謀長馬克．米萊（Mark Milley）上將相繼訪華，中國參加 2016 年環太平洋軍事演習等活動，中美持續擴大兩軍交往。

從特朗普第一任期開始，本已紛繁异常的中美關係更加複雜。在特朗普第一任期時，中美戰略競爭更加激烈。特朗普多次批准總額達 180 億美元的對台軍售，使中美兩軍關係趨於緊張。在拜登政府時期，美國延續特朗普第一任期的對華戰略競爭政策，美軍機、軍艦在台海、南海頻繁開展戰略巡航、聯合軍演活動，中美兩軍關係處於緊張狀態。隨着特朗普第二任期的開始，中美兩軍關係也迎來新的變動期。特朗普曾公開表示，「美國不想與中國發生任何潛在戰爭」。中國國家主席習近平在與特朗普通電話時强調，「雙方應增進外交、經貿、軍隊、執法等各領域交流」。中美兩國元首對避免衝突，增進兩軍交流發出了明確信號。值得一提的是，2025 年 4 月 2 日至 3 日，中美兩軍在上海舉行 2025 年度中美海上軍事安全磋商機制工作小組會，雙方就中美海空安全形勢等進行交流。無論未來中美兩軍關係如何演變，都需要雙方進行更多交流溝通，建立信任，才能避免誤判。

本章的主要發現就是兩軍關係已經達到了一個新的成熟水平，它使得雙邊關係能夠平穩度過暫時的挑戰，從而避免使其毀於一旦。以特朗普第一任期和拜登政府時期宣佈決定對台灣大規模出售武器為例，就是對這一發現的先期測試。可以説，繼續推進中美兩軍關係發展，對兩國政府更廣範圍的政策目標和美國在亞太地區的利益都是有益的。特朗普政府已經道出了重振美國經濟的重要性。考慮到全球貿易要通過的重要航道和亞洲國家經濟增長的影響，亞太地區的穩定有利於美國經濟的重振。持續的兩軍交往通過構建和利用機制來管控緊張局勢、防範衝突升級，對重振美國經濟也大有裨益，同時還能向盟國保證美國在該地區的持久承諾。

最後，從根本上來說，本章發現要想發展更加有效的兩軍關係，關鍵就在於超越舊有的滿足於中美雙邊直接交往的形式，而要發展一種通過中美兩軍相互接觸為地區及全球安全做出貢獻的全新模式。在許多方面，這一發展將會有助於定義中美兩國如何推動雙邊軍事領域的互動進一步向前發展。

第八章　特朗普第二任期對華競爭戰略前瞻 *

王　棟　馬　濤 **

摘要

特朗普第二任期對華競爭戰略及中美關係未來走向備受學界矚目。冷戰後的經濟全球化進程中美國製造業逐步空心化，工人階級陷入困境，白人倍感身份焦慮，對外貿易逆差加劇，霸權體系被搭便車，因此從 2016 年以來，以反全球化、反自由貿易、排外反移民和民粹主義為特徵的特朗普主義在美國政治中迅速崛起。本章主要研究特朗普第二任期對華競爭戰略的背景、內容，及其影響。

主要觀點

特朗普主義認為美國精神被遺忘，美國陷入嚴重衰落，為此要讓美利堅民族偉大復興，極大地重塑和重構了美國國內政治和對外政策，也對國際關係格局帶來巨大衝擊。這是理解特朗普第二任期對華競爭戰略根本邏輯及其內在限度的背景。「特朗普 2.0 版」將以關稅作為「再平衡」中美貿易關係的政策工具，推動取消中國最惠國待遇，全方位對華安全競爭，既尋求中美合作共同打擊毒品犯罪，也將在事關中國核心利益問題上對華韌性博弈，中美地緣競爭將升級到新的水平。美國對華關稅戰得不償失，地

---

* 本文刊發於 2025 年 1 月 21 日出版的《國際安全研究》2025 年第 2 期。

** 王棟，北京大學國際關係學院長聘正教授、北京大學中外人文交流研究基地執行主任；馬濤，北京大學國際關係學院博士後。

緣競爭升級將削弱國際秩序穩定性，對華極限施壓增加地緣衝突風險，泛安全化將波及中美人文交流領域。

應對政策

• 堅持「拋棄幻想、做好準備、爭取最好、不怕最差」的原則應對「特朗普 2.0 版」的衝擊，爭取戰略主動，作為負責任大國籌劃引領塑造新時代可持續的中美雙邊關係。

• 以中美貿易平衡治理為切入點，把握特朗普平衡中美經貿關係的戰略關切和特朗普執政初期釋放的機會窗口。

• 從再全球化宏觀趨勢和長遠戰略眼光出發尋求中美經貿共識，探索新時代合理、平衡、可持續的中美貿易關係。

當地時間 2024 年 11 月 6 日上午，唐納德．特朗普（Donald Trump）在美國佛羅里達州西棕櫚灘發表勝選演講，聲稱自己策劃了一場「有史以來最偉大的政治運動」，贏得了史無前例的政治勝利，認為上帝保佑並賦予自己拯救和「讓美國偉大復興」的使命，宣告「美國黃金時代」即將來臨。[1] 這種勝利者的宣言本無任何新奇之處，但在如今深陷黨派政治極化、大眾價值對立和霸權衰落漩渦的 21 世紀美國政治語境中，卻別具深意。經歷 2020 年競選連任失敗後，時隔四年特朗普重整旗鼓、「大勝而歸」。在 2025 年 1 月 20 日正式就任美國第 47 任總統之前，當選總統特朗普已經陸續挑選新政府內閣要員以組建過渡團隊，並且在公開演講和社交媒體平台以非正式方式對外發佈美國未來內政外交政策基本主張。「特朗普 2.0 版」正在形成，無論是美國國內政治演變，還是國際政治氣候，尤其是中美關係發展，都

1 Flynn Nicholls, "Donald Trump's Victory Speech in Full: Transcript," *Newsweek*, November 6, 2024, https://www.newsweek.com/donald-trump-victory-speech-full-transcript-1981234.

將遭遇一次史無前例的重大變革。除整頓內政外，美國對華貿易平衡仍然是特朗普第二任期施政的重點。根據其在競選期間釋放的信號，已有學者預判未來美國對華政策將更加強硬，更加咄咄逼人。[1]「特朗普 2.0 版」與「特朗普 1.0 版」相比有何異同？特朗普第二任期將會實施怎樣的對華競爭戰略？未來四年中美關係又將如何演變？這些問題成為當前學界和戰略界研究的重中之重。本章從中美關係角度探討「特朗普 2.0 版」對華競爭戰略的背景、內容和影響，研判中美戰略博弈的未來走向。

一、特朗普第二任期對華競爭戰略的背景

特朗普的對華競爭戰略是其內政外交政策體系中的重要一環。從特朗普的整個政策背景出發，才能更加準確地把握美國對華競爭戰略的真實意圖及其內在限度。特朗普以「政治素人」的身份步入美國政壇，其唯一和最終的目標是實現「美國再次偉大」（Make America Great Again, MAGA），核心政策綱領是「美國優先」。在特朗普看來，在冷戰後全球化狂飆突進的時代裏，全球主義和極左進步主義理念主導了美國內外政策，曾使美國戰勝一切挑戰的毅力、決心和愛國鑄就的「美國精神」如今已被遺忘和摒棄，導致美利堅民族「嚴重衰落」，美國的身份和生活方式面臨前所未有的威脅。[2] 正是基於上述危機感和失落感，特朗普踏足政壇，指責國內左右翼建制派精英，揚言「排乾沼澤」（drain the swamp）和打擊「深層國家」（deep

1　賈慶國：《應重視特朗普班底中的對華鷹派》，《南方週末》2024 年 11 月 24 日；《中美建交 45 周年，王棟談美大選與中方應對》，中國評論通訊社，2024 年 11 月 4 日，https://gbb.crntt.com/ crn-webapp/touch/detail.jsp?coluid=266&kindid=0&docid=106986782。

2　特朗普的美國文明衰落敘事從最初踏入政壇時就已經成形，在 2024 年的共和黨政綱中，這個表述成為「序言」的開篇語，參見「2024 Republican Party Platform,」https://www.presidency. ucsb.edu/documents/2024-republican-party-platform。

state），與地緣競爭對手博弈，對軍事外交盟友施壓，退出國際多邊組織，自始至終都旨在捍衛「美國精神」和「美國利益」，這也是「特朗普主義」根深蒂固的底層邏輯。特朗普第二任期對華競爭戰略同樣將沿着這一邏輯展開。要理解「特朗普主義」，預判特朗普第二任期對華競爭戰略，就需要首先理解特朗普感受到的「危機」。

（一）美國製造業的衰落和經濟結構的調整使國內階級分化更為嚴重

在國內經濟層面，自 20 世紀 70 年代以來，美國曾經以煤炭、鋼鐵和製造業為基礎打造的「鍍金時代」在全球化和世界經濟結構性調整中黯然失色，客觀上造成美國傳統製造業的衰落和以此為生的白人工人階級生活陷入貧困。曾經繁榮的五大湖工業中心地帶，由於自身設備和產品的落後、國內勞動力成本的上升、反種族主義鬥爭附帶的破壞、國際新興經濟體的競爭、資本和產業鏈的全球重組等原因迅速衰落，成為所謂的「鏽帶」地區。[1] 到 21 世紀初，「鏽帶」人口急劇萎縮，居民收入嚴重下降，工業產值大幅縮水，犯罪率居高不下，社會發展陷入令人絕望的衰退之中。[2] 不僅如此，美國國內經濟結構被資本、利潤和產業的全球化力量所重塑，市場資源、社會機遇和產業優勢偏向高科技行業和新興服務業，傳統製造業萎縮，工人階級生活水平下降，社會階層固化和經濟不平等加劇，越來越多的年輕

1 參見 Brenda Major, Alison Blodorn and Gregory Major Blascovich, "The Threat of Increasing Diversity: Why Many White Americans Support Trump in the 2016 Presidential Election," Group Processes and Intergroup Relations, Vol. 21, No. 6, 2018, pp. 937-938; 張文宗：《美國「鐵鏽帶」及其政治影響》，《美國研究》2018 年第 6 期，第 110-111 頁。

2 作為工業城市繁榮象徵的底特律由盛轉衰，由此可見「鏽帶」地區衰落之一斑：20 世紀 50 年代，底特律的人口接近 1 900 萬；在 21 世紀頭十年中，底特律的人口總數降至不足 70 萬，這是 100 年以來的最低點。參見查理．勒達夫：《底特律：一座美國城市的衰落》，葉齊茂、倪曉輝譯，中信出版社 2014 年版，第 32、221 頁。

一代美國人對「美國夢」感到遙不可及。[1] 被遺忘的「鏽帶」地區白人工人階級在失業、吸毒和被貶低中遭受物質與精神上的雙重貧困。[2] 與此同時，美國東西海岸的高科技企業、跨國公司、全球主義資本家、進步的自由派政治和文化精英們則是這場全球化的推動者和受益者，他們追求一個文化更加多元、世界主義、科技先進和環境友好的社會。雙方在價值觀念、生活方式、社會階層上的鴻溝越來越大。美國社會發展陷入「中部塌陷」和兩極分化的困境。

（二）「身份政治」和「多元文化主義」衝擊美國傳統價值觀和信仰

在文化價值觀層面，以自由派和民主黨人為代表的主流政治文化精英追求多元文化主義，極力推行「身份政治」和進步主義議程，讓傳統的美國白人在文化心理上受挫。「身份政治」是美國 20 世紀 60 年代以來在種族、性別、性取向和墮胎等議題上的不同文化身份羣體追求社會承認、法

1　美國廣播公司（ABC News/Ipsos）的一份民調顯示，在 2010 年有 50% 的美國人認為美國夢仍在，2024 年只有 27% 的人如此認為，堅信美國夢的年輕人，從 2010 年的 56% 下降到 2024 年的 21%（下降了 35%），參見 Jared Sousa, "American Dream Far from Reality for Most People: POLL," January 15, 2024, https://abcnews.go.com/Politics/american-dream-reality-people-poll/story?id=106339566。根據皮尤中心的調查，如今有 53% 的美國人仍然認為美國夢可以實現，但有高達 41% 的比例認為美國夢曾經存在，有 6% 的人認為絕不可能，參見 https://www. pewresearch.org/ short-reads/2024/07/02/americans-are-split-over-the-state-of-the-american-dream/。根據美國有線電視新聞網（CNN）的民調，美國 18—34 歲的青年人中有 63% 的人認為美國夢難以實現，63% 的人認為大多數美國的孩子不可能比他們的父輩們生活得更好，參見 https://money.cnn.com/2014/ story-supplement/cnn-orc-poll.pdf?iid=EL。這些民調結果雖有出入，但整體上反映了美國民眾尤其是年輕人對待美國夢的悲觀態度。

2　作為特朗普副總統搭檔的詹姆斯．D. 萬斯（James D. Vance）就是一位從「鏽帶」地區走出的白人工人階級後代。他在自傳體小說《鄉下人的悲歌》中講述了在貧困、毒品和絕望中掙扎的美國普通白人家庭，以及自己最終擺脫「鄉下人」悲慘命運而實現美國夢的艱辛歷程。參見 J.D. 萬斯：《鄉下人的悲歌》，劉曉同、莊逸抒譯，江蘇鳳凰文藝出版社 2017 年版。

律保障和政治地位的社會現象。[1]「多元文化主義」則是 20 世紀 70 年代以來西方國家的政治文化精英為應對族裔、種族和宗教多元「事實」所選擇的文化政策和政治哲學。20 世紀 90 年代以來，「身份政治」和「多元文化主義」在美國逐漸走向融合。[2] 無論是「身份政治」還是「多元文化主義」，都是對美國人一直以來信奉的民族國家認同、民族文化傳統和基督教信仰的衝擊和解構。在這場文化價值觀變遷中，自由派精英們試圖以更加包容、開放、自由和平等的方式接納新移民甚至非法移民，在入學、就業、競賽和社會榮譽分配上「優待」特定種族、性別、性取向的人羣，大規模推行「多元、平等、包容」政策。這讓本來就是全球化失利者的美國白人工人階級更加感到不滿，認為自己被華盛頓的建制派精英遺忘，在實現代代追求的美國夢方面被「暴發戶」插隊，淪為「故土的陌生人」。[3] 正是這種不滿驅使他們成為「茶黨」的堅定支持者，後者是主張小政府、低稅收、弱監管的美國保守主義草根組織，從 2009 年興起便很快席捲全國，成為一股重要的保守主義政治勢力。[4] 向來是民主黨擁躉的白人工人階級最終在 2016 年徹

---

1 Mary Bernstein, "Identity Politics," *Annual Review of Sociology*, Vol. 31, 2005, pp. 47-52; Marie Moran, "(Un)troubling Identity Politics: A Cultural Materialist Intervention," *European Journal of Social Theory*, Vol. 23, No. 2, 2020, pp. 259-260.

2 Enzo Colombo, "Multiculturalisms: An Overview of Multicultural Debates in Western Societies," *Current Sociology,* Vol. 63, No. 6, 2015, pp. 2-10.

3 美國自由派學者阿莉 · 拉塞爾 · 霍克希爾德（Arlie Russell Hochschild）為探尋茶黨的起源，深入挖掘了這個羣體後發現，這些被自由派精英們蔑稱為「紅脖子」「白人垃圾」「無知的南方《聖經》崇拜者」的人有一套自己的「深層故事」。他們相信美國夢，在面對經濟停滯、收入降低和失業風險時從不抱怨，他們樂觀積極、心懷感恩、虔誠信教、熱愛國家，但是黑人、女性、變性人、移民和難民甚至被保護的褐鵜鶘都受到「優待」，而他們卻因為自己的種族、性別、地域、宗教信仰而受到嘲笑。面對這種情況，他們感到自己不被重視和公正對待，他們感到灰心、憤怒以及被政府背叛。因此，他們背叛了幾代人以來都忠實支持的民主黨，轉投認為代表自己心聲的特朗普，他們在特朗普的旗幟下感到「不再是故土的陌生人」，而是這個國家的主人。參見阿莉 · 拉塞爾 · 霍赫希爾德：《故土的陌生人：美國保守派的憤怒與哀痛》，夏凡譯，社會科學文獻出版社 2020 年版，第 157-158、163-164、253-254 頁。

4 梅根 · 特魯戴爾：《美國茶黨運動分析》，于海青譯，《國外理論動態》2011 年第 8 期，第 76-78 頁。

底倒戈，成為特朗普和 MAGA 運動獲勝的關鍵。

（三）經濟全球化使美國的貿易逆差和供應鏈安全更為突出

在對外貿易層面，後冷戰時代的美國曾對全球化寄予厚望，認為自由市場資本主義會在全球範圍內最大化地實現資源優化配置，但全球化被證明是雙刃劍，在使全球主義資本家賺取高額利潤的同時，也直接導致美國二戰後達到頂峰的製造業逐漸移出本國。隨着中國於 2001 年加入世界貿易組織，中國這樣超大規模的新興發展中國家逐漸成長為全球性的製造業大國，美國則轉向以研發創新、金融和科技服務為主要特色的產業發展模式。美國失去了勞動密集型的製造業，卻換來了廉價的消費品。儘管美國貿易逆差不斷加大，但中美產業互嵌、經濟掛鈎的互利互補模式已經形成，這種經貿關係被尼爾·弗格森（Niall Ferguson）形象地表述為「中美國」（Chimerica）。[1] 但是在特朗普看來，這是美國政客「以不公平貿易出賣崗位和生計給海外最高競價者並盲目聽信全球主義塞壬之歌」的體現。[2] 中美貿易逆差不斷加大，讓不少美國政客感到不安。尤其是在疫情衝擊和俄烏衝突影響下，供應鏈安全、製造業安全、網絡安全等日益上升為美國重大的國家安全議題。因此，巨額「貿易逆差」成為特朗普第一任期對華大打貿易戰的「導火索」，平衡貿易關係成為特朗普經貿政策的重要戰略目標。

（四）美國為維持霸主地位付出了難以承受的成本

在軍事外交層面，冷戰後的美國兩黨奉行自由國際主義，維護美國庇護下的民主價值觀同盟，打造了一個美式霸權主導下的後冷戰國際格局。

---

1 Niall Ferguson, "Not Two Countries, But One: Chimerica," The Telegraph, March 4, 2007, https://www.telegraph.co.uk/comment/personal-view/3638174/Not-two-countries-but-one-Chimerica.html.

2 "2024 Republican Party Platform," https://www.presidency.ucsb.edu/documents/2024-republican-party-platform.

美國作為自由霸權國家在歐洲、中東和亞太地區構築了多樣化的聯盟體系，既從這種霸權體系中汲取利益，但也不得不為之付出霸權成本。如為在歐洲、中東和亞太地區充當「世界警察」，美國消耗了大量的政治軍事外交資源，甚至不惜發動戰爭打擊國際恐怖主義。自小布什到奧巴馬時期，美國以「反恐」名義推廣美式民主，讓其深陷耗資巨大、傷亡慘重的戰爭泥潭，因此不少美國外交精英和基層民眾對傳統對外干涉政策的態度產生了微妙的轉變。[1] 此外，在美國聯盟體系內部，一直存在「搭便車」現象。如北約自 2014 年規定各成員國的國防開支要達到本國國內生產總值（GDP）的 2%，但只有 3 個國家達標。[2] 特朗普自第一任期就抱怨北約 28 個成員國中的 23 個國家的國防開支都未達到其「合理份額」和履行其財務義務，而這「對於美國人民和美國納稅人是不公平的」。[3] 所有這些都讓特朗普認為，美國將太多資源和精力投入無意義的戰爭，幫助保衛其他國家免受侵犯，被同盟國家搭便車，而不是集中解決國內嚴峻的社會問題，讓美國多年來承受太多「不公」和「不利」。因此，特朗普要讓盟國分擔軍事外交成本，使美國利益最大化和成本最小化。

（五）美國政治精英的對華認知從「接觸共識」轉向「競爭共識」

自 20 世紀 70 年代開始，美國為了在冷戰中應對蘇聯，戰略上逐漸確立了對華接觸共識（engagement consensus），希望通過對華經濟和政治開

---

1 王棟、孫冰巖：《特朗普的對華政策前瞻》，《現代國際關係》2016 年第 12 期，第 16-17 頁。

2 2014 年，只有三個北約國家（美國、英國和希臘）國防支出超過本國 GDP 的 2%，而受到俄烏衝突的刺激，2023 年已經有 11 個國家的國防開支達到或超過本國 GDP 的 2%，2024 年將有 18 個盟國達到這一標準。參見 "Secretary General Welcomes Unprecedented Rise in NATO Defence Spending," NATO, February 14, 2024, https://www.nato.int/cps/en/natohq/news_222664.htm。

3 Daniel Boffey and Jennifer Rankin, "Trump Rebukes NATO Leaders for Not Paying Defence Bills," The Guardian, May 25, 2017, https://www.theguardian.com/world/2017/may/25/trump-rebukes- nato-leaders-for-not-paying-defence-bills.

放，使中國成為一個經濟現代化進而政治價值觀與美國相同的戰略攸關方國家。這種試圖改變中國的接觸共識也可被稱為「舊接觸共識」。顯然，美國將中國視為需要被「轉變」「整合」並「納入」美國所主導的國際秩序中的「他者」。但是這種舊接觸共識存在嚴重的認識論謬誤。[1] 隨着 2008 年金融危機的爆發和中國崛起為世界第二大經濟體，西方戰略界興起了新一輪「中國威脅論」，美國國內展開了多次對華政策大辯論，從奧巴馬時期的「重返亞太」，到特朗普政府正式宣告「對華接觸」戰略的失敗，「舊接觸共識」逐步瓦解，取而代之的是「競爭共識」(competition consensus)。在 2017 年特朗普任內首份《國家安全戰略》報告中，美國認為中國「要塑造一個與美國價值觀和利益對立的世界」；美國曾經相信支持中國的崛起和融入戰後國際秩序會讓中國「自由化」，但卻事與願違；認為中國「爭奪美國的地緣政治優勢，試圖改變國際秩序」；為此，特朗普第一任期將中國定性為「修正主義國家」和美國主要的戰略競爭對手。[2] 拜登政府「蕭規曹隨」，其上台後的對華戰略競爭共識進一步強化。拜登政府 2022 年發佈的《國家安全戰略》報告將中國視為唯一有意願、也日益有能力重塑國際秩序的競爭者，構成「美國最重要的地緣政治挑戰」，中美之間進入大國競爭的決定性十年。[3]

在特朗普第二任期內，美國對華「競爭共識」大概率將會延續。從「接觸共識」到「競爭共識」，反映了美國兩黨政治精英和特朗普主義者有關美國過去數十年來的對華戰略認知的重大轉變，其中不乏失望、焦慮、恐懼甚至被迫害感。美國認為，中國已放棄「韜光養晦」的戰略思想，爭當「奮發有為」的全球領導型大國，且有意改變後冷戰時代美國主導的霸權秩序，這使美國國內的鷹派政客及戰略家倍感危機。隨着「舊接觸共識」的瓦解，

1　王棟、陳涵：《美國的中國觀：演變歷程及其啟示》，《當代中國與世界》2022 年第 3 期。

2　The White House, *National Security Strategy of the United States of America*, December 2017, pp. 25-27, https://trumpwhitehouse.archives.gov/wp-content/uploads/2017/12/NSS-Final-12-18-2017- 0905.pdf.

3　The White House, *National Security Strategy*, October 2022, p. 11, https://www.whitehouse.gov/ wp-content/uploads/2022/10/Biden-Harris-Administrations-National-Security-Strategy-10.2022.pdf.

美國不再包容、讓利和允許中國和平崛起，而是以「接觸失敗」掩蓋自身霸權衰落事實，並且轉向對華全方位的地緣競爭。但是，隨着第二任期的開始，特朗普極具個性化的商人政治思維，使其並不會全然從意識形態思維邏輯出發把中國作為意識形態競爭的主要對手，而將是作為利益競爭的對手。最大化美國國家利益是特朗普評估和把控中美關係的基本原則。因此，中美競爭的大趨勢中仍然存在以交易為目的的談判與合作空間。

上述國內經濟、價值觀念、對外貿易、外交軍事和對華戰略上的因素相互交織、彼此加持，共同構成美國對華競爭戰略演變的複雜背景。面對美國在各個領域遭受的「不公」，以及擔憂美式霸權的衰落，特朗普提出「美國優先」的內政外交總綱領。「美國優先」意味着要在經濟上重振美國製造業大國地位，放鬆不必要的國內管制，應對日益嚴峻的通脹，保護美國工人和農民的利益等；在價值觀念上反對並非基於美國利益的全球主義，尊重美國歷史傳統，保護言論和宗教自由，終結左翼「多元、平等、包容」政策等；在對外貿易上，以「公平對等」為原則，「再平衡」對外貿易，保障自身供應鏈和製造業安全；在外交軍事上，堅持「以實力求和平」，進一步實現軍隊現代化，增強聯盟共同防務能力等；在對華戰略上，則在捍衛美國利益的原則下開展以交易為優先手段的對華戰略競爭。

二、特朗普第二任期對華競爭戰略的內容

無論是第一任期還是第二任期，特朗普始終都堅定不移地推行「美國優先」外交政策，推動「使美國再次偉大」的政治議程。因此，「特朗普 2.0 版」具有很強的政策慣性，但其對華競爭戰略的具體內容、施政節奏、力度和技巧會有新的特徵。特朗普新政府內閣成員提名構成中，既有曾經的對華強硬派，如被提名為國務卿的馬爾科 · 魯比奥（Marco Rubio）、總統國家安全事務助理邁克 · 華爾茲（Mike Waltz）、白宮辦公廳副主任斯蒂芬 · 米

勒（Stephen Miller）、美國貿易代表賈米森·格里爾（Jamiesen Greer）、國土安全部部長克里斯蒂·諾姆（Kristi Noem）、環保署署長李·澤爾丁（Lee Zeldin）和駐聯合國大使愛麗絲·斯蒂芬尼克（Elise Stefanik）等，這些人都在不同場合發表過對華強硬言論，但也有更具經濟理性和商人做派的華爾街投資家與成功企業家，如財政部部長斯科特·貝森特（Scott Bessent）和商務部部長霍華德·盧特尼克（Howard Lutnick）等。特朗普的對華競爭戰略以是否促進「美國利益」為初衷，以實力為威懾和強制的後盾，以加徵關稅為槓桿手段，以事關中國核心利益問題為談判籌碼，從而達到平衡中美經貿關係、壓制中國在亞太和全球範圍內的崛起、擴大美國對華戰略優勢、增強美國國家安全、鞏固美國全球霸權的根本目的。但是，特朗普的諸多對華政策並非齊頭並進，而是根據美國利益相關性和優先級，存在目標化與手段化的差異。特朗普第二任期對華競爭戰略將以平衡中美貿易差額為首要目標，以其他涉華議題為博弈手段，以成本最低化—利益最大化為交易原則，呈現實用主義商人本性和思維邏輯特徵。根據特朗普的政策慣性和最新釋放的信號，未來美國將在經貿關係、地緣戰略、南海和台海問題、人文交流等方面對華施加壓力，但也可能在地區和平、反恐禁毒方面存在正和博弈的空間。

（一）在經貿政策方面通過對華加徵關稅「再平衡」貿易逆差

特朗普一直認為，中國利用美國經濟開展損害「公平和互惠貿易」的活動，如所謂「傾銷」「強制技術轉讓」「關稅壁壘」「產能過剩」「產業補貼」和「知識產權侵犯」等，令美國公司難以公平競爭，損害了美國公司的技術創新和美國工人的利益，認為中國是個「非市場經濟體」。[1] 為彌補美國的

---

1 The White House, "President Donald J. Trump Is Confronting China's Unfair Trade Policies," May 29, 2018, https://trumpwhitehouse.archives.gov/briefings-statements/president-donald-j-trump- confronting-chinas-unfair-trade-policies/.

損失以及迫使中國作出相應調整，特朗普早在 2016 年競選期間就宣稱計劃對華徵收關稅，2017 年 8 月下令依據美國 1974 年制定的《貿易法案》(*Trade Act of 1974*）第 301 條款對中國是否侵犯美國知識產權展開調查。2018 年 3 月，特朗普在備忘錄中宣稱要根據「301 條款」對從中國進口的 600 億美元商品徵收關稅；7 月，對價值 340 億美元的中國輸美商品徵收 25% 的額外關稅，由此開啟了漫長的中美「貿易戰」。[1]

關稅工具是特朗普再平衡貿易逆差、保護本國企業、迫使製造業回流的重要政策工具。當特朗普作為 2024 年共和黨總統候選人時，就揚言要對中國出口美國的產品徵收 60% 甚至更高關稅。[2]2023 年 6 月 21 日，特朗普在競選中宣佈「特朗普互惠貿易法案」(Trump Reciprocal Trade Act）計劃，旨在推動崗位和財富回歸美國，推動提升中產階級的經濟狀況，消除對中國及其他國家的依賴。在「特朗普互惠貿易法案」下，其他國家只有兩個選擇，要麼取消對美國的關稅，要麼支付數千億美元。「如果印度、中國或其他國家對美國生產的商品徵收 100% 或 200% 的關稅，我們將以同樣比例的關稅還擊……以眼還眼、關稅對等。[3]」贏得大選後，特朗普宣佈，一旦上任就發佈行政命令，對所有來自墨西哥和加拿大的商品徵收 20% 的關稅，對幾乎所有進口自中國的商品徵收 10% 的額外關稅。[4]2024 年 12 月 4 日，特朗普提名他所謂的「對華硬漢」彼得・納瓦羅（Peter Navarro）為白宮貿易

---

1 Chad P. Bown, "Four Years into the Trade War, Are the US and China Decoupling?" Peterson Institute for International Economics, October 20, 2022, https://www.piie.com/blogs/realtime-economics/ 2022/four-years-trade-war-are-us-and-china-decoupling.

2 Erica York, "Tariff of Abominations Redux: Trump Proposes 60% Tariff on Chinese Goods," Tax Foundation, January 29, 2024, https://taxfoundation.org/blog/trump-china-trade-war-proposal/.

3 "Agenda47: Cementing Fair and Reciprocal Trade with the Trump Reciprocal Trade Act," June 21, 2023, https://www.donaldjtrump.com/agenda47/agenda47-cementing-fair-and-reciprocal-trade-with- the-trump-reciprocal-trade-act.

4 Costas Pitas, "Trump Vows New Canada, Mexico, China Tariffs that Threaten Global Trade," Reuters, November 26, 2024, https://www.reuters.com/world/us/trump-promises-25-tariff-products- mexico-canada-2024-11-25/.

和製造業高級顧問，他曾經在特朗普第一任期擔任白宮貿易與製造業政策辦公室主任，與羅伯特．萊特希澤（Robert Lighthizer）一起推動了對華貿易政策。納瓦羅在美國保守派智庫傳統基金會為特朗普量身定做的總統過渡計劃中，提議特朗普上台後用關稅大棒改善美國「不公平、不平衡和不互惠貿易」狀況，甚至將中國視為美國的「生存威脅」，並且建議特朗普對華「經濟金融雙重脱鈎」。[1] 種種跡象表明，特朗普上任後的對華「關稅戰」已經呼之欲出。

但是也應該看到的是，特朗普始終將關稅作為「再平衡」美國貿易逆差的槓桿和戰略博弈的工具，並未將其作為意識形態或價值觀競爭、開啟中美「新冷戰」的手段。根據特朗普實用主義和現實主義的政治交易風格，以及特朗普具體人事提名情況也可以作出這種判斷。特朗普並未再度啟用貿易原教旨主義信奉者萊特希澤和更具意識形態色彩的博明（Matthew Pottinger），同時提名並不主張立即加徵高額關稅的埃隆．馬斯克（Elon Musk）為政府效率顧問，高度認同特朗普關稅政策的華爾街金融公司首席執行官盧特尼克為商務部部長，戴維．珀杜（David Perdue）這位對全球化分工持開放態度的務實派為駐華大使。這些動向説明特朗普至少目前還不想將對華關稅問題意識形態化，也不尋求使中美貿易立即走向徹底的「雙重脱鈎」。總之，特朗普內閣中不乏「對華硬漢」，但他們必須認同特朗普式實用主義和現實主義的貿易平衡理念，並且只可能作為特朗普對華貿易談判與利益博弈失去耐心之後才會被啟用的「撒手鐧」而存在。特朗普內閣成員構成體現出政策差異性，可為特朗普施政提供更多可控的政策選項。因此，不宜過於悲觀地高估「對華硬漢」在「特朗普 2.0 版」對華競爭戰略初期的影響力，但也不應低估特朗普以最小代價最大化美國利益的商人行

1　Peter Navarro, "The Case for Fair Trade," in Paul Dans and Steven Groves, eds., *Mandate for Leadership*: The Conservative Promise, The Heritage Foundation, 2023, pp. 765-790, https://static. project2025.org/2025_MandateForLeadership_FULL.pdf.

動邏輯的主導性。

（二）將試圖取消中國的最惠國待遇

美國 1974 年《貿易法案》規定，最惠國待遇不得給予非市場經濟國家。美國也一直將「最惠國待遇」作為國家間博弈的重要政策手段。不過在 1980—1999 年，美國仍然給予中國最惠國待遇，但每年都需要審查和公告。自那以後，美國國內一直有大量反對給予中國最惠國待遇的聲音。2000 年，中國被給予「永久性最惠國待遇」。特朗普再次當選後，共和黨議員們提議要求取消中國最惠國待遇的聲音更加強烈。在第 116 屆國會中，共和黨參議員湯姆·科頓（Tom Cotton）於 2020 年 9 月提出「中國貿易關係法案 2020」，認為中國享有最惠國待遇後，大量中國廉價商品湧入美國，致使美國工廠離岸，美國製造業衰落，大量工人下崗，要求取消中國永久正常貿易關係，重歸年度審核狀態。該提案將人權標準作為評判中國是否享有最惠國待遇的重要指標，在參議院經過二讀後提交給參議院財務委員會。[1] 在第 117 屆國會中，科頓於 2021 年 3 月與共和黨參議員吉姆·英霍夫（Jim Inhofe）、里克·斯科特（Rick Scott）再次提出這一議案，但同樣未在參議院委員會中投票。[2] 在第 118 屆國會中，科頓、特德·巴德（Ted Budd）、斯科特、萬斯（J. D. Vance）又於 2023 年 1 月提出「中國貿易關係法案 2023」，重申要求取消中國的正常貿易關係地位。該法案同樣未在參議院通過。[3] 此外，參議員喬希·霍利（Josh Hawley）提出「結束與中國正常貿易

---

1 "S. 4609-China Trade Relations Act of 2020," 116th Congress, September 17, 2020, https://www.congress.gov/116/bills/s4609/BILLS-116s4609is.pdf; Congressional Record—Senate, S5708, September 17, 2020, https://www.congress.gov/116/crec/2020/09/17/166/161/CREC-2020-09-17-pt1- PgS5708.pdf.

2 "S. 785-China Trade Relations Act of 2021," 117th Congress, https://www.congress.gov/bill/117th-congress/senate-bill/785/all-info.

3 "S. 125-China Trade Relations Act of 2023," 118th Congress, January 26, 2023, https://www.congress.gov/118/bills/s125/BILLS-118s125is.pdf.

關係法案」、眾議員克里斯託弗・史密斯（Christopher Smith）提出「中國貿易關係法案 2023」。[1] 這些提案的命運基本類似，都未在國會獲得通過。但是，隨着共和黨重掌國會參眾兩院，特朗普及其堅定擁護者決心推動這一立法進程，未來法案被通過的可能性大大增加。

共和黨 2024 年政綱提出，「將取消中國最惠國待遇，逐步淘汰進口的關鍵商品，並且阻止中國購買美國地產和產業」。[2] 特朗普為兑現競選諾言，以及將其作為對華貿易博弈的抓手，也會竭力推動取消中國最惠國待遇。不過，根據其根深蒂固的商人交易邏輯，特朗普在採取更為極端的對華競爭戰略之前，會優先追求以最低的交易成本換取最大的利益，通過談判和交易而非立即採用衝突與對抗方式解決問題（在特朗普看來，關稅本身就是逼迫對手回到談判桌的政策工具）。特朗普在公開演講中聲稱「中國和美國可以一起解決世界上的所有問題」，[3] 儘管其象徵意義遠遠大於實質意義，但至少為特朗普第二任期中美談判與合作留下政治空間和可能。那麼，最終特朗普可能將取消中國的最惠國待遇作為對華博弈的籌碼，但即使最終取消最惠國待遇也是服務於其貿易平衡的根本目標。顯然，無論是對華加徵關稅還是取消中國最惠國待遇，都是特朗普「美國優先的經濟政策」的內容。在特朗普看來，美國這麼做能夠平衡貿易逆差，保護美國工人、家庭和商人，迫使製造業回流，實現美國在關鍵產品（如藥品、國防軍工部件）上的獨立自主，確保關鍵供應鏈的安全穩定，創造更多國內就業崗位，增強美國的產業競爭力，重新打造一個實力強大、產業自主和經濟繁榮的美國。但特朗普「美國優先」的貿易政策違背其一直以來堅持的自由貿易原

1　相關法案參見 "S. 906-Ending Normal Trade Relations with China Act of 2023," https:// www. congress.gov/bill/118th-congress/senate-bill/906; "H.R. 638-China Trade Relations Act of 2023," https:// www.congress.gov/bill/118th-congress/house-bill/638。

2　"2024 Republican Party Platform," https://www.presidency.ucsb.edu/documents/2024-republican-party-platform.

3　"Trump Says China, U.S. Can Solve All World's Problems Together," Xinhua, December 17, 2024, https://english.news.cn/20241217/fb65b7ac2c944b45a075061765882daf/c.html.

則，最終能否促進製造業回流、改善美國民眾生活和平衡中美貿易關係，都值得懷疑。

（三）將圍繞供應鏈安全和網絡安全展開全方位的非傳統安全競爭

特朗普向來奉行「以實力求和平」的理念，對美國一直以來堅持自由國際主義和多邊主義而「損害美國利益」倍感不滿，因此通過退出伊朗核協議和巴黎氣候協議、削減對聯合國的資助、譴責北約盟友、威脅對貿易夥伴加徵關稅等手段，力爭使美國獲得「看得見」的短期利益，長期則緩慢塑造着國際秩序的演變。特朗普挑選的內閣成員儘管大多都持對華強硬立場，但對華強硬本身也需要符合美國優先的國家利益。與拜登政府在自由民主的意識形態基礎上堅持對華戰略競爭不同，「特朗普 2.0 版」可能更注重現實主義競爭與實用主義效果。特朗普新政府的當務之急是快速重建歐洲和中東和平，讓美國戰略資源從歐洲和中東抽身，為在「印太地區」與中國開展全方位戰略競爭做好準備。根據共和黨 2024 年政綱，美國的一切外交政策都集中於追求美國利益，為此將提升軍隊現代化水平，強化聯盟，增強美國經濟、軍事和外交能力。為了確保國防安全，美國將振興工業基礎，為關鍵國防平台和供應提供可靠產品，實現關鍵國防裝備和部件的美國製造，確保美國供應鏈安全。

美國在供應鏈上對中國的嚴重依賴讓特朗普感到不安，中國在 5G、量子計算機、人工智能等領域的突飛猛進更令其感到恐懼。因此，特朗普在第一任期就打壓華為公司，建立聯盟，禁止華為參與 5G 建設。[1] 特朗普曾稱，「5G 網絡絕對是 21 世紀美國繁榮與安全的必要環節」，「我們不允許任何國家在這個強大的未來產業中超過美國……5G 競爭是美國必須贏得的

1 The White House, "Infrastructure & Technology," https://trumpwhitehouse.archives.gov/issues/infrastructure-technology/.

競爭」。[1] 未來，特朗普將推動美國製造業加速回歸，尤其是投資國防軍隊裝備供應鏈安全建設，因此將會繼續對華科技圍堵，強化在高精尖領域的中美競爭。為確保美國網絡安全，特朗普將動用國家力量保障關鍵基礎設施和工業基礎免受網絡攻擊，提升關鍵系統和網絡的安全標準，構建更加堅實的網絡安全。2018 年，特朗普曾簽署《網絡安全與基礎設施安全局法案》(*Cybersecurity and Infrastructure Security Agency Act of 2018*)，設立網絡安全和基礎設施安全局 (Cybersecurity and Infrastructure Security Agency, CISA)，專門負責保障選舉和普查、管理全國性特別安全事件、處理 5G 和網絡安全事務。鑒於美國司法部 2024 年公佈所謂涉華黑客威脅美國網絡安全事件，未來特朗普將會在這一兩黨高度共識的議題上大做文章。[2]

(四)將以應對「芬太尼危機」為由施壓中國在國際禁毒領域開展合作

特朗普宣稱會動用軍隊鎮壓走私毒品和販運人口的組織，確保美國社會秩序不會被大量毒品(尤其是芬太尼)和犯罪所破壞，其最終目標可能直指中國。特朗普在 2017 年就建立「打擊毒品濫用和阿片類藥物危機總統委員會」，為聯邦政府應對阿片類藥物危機提供建議，甚至將「阿片類藥物危機」宣佈為「公共健康緊急狀態」。[3]2018 年，美國國會研究服務處發佈《違禁芬太尼：中國的角色及美國外交政策選擇》系列報告，聲稱美國違禁

---

1 The White House, "Remarks by President Trump on United States 5G Deployment," April 12, 2019, https://trumpwhitehouse.archives.gov/briefings-statements/remarks-president-trump-united-states-5g-deployment/.

2 Office of Public Affairs of U.S. Department of Justice, "Seven Hackers Associated with Chinese Government Charged with Computer Intrusions Targeting Perceived Critics of China and U.S. Businesses and Politicians," March 25, 2024, https://www.justice.gov/opa/pr/seven-hackers-associated- chinese-government-charged-computer-intrusions-targeting-perceived.

3 The White House, "The Drug Crisis," https://trumpwhitehouse.archives.gov/ondcp/the-administrations-approach/the-drug-crisis/.

芬太尼和芬太尼類似物大多產自中國，這份報告成為美國國會就芬太尼辯論和立法的重要依據。[1] 特朗普就芬太尼問題發難中國，並且對拜登政府與中國的「芬太尼外交」感到不滿，聲稱要對中國和墨西哥加徵關稅以阻止芬太尼流入美國。曾在小布什政府擔任國家安全官員的中國研究專家葉望輝（Steve Yates）就芬太尼政策向特朗普圈子獻計，希望懲罰所謂中國與芬太尼貿易相關的金融機構。特朗普挑選擔任商務部部長並監管美國貿易代表辦公室的盧特尼克曾在 2024 年 10 月稱，「中國正在用芬太尼攻擊美國」，並且表明特朗普會對中國徵收高達 200% 的關稅。此外，美國國會眾議院中國特別委員會於 2024 年 4 月發佈了跨黨派的報告，稱中國是美國芬太尼危機的「最終地緣來源」（ultimate geographic source）。[2] 顯然，未來特朗普政府將圍繞芬太尼問題對華開展關稅脅迫。「美國優先」的內容之一就是「美國人優先」，中美之間的「芬太尼博弈」將成為影響中美關係演變的重要變量之一。

（五）在台灣和南海問題上將施展更加靈活的博弈和交易手腕

特朗普內閣團隊的大多數屬於對華強硬派，尤其是國務卿提名人魯比奧曾推動多個反華法案的通過，但作為國務卿的魯比奧不得不「忠於」特朗普，受到特朗普「美國優先」原則的規束。強硬反華只能在意識形態上收穫個人政治資本，卻不一定能給美國帶來實際利益。在「美國優先」和「聯盟優先」方面，特朗普必然選擇前者，而在「非美國核心利益」問題上留出與聯盟、夥伴及中國的博弈空間。美國現實主義學派代表性學者蘭德爾・施韋勒（Randall Schweller）分析認為，特朗普作為一位民族主義者，

---

1 Liana W. Rosen and Susan V. Lawrence, "Illicit Fentanyl, China's Role, and U.S. Foreign Policy Options," Congressional Research Service, December 21, 2018, https://www.everycrsreport.com/files/ 2018-12-21_IF10890_47bef109ce3b2fd408ed6e5fa859c37ac47afe12.pdf.

2 The Select Committee, "The CCP'S Role in the Fentanyl Crisis," https://selectcommitteeontheccp. house.gov/sites/evo-subsites/selectcommitteeontheccp.house.gov/files/evo-media-document/The-CCP- Role-in-the-Fentanyl-Crisis204.16.24.pdf.

挑戰了日益衰落的自由國際秩序，其外交政策是認清國際環境變化後的現實主義選擇。[1] 而無論是特朗普的言辭還是其實際行動，都旨在追求「美國優先」的外交政策，在推廣美式民主、維繫自由聯盟或多邊體系、追求非美國核心利益方面，均更願意與各國「做交易」。

就台灣問題和南海問題而言，特朗普極有可能將其作為對華博弈的戰略支點，從現實主義角度為美國博取最大外交和政治利益，而不太可能像民主黨政府的對華競爭戰略那樣充滿意識形態色彩。在第一次當選之後，特朗普打破慣例以美國當選總統的身份與台灣地區領導人通電話，並在任內加強對台軍售、啟動「新經濟繁榮夥伴關係對話」（New Economic Prosperity Partnership Dialogue, EPPD）、支持台灣地區參與全球事務、派高級官員訪台、簽署多個涉台法案等，一系列挑釁做法使中美圍繞台灣問題的博弈衝突不斷，導致中美關係緊張加劇。出現這種情況的主要原因是特朗普第一任期時受到國內反對者的掣肘，在對外政策上尋求政治突破的心理更為迫切，因而在一系列關乎中國核心利益的問題上採取了挑釁舉動。相反，特朗普第二任期更少受內部掣肘，也會更熟練地在外推行「美國優先」戰略，因此對華競爭戰略更突顯輕重緩急。特朗普的外交政策都必須在「美國優先」的天平上來衡量，對華競爭戰略不同領域是否促進美國利益及其戰略權重都存在巨大差異。在 2024 年接受《彭博商業周刊》（*Bloomberg Businessweek*）訪談被問及是否會在當選後「保衛台灣」時，特朗普卻宣稱「台灣應該為我們提供防務而付費」，並指責台灣偷竊了美國的芯片產業卻想要得到保護。[2] 當被問及如果中國有動作時美國將如何應對，特朗普的回答

1　Randall L. Schweller, "Trump's Realism," in Robert Jervis, Stacie Goddard and Danie N. Labrosse et al, eds., Chaos Reconsidered: *The Liberal Order and the Future of International Politics*, New York: Columbia University Press, 2023, pp. 55-64.

2　Helen Davidson, "Trump Says Taiwan Should Pay the US for Its Defence as 'It Doesn't Give Us Anything'," *The Guardian*, July 17, 2024, https://www.theguardian.com/world/article/2024/jul/17/donald- trump-taiwan-pay-us-defence-china-national-convention.

則盡顯「戰略模糊」的精髓，聲稱「中國知道我會做什麼」，並且說「如果我回答那個問題，就將我置於一個非常糟糕的談判境地」。因此，特朗普更願意通過「關稅威懾」實現和平，在台灣問題上的「戰略模糊」恰恰為中美雙方留下了一定博弈空間。在南海問題上，特朗普也遵循同樣的邏輯。大國熱戰和冷戰都不符合特朗普「美國優先」的現實主義國家利益，而建立有博弈空間的「大國競爭」則是特朗普的外交特色。因此，無論是中國台灣地區還是菲律賓，都只可能作為特朗普談判桌上的籌碼。台海和南海問題並不是特朗普「美國優先」政策的核心利益所在，但卻可以作為特朗普實現貿易平衡目標的博弈籌碼。只有當貿易平衡目標中的交易無法達成且失去達成可能之後，隨着中美關係迅速惡化，特朗普才可能在台海和南海問題上採取一定的冒險行動，以此作為報復和施壓的手段。

（六）在地緣戰略博弈上將根據「美國優先」原則靈活調整「印太戰略」

自 2017 年特朗普訪問越南期間提出「自由開放的印太願景」以來，「印太戰略」已成為美國聯合盟友和夥伴，強化美國全球霸權的重要組成部分。特朗普的「印太願景」強調「自由、公平和互惠貿易，開放的投資環境、善治和海洋自由」，對抗所謂的「威權主義的修正主義國家」，並且以犧牲他國利益為代價構建壓迫性的國際秩序前景。因此，美國將支持「印太」盟友和夥伴，在國際法和公平競爭原則下保衛主權和促進經濟增長。澳大利亞、日本、韓國、菲律賓和泰國是美國在「印太」地區的重要盟友，東盟國家則是美國「印太戰略」致力於保障的重中之重，印度是美國「印太戰略」中的戰略夥伴，湄公河流域國家、太平洋島國、南亞國家、中國台灣地區等都是美國「印太戰略」的重點關照對象。[1] 拜登政府從地緣和意識形態競爭

1 U.S. Department of State, *A Free and Open Indo-Pacific: Advancing a Shared Vision*, November 4, 2019, https://www.state.gov/wp-content/uploads/2019/11/Free-and-Open-Indo-Pacific-4Nov2019.pdf.

角度延續特朗普的「印太願景」，在其任內發佈首份《美國印太戰略》報告，開篇宣稱「美國是個印太國家」。拜登政府更加明確地聲稱，美國推出「印太戰略」部分原因是由於「印太面臨巨大挑戰，特別是來自中國的挑戰」，「中國正結合其經濟、外交、軍事、技術力量追求在印太地區的影響力，並且試圖成為世界最有影響力的國家」，而澳大利亞、印度、台灣地區和南海地區的朋友與夥伴承受來自中國的「強制」「侵犯」和「傷害」。[1]2024 年 11 月 8 日，美國國防部長勞埃德・奧斯汀（Lloyd Austin）訪問馬尼拉時，與菲律賓簽署了一項軍事情報和技術共享協議，並且首次披露美國向菲派駐「阿雲金」特遣隊，進一步密切美菲軍事關係，以應對中國在太平洋地區的影響。[2] 拜登政府即將離任之際在南海問題上不斷「拱火」，為美國留下更具機制性和系統性的戰略競爭遺產。從特朗普政府到拜登政府，美國日益重視「印太戰略」的地緣意義，並且將中國刻畫為美國「印太戰略」的競爭對手和國際秩序的挑戰者。特朗普第二任期仍然可能延續「印太戰略」，並且積極爭奪在「印太」地區的主導權和影響力，但也會將其置於美國利益優先的前提下重新評估和靈活調整。因此，由於特朗普對華競爭戰略的當務之急是實現中美貿易平衡，並且積極尋求主動接洽與談判協商，「印太戰略」的強硬敍事更可能作為特朗普式外交的政策備選和外交複調出場。

（七）在維繫美元霸權方面將在地區和全球層面對華開展戰略博弈

特朗普將會在金磚國家和「全球南方」國家方面做文章。就金磚國家而言，特朗普將加大對金磚國家的分化、壓制和脅迫，削弱金磚國家作為新型多邊治理機制重塑國際秩序的能力和影響。金磚國家作為世界主要新興

---

1 The White House, *Indo-Pacific Strategy of the United States*, February 2022, https://www.whitehouse.gov/wp-content/uploads/2022/02/U.S.-Indo-Pacific-Strategy.pdf.

2 丁鐸：《駐菲律賓的美軍「特遣隊」，究竟什麼來頭？》，央視網，2024 年 11 月 24 日，https://military.cctv.com/2024/11/24/ARTIAtZow23UbQG0vlUlsfi9241124.shtml。

經濟體互利共贏共建共享的多邊體制，近年來日益重塑國際格局。金磚國家順應世界多極化和經濟全球化趨勢，推動國際秩序朝着更加公平合理的方向發展，在世界和平赤字、發展赤字、安全赤字和治理赤字不斷加劇的時代背景下，為動盪變革的國際秩序注入穩定性和正能量，贏得新興市場和發展中國家廣泛認同，對美國主導下的國際秩序產生一定衝擊。因此，特朗普一邊本着「美國優先」原則選擇「退羣」，放棄自由國際主義戰略，但也不會全然選擇徹底的孤立主義或閉關鎖國，而是仍然要在國際舞台上捍衛美國主導的國際體系和國家利益，與地緣競爭對手抗衡。特朗普稱，「金磚國家試圖擺脱美元，而我們袖手旁觀的想法已經結束了。我們要求這些國家承諾，不會創建新的金磚國家貨幣，也不會支持任何其他貨幣來取代強大的美元，否則它們將面臨 100% 的關税，並應該準備告別向美國售賣商品……金磚國家不可能在國際貿易中取代美元，任何試圖這樣做的國家都要告別美國」。[1] 因此，為了維護美元霸權，特朗普將對潛在的競爭性國際多邊體制施加關税壓力。

此外，隨着「全球南方」日益崛起，其在推動國際秩序變革方面扮演着舉足輕重的角色。2024 年 7 月，拜登政府常務副國務卿庫爾特・坎貝爾（Kurt Campbell）在出席美國國會參議院外交關係委員會有關美中競爭的一場聽證會時強調，美國需要在「全球南方」做更多工作，在非洲和其他「全球南方」地區的工作遠不及中國。坎貝爾的觀點得到美國參議院眾多議員的認同和支持。[2] 隨着特朗普再度回歸，美國將加大對「全球南方」的競爭，「全球南方」將成為中美地緣博弈的「新中間地帶」，但特朗普的「美國優先」戰略與同盟關係和多邊博弈之間仍存在諸多衝突，這意味着中美競爭仍存在談判交易的空間，在中美之間取捨的「全球南方」國家將不得不採取更

---

1 Ari Hawkins, "Trump Threatens BRICS Nations with 100 Percent Tariff," *Politico*, November 30, 2024, https://www.politico.com/news/2024/11/30/trump-brics-tariff-trade-00192042.

2 "Deputy Secretary of State Testifies on U.S.-China Relations," C-SPAN, July 30, 2024, https://www.c-span.org/video/?537443-1/deputy-secretary-state-testifies-us-china-relations#.

謹慎的戰略選擇。[1]

三、特朗普第二任期對華競爭戰略的影響

美國對華再續「貿易戰」，並不一定能夠推動製造業回流，反而可能加重美國民眾生活成本，推高美國通脹風險，損害中美兩大經濟體的共同利益。在安全領域的競爭也只會加劇中美安全競爭的態勢，導致大國競爭的安全困境。即使美國在台灣、南海等中國核心利益問題上採取戰術性的威懾與強制，也可能加劇地區衝突風險，破壞和平穩定的地區秩序。美國在國際雙邊和多邊舞台上的霸權舉措，將進一步加劇國際體系的不確定性。

（一）中美經貿關係將面臨更大的不確定性但很難「脱鈎斷鏈」

美國對華加徵關税尤其是取消中國最惠國待遇，並不一定能夠實現「再平衡」中美貿易關係的戰略初衷，更無法實現中美經貿關係的「脱鈎斷鏈」。根據美國知名智庫彼得森國際經濟研究所的研究，隨着特朗普第一任期對華開啟貿易戰，以及拜登延續特朗普的關税政策，美國從中國進口的半導體、部分信息技術硬件和消費電子產品急劇下降，甚至服裝、鞋類、家具進口都有所下降，但是，從中國進口的筆記本電腦、電腦顯示器、手機、遊戲設備和玩具卻比以往更高。而且數據顯示，如果兩大經濟體脱鈎，將導致供應鏈調整過程中的商品短缺、公司尋找新的供應商時價格高昂以及美國嚴重的通脹，最終美國企業和消費者需要付出相應的代價。實際上「貿易戰」之後，中國產品在美國全部進口產品中佔據 18%（之前則

1　Chris Alden, Felix Brender and Lukas Fiala, "Trump 2.0 and U.S.-China Competition Across the Global South," China Global South Project, November 8, 2024, https://chinaglobalsouth.com/analysis/ trump-2-0-and-u-s-china-competition-across-the-global-south/.

佔據 22%）。相比之下，美國從世界其他地方進口的產品佔其全部進口產品的 38%（高於貿易戰前的佔比）；但是，未受貿易戰關稅波及的美國 33% 進口中國商品與貿易戰之前相比進口量反而更高。[1]

根據世界貿易組織建構的可計算一般均衡模型，特朗普提議的加徵關稅政策會對美國大多數貿易夥伴的經濟活動產生負面影響，而對墨西哥和加拿大的影響最大，對中國的影響則小得多。如果只有中國反制，那麼將使中國 GDP 下降 0.4 個百分點，如果所有國家都提高對美國商品的關稅，則使中國 GDP 下降 0.25 個百分點。不過，美國加徵關稅對雙邊貿易流影響巨大。如果只有中國採取反制措施，美國進口他國商品的總額下降 40%；所有國家都採取報復措施，美國進口他國商品的總額將下降 54%，出口他國的商品總額將下降 63%。最終，美國在全球貿易中的比重和經濟影響力都將大幅下降。除了對美國市場依賴較大的墨西哥和加拿大外，其他國家都可以通過開闢新的海外市場抵消美國施加關稅的影響。[2] 而且，如果美國取消中國的貿易最惠國待遇地位，短期內會造成美國 GDP 下降到美國經濟永遠無法完全恢復的相對基線水平，出口和就業的下降在整個經濟中分佈不均，農業、耐用消費品製造業和採礦業遭受的打擊最大。這不僅將提高終端消費品的進口價格，還將提高用於國內生產的進口中間產品價格。農業、耐用消費品製造業和採礦業的公司利潤下降幅度最大，如果中國報復，所有這些影響都將被放大。[3]

---

1 Chad P. Bown, "Four Years into the Trade War, Are the US and China Decoupling?" Peterson Institute for International Economics, October 20, 2022, https://www.piie.com/blogs/realtime-economics/ 2022/four-years-trade-war-are-us-and-china-decoupling.

2 《特朗普第二任期加徵關稅對各國經濟的影響》，《彭博商業周刊》2024 年 11 月 6 日，http:// content-cdn-a.bbwc.cn/v10/app1/issue_0/articles/100133856/show-1-6-0-19-100133856-1_1730889761.html。

3 Megan Hogan, Warwick McKibbin and Marcus Noland, "Economic Implications of Revoking China's Permanent Normal Trade Relations (PNTR) Status," Peterson Institute for International Economics, September 2024, p. 2, https://www.piie.com/sites/default/files/2024-09/pb24-9.pdf.

根據「稅收基金會」的研究，如果特朗普對加拿大和墨西哥徵收 25% 的關稅，對中國徵收額外 20% 關稅，那麼美國 2025—2034 年會增加 1.2 萬億的稅收，但長遠來看將使美國 GDP 降低 0.4 個百分點，減少近 34.5 萬個崗位。[1] 總之，中美之間的貿易關係並不會隨着特朗普重啟關稅戰而徹底「脱鈎」，儘管會受到特朗普分階段、分領域、分額度的關稅政策影響，但長期來看並不真正有利於美國製造業回流、進出口貿易再平衡以及減少自身經濟通脹，更無法徹底實現中美經濟全面脱鈎。未來如何平衡中美貿易結構性失衡，貿易保護主義顯然並非有效途徑。

（二）中國會受到美國更大的外交和地緣政治壓力

當無法通過談判協商實現其最主要的戰略目標（如平衡中美貿易關係）時，特朗普可能將不斷升級對華地緣競爭態勢作為戰術博弈手段，並在外交上削弱中國的國際影響力，進而逼迫中方重回談判桌。特朗普明確宣稱要以關稅和美元霸權懲罰試圖替代美元的金磚國家，個別金磚國家和有望加入金磚機制的國家可能迫於美國的戰略強制而不敢與金磚國家建立更加緊密的多邊合作，從而使金磚國家貨幣結算改革計劃受阻。「金磚國家支付系統」是巴西、俄羅斯、印度、中國和南非五國聯合推出的去中心化多邊跨境支付系統，旨在促進金磚國家之間的支付便利和經濟合作，擺脱對美元的依賴，通過單邊結算大幅降低交易成本，具有去中心化、互操作性、公平、包容、責任、效率、安全、透明和可持續等特點，目前已進入試行和初步推出階段。[2] 特朗普公開威脅要對試圖挑戰美元霸權的金磚國家加徵關稅，可能會妨礙金磚國家貨幣結算改革議程順利開展。未來，金磚機制擴員和提質都將受到特朗普治下的美國地緣政治壓力。

---

1 Erica York, "Tariff Tracker: Tracking the Economic Impact of the Trump-Biden Tariffs," Tax Foundation, June 26, 2024, https://taxfoundation.org/research/all/federal/tariffs/.

2 參見「金磚國家支付系統」中國試點官網 https://www.jzgjzf.com/。

在利用「印太戰略」製造地緣緊張和對華施壓方面，美國將會通過在外交、經濟和軍事等方面投資「印太」聯盟和夥伴，進一步在「印太」地區對華構築新一輪地緣政治圍堵，尤其通過價值觀聯合、利益誘導和政治脅迫拉攏南亞、東盟以及太平洋島國，進一步坐實「印太小北約」，在「印太」地區形成更強勢的聯盟。中國一直以來致力於維護亞太地區的和平與穩定，通過亞太經合組織、中國—東盟合作、中日韓合作、東盟地區論壇、瀾滄江—湄公河合作等亞太國家間多邊合作對話機制，積極推動構建亞太安全、發展與合作共同體。[1] 特朗普第二任期升級「印太戰略」，將對中國的亞太安全合作理念、政策、話語和影響構成前所未有的衝擊和挑戰。中國在亞太地區積極推動亞太自貿區、亞太區域「一帶一路」高質量發展等亞太命運共同體建設工程，講述中國和平發展、與鄰為善、以鄰為伴、睦鄰安鄰富鄰、親誠惠容等中國話語敍事，這些都將受到美國的「威權主義」「修正主義」「壓迫」「侵犯」等意識形態對立話語的衝擊。而且，美國積極爭奪「全球南方」國家，將進一步分裂和瓦解「全球南方」共識，挑起更多「全球南方」國家內部的價值觀念分歧、安全利益爭執和地區權力競奪，從而為「全球南方」國家在國際舞台上重塑國際秩序帶來更大的不確定性。

（三）中國周邊地區發生衝突的風險會顯著增加

特朗普同樣會將台灣問題和南海問題作為對華博弈籌碼，通過對華極限施壓，服務於其平衡中美貿易關係的核心戰略目標，這客觀上可能進一步加劇台海和南海的衝突風險。特朗普追求「以實力求和平」的外交戰略，而「實力」只有真正發揮出威懾效果，才能與「和平」兼容，否則要麼損害「實力」，要麼損害「和平」。因此，特朗普在台灣問題和南海問題上，有着避免爆發直接衝突甚至國家間戰爭的底線意識，但在此之上則會竭力

1 中華人民共和國國務院新聞辦公室：《中國的亞太安全合作政策》，中國政府網，2017 年 1 月 11 日，https://www.gov.cn/zhengce/2017-01/11/content_5158864.htm。

發揮一切非戰爭形態的綜合實力，通過威懾和強制達到所追求的「和平」目的。加徵關稅、極限施壓、地緣封鎖、在多邊機制中去中國化等都可能構成特朗普挑釁中國核心利益的舉措，必將給中國捍衛國家領土和主權完整，為實現中華民族偉大復興創造良好國內、周邊和國際環境製造更大阻礙。儘管如此，特朗普仍然會將台灣問題和南海問題作為博弈和交易的內容。特朗普曾譴責台灣竊取美國芯片、宣稱要收取保護費，加劇台灣當局對美國能否「保衛台灣」的疑慮。這進一步表明，台灣問題並非特朗普優先戰略中的前排事項，在捍衛美國利益的原則下，台灣當局也是特朗普博弈和交易的對象。當存在可交易空間時，特朗普也不一定會阻礙中國的和平統一前景，因為支持中國和平統一並不悖於特朗普的「美國優先」戰略。無論如何，特朗普最關心美國貿易平衡和國家利益受損問題；當無法通過談判和交易實現目的時，他才會以更加出乎意料的方式攪動台海局勢，製造南海緊張，挑動地區對立。

（四）美國的「泛安全化」政策會嚴重影響中美關係

隨着中美貿易、科技、地緣競爭的加劇，「特朗普 2.0」可能進一步使中美人文交流泛安全化，阻礙中美教育、智庫和民間交流。特朗普在第一任期時，曾啟動「中國行動計劃」，打擊華裔科學家，阻礙部分中國留學生或學者入境參與正常的學業和學術活動，更是發表「中國留美學生間諜論」的驚人之語，以阻止美國技術外流和知識產權保護的名義，嚇阻美國學者對華開展交流合作，更令華裔學者噤若寒蟬。拜登政府同樣升級對華科技戰、芯片戰，出台禁令禁止美國人（美國公民和永久居民）未經許可支持中國開發或生產先進芯片，使華裔工程師、美籍高管在中國科技公司進退兩難。自從「中國行動計劃」啟動以來，越來越多的華裔科學家感到不安，其中 35% 的受訪者感到在美國不受歡迎，72% 的人認為作為學術研究者並不安全，

65% 的人擔心與中國的合作，86% 的人認為與五年前相比更難以招到

頂尖的國際學生，61% 的人想過離開美國。[1] 美國的相關研究表明，2010—2020 年，在 160 萬華裔或來自中國的科學家中有 1.2 萬人離美歸華。[2]

不過，美國將教育交流泛安全化也遭到反噬。美國白宮科技政策辦公室（OSTP）曾委託科技政策研究所（STPI）研究「為何 STEM（科學、技術、工程和數學）人才離開美國或選擇去往別國」的課題，以便向國會報告。[3] 經濟合作與發展組織公開的數據表明，受到特朗普反華議程和疫情期間洶湧的反華輿論影響，美國在與中國及其他國家的競爭中正流失大量科學人才，中國等國家 2021 年科學人才淨流入量超過美國。[4] 隨着特朗普再次執政和美國國會對華鷹派議員的鼓動，「中國行動計劃」可能被重啟，屆時又將在美國製造「恐華」輿論，中美人文交流在「特朗普 2.0」時代有可能進入新的「寒潮」期。不過，在特朗普第二任期初期，美國可能並不會立即採取極端對華競爭戰略，而是在其交易受挫和失敗之後才會逐漸實施激進的泛安全化政策。

總之，特朗普對華競爭戰略的影響會隨着戰略手段的優先級和目標實現情況而發生動態演進。當特朗普能通過談判和交易實現貿易平衡優先目標時，其他涉華措施可能並不在其議程中佔據較大權重，特朗普對華競爭戰略的影響範圍將更可能局限於可交易的經濟領域，中美關係可能朝着積極的方向發展；而當特朗普服務於優先目標的手段受挫失效時，極端手段

---

1 Yu Xie, Xihong Lin, Ju Li et al, "Caught in the Crossfire: Fears of Chinese-American Scientists," *Proceedings of the National Academy of Sciences*, Vol. 120, No. 27, 2023, p. 3.

2 Ryan Quinn, "Chinese Scientists Increasingly Leaving U.S.," Inside Higher Education, July 5, 2023, https://www.insidehighered.com/news/faculty issues/research/2023/07/05/study-chinese-scientists- increasingly-leaving-us.

3 Thomas D. Olszewski, John E. Sabatini, Hannah L. Kirk et al, "Characterizing the Loss of Talent from the U.S. STEM Ecosystem," Institute for Defense Analyses, February 2024, https://www.ida.org/media/feature/publications/c/ch/characterizing-the-loss-of-talent-from-the-us-stem-ecosystem/product3001891.ashx.

4 David J. Bier, "Abandoning the US, More Scientists Go to China," Cato Institute, April 11, 2023, https://www.cato.org/blog/abandoning-us-more-scientists-go-china.

可能出場，次級議題的重要性可能被戰術性地提升，中美關係競爭的面向將會更強。因此，在特朗普執政初期，「特朗普 2.0 版」對華競爭戰略的影響可能會處於可控的範圍內。

結語

一方面，「特朗普 2.0 版」的核心對華競爭戰略目標仍然是平衡中美經貿關係，並且首先通過談判交易的方式以最低成本實現最大利益，盡顯特朗普商人本性、交易思維和實用主義邏輯，而加徵關稅、取消中國最惠國待遇、在台海和南海議題上挑釁等只是其對華博弈的戰略籌碼，是否啟用、何時啟用和使用到何種程度都取決於其能否以最低成本順利實現平衡中美經貿關係的優先戰略目標。當特朗普的談判交易手段受挫和失效，無法以最低成本實現中美貿易平衡並使美國利益最大化時，特朗普可能退而求其次，將中美關係各個領域泛安全化，通過「去風險」戰略，強化「小院高牆」，追求形式上或實質上的「脱鈎斷鏈」，強化對華意識形態和地緣政治競爭，全方位構築對華戰略競爭聯盟等，試圖對華造成更大的威懾。但即使如此，這些行為仍然可能在特朗普的政策選項中扮演工具性的作用，服務於平衡中美經貿關係的首要目標。另一方面，正是因為特朗普商人做派和實用主義邏輯，根據其捍衛美國利益優先的宗旨與平衡中美經貿關係的優先目標，「特朗普 2.0 版」初期的對華競爭戰略和實現手段並不必然意味着「暴風驟雨」，因此特朗普第二任期對華衝擊中仍然存在着對話、談判、交易與合作的博弈空間。與第一任期相比，特朗普第二任期仍然具有諸多值得關注的變量，如何思考這些變量並考察其動態均衡有助於我們更準確地把握特朗普前後任期中可能的政策延續和內在差異。

第一，特朗普第二任期受到的國內政治掣肘和抵制的壓力大大降低，因此其在對外政策上將享有更多內閣和國會支持，美國對華競爭戰略將更加突顯特朗普個人的行事風格。特朗普捲土重來，執政聯盟相對更加忠誠於特朗普和「特朗普主義」，這種較少掣肘的國內執政環境和更強執行力的執政聯盟將賦予特朗普更多自主性和實施政策目標的節奏感。因此，特朗普在戰略戰術上有更多選擇空間，為其在執政初期施展「徐圖慢進」式的博弈手腕提供了可能。

第二，緩解通脹、增加就業、平衡中美貿易結構性失衡、推動製造業回流等仍然是特朗普第二任期面臨的重要任務，尤其是貿易平衡成為其對外政策的重中之重。加徵關稅始終是特朗普對華乃至對任何美國貿易夥伴國的通用手段，其直接目的是為美國爭取更多現實利益（如關稅收入），平衡美國與外國的貿易結構。特朗普第二任期對華「關稅戰」氣勢上將比第一任期更加強橫，關稅額度和範圍都可能更加出人意料，但其作為手段服務於「美國優先」目的的性質不會改變，作為戰略博弈、外交恐嚇和政治強制的意義同樣存在。第三，國際形勢已經發生了巨大變化，「特朗普 2.0 版」也仍然處於更加複雜多變的國際格局之中。中國經歷了「特朗普 1.0 版」和「後特朗普時代」的中美競爭，已經適應了來自美國的意識形態化、「冷戰」色彩濃重的地緣競爭壓力，尤其在應對美國對華關稅戰方面已經有所佈局和行動，比如企業自發的產業轉移，借道第三國和地區出口美國，在歐洲和「全球南方」國家開闢更廣闊的出口市場，這種全球性的產業重組和世界性的製造、出口、消費模式調整，一定程度上會弱化特朗普第二任期的關稅戰衝擊。而且，特朗普「美國優先」的政策客觀上可能使美國與中國、歐盟、加拿大、墨西哥甚至印度、巴西等全球主要經濟體爆發貿易衝突，受到特朗普關稅戰影響的國家不得不「抱團取暖」，這會加速全球貿易關係重組。特朗普的貿易保護主義政策短期內會讓美國獲利，但很難成為一項重塑全球貿易結構和體制的遺產。最終結果將仍然免不了「人去政息」的結局。

中美關係已經處於新的十字路口。面對特朗普第二任期來勢洶洶的對華強硬立場，中國要保持大國自信，保持戰略定力，既不宜盲目樂觀，也不必過於悲觀，要本着「拋棄幻想、做好準備、爭取最好、不怕最差」的原則，[1] 應對「特朗普 2.0 版」可能帶來的衝擊與挑戰；與此同時，中國需要以中美貿易平衡治理為切入點，把握特朗普平衡中美經貿關係的戰略關切和特朗普執政初期釋放的機會窗口，從再全球化宏觀趨勢 [2] 和長遠戰略眼光出發尋求中美經貿共識，探索新時代合理、平衡、可持續的中美貿易關係，為中美關係注入更多的穩定性和確定性。

1　王棟、孫冰巖：《特朗普的對華政策前瞻》，《現代國際關係》2016 年第 12 期，第 23 頁。

2　王棟、曹德軍：《再全球化：理解中國與世界互動的新視角》，社會科學文獻出版社 2018 年版。

結語

王 棟　馬翊庭（Tiffany Ma）

中國的崛起是亞太地區仍至全球戰略圖景最重要的進程之一。而中美關係不斷增長的不確定性使得本研究更加及時。總體上，本書提供了新的分析框架來討論目前雙邊關係中存在的看法不一致的領域—從更為成熟的戰略領域如海洋和核問題，到更新的戰略領域如網絡和太空。鑒於中美關係的重要性，本書強調需要推動這些領域的進展，以確保未來的發展不會導致中美關係不穩甚至脱軌。

本書作者們達成了如下共識：即儘管目前存在挑戰，但在研究的每個領域中美都存在合作的空間。事實上，中國不斷增長的戰略利益為合作創造了新的機會和激勵。同時，中國日益擴展的國際影響力增加了兩國衝突升級的成本，特別是當中美兩國在關鍵問題上的分歧仍構成危機預防和管理的障礙之時。在那些相對缺乏經驗和既定規範的戰略領域，情況尤為如此。展望未來，我們也許要應用從一些戰略領域學到的的經驗和教訓以加強其他領域的合作。從全球來看，中美兩國都不是海洋、核問題、網絡問題、太空領域的唯一參與者，隨着兩國推動相關領域的進程，這些戰略領域對全球安全利益的影響正在日益提升。

無論如何，本書作者們很好地闡述了這些戰略領域內的挑戰。本書明確指出，這些領域是中美摩擦的重要根源之一，因為雙方的利益牢固地根植於更廣闊的地緣政治、安全和經濟利益之中。此外，同樣的因素—伴隨着兩國在其中一些戰略領域中的能力不一致—塑造了中美兩國對對方利益的看法，而這些看法和觀念又擴大了言辭和行動上的距離。因此，本書討論了中美兩國對對方在這些戰略領域的利益的認知，通過闡明為什麼雙方難以就這些問題達成共識，從而對理解中美關係做出了有價值的貢獻。鑒於一國立場的重大變化極有可能改變另一國的戰略計算，本書的建議強調了管控衝突升級風險的緊迫性—無論是通過加強政策框架和規範，發展建立信心的措施，還是通過更加精細地理解對方的立場來化解戰略互疑。

中美兩國在戰略領域的各種形式的雙邊互動可以在管理危機和建立合作方面發揮重要作用。本書特別強調在人文交流和軍事交流層面存在推動雙邊討論的潛力。除了建立良好的互動習慣外，這兩種模式的交流可以打破所有戰略領域議題的界限，並連接雙方更廣泛的政策群體。更重要的是，這些討論的結果可以增加中美雙邊關係的內容和實質，使中美關係發展成為一個更持久和建設性的過程。在這個意義上，官方和非官方討論在解決戰略領域的重大議題可以互相補充。

雖然中美關係在上述戰略領域仍將面臨顯著挑戰，但本書的作者們為中美決策者提出一些可以加強兩國在利益相同領域合作、在利益相悖領域管控分歧的建議。本書明確提出，關鍵在於不要忽視存在分歧的領域，或者減少合作的可能性，而是增加雙方互相理解的方法，以便能以更具建設性的方式討論這些問題。中美關係的未來走向將對地區和全球安全產生重大影響，即使是在兩國並未直接捲入的情形之中也是如此。與此同時，隨着中國不斷尋求其全球角色，中美關係的發展進程也將對國際體系和全球秩序帶來影響。展望未來，本書所使用的研究方法可能有助於戰略分析家理解中美在其他重大問題上的共識和分歧，包括對全球治理的觀點，國際體系更廣泛的功能以及創新對經濟發展的重要性。中國在亞洲的崛起以及美國所進行的戰略調整和部署使亞太地區成為權力角逐、經濟合作與利益共享的全球政治熱點地區。特朗普第一任期時期，中美關係的不確定性有所增加。特朗普政府在中美貿易、網絡安全、台灣問題和南海問題上採取了不利於中美關係的行為，使中美關係更具對抗傾向。拜登政府時期，中美在各個戰略領域的意識形態競爭色彩相對濃厚，但也保持了對話溝通的渠道與合作交流的可能。隨着特朗普第二任期開始，特朗普政府發動全球關稅戰，中美經貿關係陷入巨大不確定性之中，但中美關係的意識形態對抗色彩相對降低，不過隨着特朗普在應對國內國際治理問題時的激進化和多變化，中美在戰略領域的競爭與合作仍然充滿了不確定性。然而，中方在堅定維護本國國家利益的同時，始終堅持不衝突、不對抗，敦促美方回到合作的軌道上來，努力與特朗普政府高層進行政治接觸並力促兩國領導人就新時期中美關係的繼續發展問題進行首腦會晤。中美關係發展的大方向需要兩國領導人繼續以積極而有為的思想去定調。比如，2025 年 1 月 17 日和 6 月 5 日中美兩國領導人兩次通話對於穩定中美關係大局發揮重要引領作用。而 5 月 10 日至 11 日中美在日內瓦舉行的經貿磋商，也為兩國通過對話協商解決問題釋放了積極信號。隨着中美於 2025 年 6 月 9 日到 10 日在倫敦進行了為期兩日的閉門磋商，雙方貿易談判代表經過專業、理性、深入、坦誠的溝通，就落實兩國元首通話共識和日內瓦會談共識達成框架協議。至此，中美雙方通過階段性的博弈，又暫時穩住了雙邊經貿關係。這意味着，特朗普 2.0 時期，中美博弈呈現出更加複雜的局面，中美關係一方面存在潛在風險挑戰，另一方面也出現穩定、健康、可持續發展的趨勢。但關鍵在於雙方能重視彼此核心關切，在相互尊重、平等對話的基礎上就雙邊問題進行坦誠溝通和有效磋商，在兩國元首共識的引領下，跨越分歧，尋找共識，在不確定性中抓住機遇。總之，儘管影響兩國關係發展的結構性矛盾依然存在，中美兩國在各個分議題領域的合作面仍需要擴大。

（王棟為北京大學國際關係學院長聘正教授、北京大學中外人文交流研究基地執行主任；馬翊庭（Tiffany Ma）為全美亞洲研究所政治和安全項目主任）

戰略領域的中美關係（增訂版）

王 棟　[美] 譚俊輝（Travis Tanner）　主編

責任編輯　李茜娜
裝幀設計　姚雙林
排　　版　黎　浪
印　　務　劉漢舉

出版　中華書局（香港）有限公司
香港北角英皇道 499 號北角工業大廈一樓 B
電話：(852) 2137 2338　傳真：(852) 2713 8202
電子郵件：info@chunghwabook.com.hk
網址：http://www.chunghwabook.com.hk

發行　香港聯合書刊物流有限公司
香港新界荃灣德士古道 220-248 號
荃灣工業中心 16 樓
電話：(852) 2150 2100　傳真：(852) 2407 3062
電子郵件：info@suplogistics.com.hk

版次　2025 年 6 月初版

規格　16 開（240mm×170mm）

ISBN　978-988-8914-42-5